国家自然科学基金青年基金项目"公共组织跨部门知识共享机理、绩效激励与实现机制重塑研究"（批准号：71503193）

教育部人文社会科学研究青年基金项目"公共组织跨单位知识共享对公共组织合作绩效的影响机理研究"（批准号：14YJC630002）

珞珈政管学术丛书

政府跨部门知识共享与组织绩效关系研究

Study on the Relationship between Government Inter-departmental Knowledge Sharing and Organizational Performance

常 荔 ◎ 著

中国社会科学出版社

图书在版编目（CIP）数据

政府跨部门知识共享与组织绩效关系研究 / 常荔著 . —北京：中国社会科学出版社，2023.7

（珞珈政管学术丛书）

ISBN 978 - 7 - 5227 - 2418 - 8

Ⅰ.①政… Ⅱ.①常… Ⅲ.①公共管理—行政管理—知识管理—研究—中国 Ⅳ.①D63

中国国家版本馆 CIP 数据核字（2023）第 152998 号

出 版 人	赵剑英
责任编辑	郭曼曼
责任校对	胡新芳
责任印制	王 超

出 版	中国社会科学出版社
社 址	北京鼓楼西大街甲 158 号
邮 编	100720
网 址	http://www.csspw.cn
发 行 部	010 - 84083685
门 市 部	010 - 84029450
经 销	新华书店及其他书店
印 刷	北京明恒达印务有限公司
装 订	廊坊市广阳区广增装订厂
版 次	2023 年 7 月第 1 版
印 次	2023 年 7 月第 1 次印刷
开 本	710×1000 1/16
印 张	17.5
字 数	244 千字
定 价	89.00 元

凡购买中国社会科学出版社图书，如有质量问题请与本社营销中心联系调换
电话：010 - 84083683
版权所有　侵权必究

《珞珈政管学术丛书》
出版说明

　　自2013年党的十八届三中全会提出"国家治理体系和治理能力现代化"的重大命题以来,"国家治理"便成为政治学和公共管理的焦点议题。相比于"政府改革""政治发展"和"国家建设","国家治理"是一个更具包容性的概念,也是内涵本土政治诉求的概念。改革开放以来尤其是近十年来,中国在此领域的自觉追求、独特道路、运作机理和丰富经验,成为中国政治学和公共管理研究的富矿所在。对此主题展开自主挖掘和知识提纯,是政治学者和公共管理学者义不容辞的责任。

　　武汉大学政治与公共管理学院由政治学和公共管理两个一级学科构成,每个一级学科的二级学科较为完备,研究方向也比较齐全,形成了颇具规模的学科群。两个一级学科均学术积累深厚,研究定位明确,即始终注重对政治学和公共管理基本问题的理论探讨与实践探索。从内涵上讲,不管是政治学,还是公共管理,探讨的问题都属于"国家治理"的范畴,也无外乎理念、结构、制度、体系、运行、能力和绩效等不同层面。在此意义上,持续探索国家治理现代化的理论与经验问题,也就成为学院人才培养、科学研究和学科发展的主旨。

　　对社会科学学者而言,专著相比于论文更能体现其长远的学术贡献。对科学研究和学科建设而言,代表性著作和系列丛书更是支撑性的评价维度。为迎接武汉大学130周年校庆,更为了集中呈现学院教师十余年来学术研究的最新进展,激励老师们潜心治学、打磨精品,同时也为了促进学院的学科建设，推出有代表性的学者和作品，学院经讨论后决定启动《珞珈政管学术丛书》出版计划，并与长期以来与学院多有合作的中国社会科学出版社再续前缘。经教师个人申报，学院教授委员会把关，2023年共有十份书稿纳入此套丛书。

这套丛书的内容，大体涉及政治学、国际关系和公共管理三大板块。既有国内治理，也有国际关系；既有经验挖掘，也有理论提炼；既有量化研究，也有质性研究；既有个案呈现，也有多案例比较。但大都围绕国家治理现代化的重大现实议题展开，因此初步形成了一个涵盖问题较为丰富的成果集群。需要说明的是，这次的丛书出版只是一个开端。《珞珈政管学术丛书》是一套持续展开的丛书，今后学院教师的学术书稿在经过遴选后，仍可纳入其中出版。相信经过多年的积累，将会蔚为大观，以贡献于政治学界和公共管理学界。

学者靠作品说话，作品靠质量说话。这套丛书的学术水准如何，还有待学界同行和广大读者的评鉴。而从学术角度所提的任何批评和建议，都是我们所欢迎的。

武汉大学政治与公共管理学院院长

刘伟

2023年8月24日

目 录

第一章 绪论 / 1
 第一节 研究背景与研究意义 / 1
 第二节 政府知识共享的理论渊源 / 8
 第三节 研究方法与结构框架 / 15

第二章 公共组织跨部门知识共享研究文献述评 / 20
 第一节 跨部门知识共享内涵与结构的研究 / 20
 第二节 公共组织跨部门知识共享的影响因素研究 / 27
 第三节 公共组织跨部门知识共享结果变量的研究 / 44
 第四节 促进公共组织跨部门知识共享的对策研究 / 46
 第五节 对现有研究的述评 / 50

第三章 政府跨部门知识共享的内涵、特征与动因研究 / 54
 第一节 政府跨部门知识共享的内涵与特征 / 54
 第二节 促成政府跨部门知识共享的运行机制分析 / 64
 第三节 政府跨部门知识共享动因的实证分析 / 69

第四章 政府跨部门知识共享现状及共享不足的原因研究 / 75
 第一节 政府跨部门知识共享的实践特征 / 75

第二节　跨部门知识共享不足的深层次原因分析　/ 80

第三节　政府跨部门知识共享不足成因的实证分析　/ 96

第五章　政府跨部门知识共享绩效评价指标
体系的构建　/ 104

第一节　政府跨部门知识共享绩效的 IPO 模型及其
评价意义　/ 104

第二节　政府跨部门知识共享绩效评价指标体系的
理论构建　/ 107

第三节　政府跨部门知识共享绩效评价指标的实证
筛选　/ 112

第六章　政府跨部门知识共享影响因素研究　/ 121

第一节　政府跨部门知识共享影响因素的
理论建构　/ 121

第二节　政府跨部门知识共享影响因素的研究
设计　/ 128

第三节　政府跨部门知识共享影响因素的实证结果
分析　/ 151

第四节　协同机制对政府跨部门知识共享影响的
路径分析　/ 156

第七章　政府跨部门知识共享与组织绩效关系的
实证研究　/ 169

第一节　跨部门知识共享与组织绩效关系的
理论模型构建　/ 170

第二节　跨部门知识共享与组织绩效关系模型的
实证研究设计　/ 174

第三节 跨部门知识共享与组织绩效关系的实证
　　　　结果分析 ／182

第八章　政府跨部门知识共享的机制建设与推进
　　　　策略 ／189
　　第一节　国外政府跨部门知识共享的经验借鉴 ／190
　　第二节　推进政府跨部门知识共享机制构建与
　　　　　　优化 ／208

第九章　研究结论与展望 ／234
　　第一节　主要研究结论 ／234
　　第二节　研究局限与展望 ／237

附录　政府跨部门知识共享与组织绩效关系研究
　　　　调查问卷 ／239

参考文献 ／246

后　记 ／271

第一章

绪　论

　　世界正日益从传统的工业社会形态转向知识经济的信息社会形态。知识已成为各类组织占主导地位的战略性资源要素。组织在多大程度上实现了知识互动、融合和创新将直接决定组织的竞争能力。由于知识的分布具有不均衡性和碎片化倾向，共享知识成为进行知识创造和知识利用的必要前提和基本环节，跨越组织和部门边界共享多样化知识对整个社会发展而言具有重要的作用。它有助于推动组织间相互学习和协作，产生更具创新性的工作方法和解决问题的方式，提供多样化和高质量的产品和各类服务，持续增强组织的核心能力和国家整体的治理能力，进而推动整个社会经济体系的高质量发展。因而，组织知识共享不仅是知识管理领域关注的核心议题，也成为组织管理研究的重要内容。

第一节　研究背景与研究意义

一　研究背景

　　知识经济时代，政府治理面临更为复杂且变化迅速的各类社会挑战，其条块分割的组织体制使得不同部门的政务活动产生了内在依赖性。这种依赖性要求部门必须通过相互学习和沟通、资源共享和支持建立协同联系，以提升跨部门合作和整合的治理能力。跨部门知识共享正是联结组织活动所固有的组织依赖性过程，它旨在通过促进信息和知识在不同部门之间的扩散和共享，减少政策间矛盾和冲突，提高政策协同性；同时，推动深层次的思想交流，产生更具创新性的工作方法和公共服务供给方式；提供更为整合和一致性的服务，提升公共服务质量。因而，共享和整合政府不同部门中所拥有的多样化知识对于提升政府治理能力变得日益重要，也成为推动政府部门从碎片化治理走向协同治理的重要手段。然而，研究发现，政府组织并不是自然地交换知识信息，或者寻求更有效的问题解决方案，在知识管理活动执行上，跨部门知识共享非常困难。在此背景下，探索政府跨部门知识共享的运行规律及其影响因素的作用机制就显得极为必要和迫切。具体来讲，本书内容的研究背景主要表现在以下几个方面。

（一）合作性治理时代需要政府寻求与之相适应的新方法、新技术和新工具

面临更复杂、更多元化且增长迅速的社会需求，政府治理难度日益增大。依靠单一政府部门已经无法在短时间内有效解决这些复杂的社会问题，实现高质量的公共产品和公共服务供给。复杂的社会公共事务需要合作的公共管理。世界范围内的公共行政改革演化显示，目前公共行政改革正走向合作性的公共管理时代。换言之，政府部门之间、政府与其他社会组织之间的依赖性逐渐增加，导致在很多依靠单一政府部门无法解决的领域，需要更多来自不同部门之间的协调和合作。更多合作性公共管理要求政府寻求与之相适应的新方法、新技术、新工具和新战略，以提升其跨部门合作的能力与协同治理能力。

以政策制定过程为例，任何决策的基础要素都是知识或信息，其实质是人们运用知识的认知活动。公共政策制定是基于对现实的认知并通过一定程序所形成的各类具体方案，其致力于解决各类复杂的现实问题，具有系统性和复杂性特征。但知识本身具有不完备性，传统官僚体制下按照职能专业化分工形成的政府各部门所拥有的关于治理对象的知

识也是片面和不完整的，每个涉及的政策部门都是建立在各自职能知识基础上的拥有不完备知识的行动者，他们的思维方式和表达方式也有不同，从而导致在公共政策制定过程中会涉及问题的认知差异，也就是知识差异。政策分歧可被认为源于政府各部门的知识差异，在组织横向沟通和交流机制不健全情况下，它会导致现行的政策冲突而非产生政策共识。同时，学习理论认为，人类面对环境既可能敏感化，亦有可能习惯化。但通过知识共享过程进行的知识学习一旦发生，获得的新信息或知识，对决策者意义重大，因为信息和知识具有建构和设定作用，即对议题的重新框架化，可以促使一个行动主体从其他不同的视角来理解，最终可能发生选择反转。因而，基于"知识不完备"假设研究公共政策制定，促进各种知识运用、有利于知识问题解决的政策制定过程，是通往优质公共政策的一条正途（王礼鑫、莫勇波，2017）。加强跨部门知识共享，运用信息和知识所具有的构建和设定功能有助于消除知识差异，促进不同政府部门形成政策共识，进而产生优质公共政策。对公共政策制定的知识视角并非要取代从利益等角度对政策分歧和政策共识的定义，而是试图从知识的视角丰富对公共政策制定的认知，以寻求达成更优质公共政策的新方式，提升政府合作型治理能力。

可以预见的是，合作性治理背景下，政府及其部门的角色必将发生变化，从依赖和注重传统的命令—控制机制转变为越来越注重与其他社会主体或其他部门间的合作、协调、整合以及知识与信息的交换。跨机构和跨部门的合作与知识共享能力成为合作性公共治理背景下亟待开发的一种核心能力。

(二）加强知识共享管理已成为世界范围内政府管理创新的重要内容

知识经济时代，知识对于组织核心能力的提升极为重要（Nonaka，Takeuchi，1995）。资源基础论将知识视为组织重要的战略性资产，知识共享成为组织竞争优势的来源。知识管理战略也被发达国家视为政府管理创新的成功模式。经济合作与发展组织早已指出，处于知识经济中的组织不仅要权衡其生产知识的效率，还要权衡其传播知识的功能（即知识在组织内部的共享程度）。政府是典型的知识密集型组织，不仅依法获取和占有经济、科技和社会领域的大量数据和信息，生产出公共治理所需要的各类知识体系，如公共政策、规章制度和规划等，而且在各项政策的制定、执行和创新过程中高度依赖其组成部门及公务员运用各类知识解决现实公共问题。面临迅速变化和日益复杂的社会管理事务，越来越多的公共服务和制度供给需要由不同部门协作完成，对不同层级、不同部门知识共享能力的要求也日益提高。

从世界范围来看，运用现代信息通信技术建设和发展数字政府成为政府实施管理创新的主要内容。其核心在于推动政府各部门之间、政府与社会之间形成良好的互动，促进知识和信息等资源的跨部门共享和整合。数字政府的建设并非简单地将原有的职能和业务流程电子化或网络化，而是对政府现有行政方式和组织结构的优化重组；它并不看重单个部门或个体能力的凸显，而是越来越依靠政府部门间的协作和部门间的学习、交流和沟通，致力于提升政府整体性治理能力。美国为了改进跨机构及整个政府工作，开发了基于业务和绩效框架的联邦组织架构（federal enterprise architecture）。该框架涉及事务管理、财务管理、人力资源管理、机构设施管理等九个领域的联邦业务，有利于政府部门之间横向整合以及各级政府间纵向集成。英国则建立了政府知识管理系统——电子政府交互框架（e-government interoperability framework），实现了政府部门内部及部门之间在同一个交互系统上协同办公和知识共享。可见，跨部门的知识共享是西方国家数字政府建设的主要内容，它一定程度上源自政府对信息技术设施的投资建设。然而，其更重要的元素是政府构成单位间组织化和社会化的互动，以促进不同部门间知识的搜集、分享和创新。在此背景下，探讨如何推动中国政府跨部门知识共享和互动无疑成为进一步深入建设知识型政府和数字政府的必然要求。

（三）政府跨部门知识共享需要管理策略的干预和治理

尽管知识共享对组织核心能力的提升极为关键，但组织并不是自然地交换知识信息或寻求更有效的解决方案。中国政府组织设计的突出特色在于按照严格的等级分工和部门专业化原则形成条块分割的组织体系，组织部门间被各种有形与无形界限所阻隔，部门本位利益日甚，部门合作困难，包括知识资源在内的各类资源要素呈不均衡分布格局。这不仅难以有效共享和整合，还造成不同部门间知识互动和沟通协调的困难，愈来愈难以满足目前日益动态和不确定环境对组织的快速反应能力和应变能力提出的新要求。

为有效解决跨部门合作和知识信息共享的困境，中国于2008年启动大部制改革，其目的就在于通过政府机构重组和变革促进职能相近的部门间合作，变部门间"扯皮"为内部协调，提高决策效率和制度供给能力，改善公共服务供给质量。随后在2013年和2018年进行的两次政府机构改革也突出强化了政府机构重组和职能优化。组织变革无疑是解决原有部门之间知识共享与合作的一个途径。然而，改革的复杂性和改革成果的不确定性使得借助组织变革推动政府转型不可能"毕其功于一役"，它是缓慢而又漫长的过程。在制度层面，2015年8月31日国务院印发《促进大数据发展行动纲要的通知》（以下简称《通知》），明确提出为推进资源整合，需进一步加强政府数据信息开放平台建设，并以此为契机全面提升治理能力。《通知》指出，依托政府数据统一交换平台，在加强顶层设计和统筹规划的基础上，明确各部门数据信息共享的范围边界和使用方式，厘清各部门数据管理及共享的义务和权利，推动国家人口、自然资源和空间地理等基础数据库的建设，为中国政府未来5—10年内的基础数据共享与建设指明了发展方向。2016年9月，国务院印发的《政务信息资源共享管理暂行办法》旨在推动政务信息系统互联和公共数据共享，提出了政务信息资源共享的基本原则和管理措施，明确了各政务部门在政务信息资源目录编制、共享信息提供和使用等方面的职责和权利，对政务信息资源共享的各项工作进行了较全面而明确的制度规定。2021年12月实施的《"十四五"国家政务信息化工程建设规划》则强调继续坚持"大平台、大数据、大系统"的总体架构设计,综合运用新技术、新理念、新模式,指导推进重大政务信息化工程;坚持围绕主责主业确定各部门的具体建设需求,充分考虑跨部门共建共享和业务联动,加强一体化、集约化、科学化、协同化建设;坚持加强政务数据资源的归集汇聚、共享交换和开发利用,系统性提升用数据决策、用数据管理、用数据监管、用数据服务的能力,变"建系统"为"用数据"满足业务需求,以建设形成满足国家治理体系和治理能力现代化要求的政务信息化体系。密集出台这些政策充分折射出国家层面已高度重视政府跨部门数据、信息和知识共享的重要性。加强跨部门知识共享不仅是实现政府知识管理的重要内容,也上升为提升国家整体性治理体系和治理能力现代化的战略要求。此外,政府跨部门知识共享还面临着信息保密与安全、隐私保护、公众参与等多元价值观带来的不确定性。可见,政府跨部门知识共享的嵌入性、复杂性和风险性特征日益凸显出政府知识共享管理机制进行干预和治理的必要性。政府需要建构一个更具回应性、包容性、适应性和弹性的组织设计、制度和文化环境,以有效促进政府跨部门知识互动,从而提升合作治理能力。

(四) 合作治理背景下政府跨部门知识共享研究比较匮乏

理论上,知识共享是涉及人、组织和技术等不同要素的复杂性问题。从社会心理学视角对个体知识共享意愿与行为及其影响因素的探讨一直是学者们研究的重点,而涉及公共组织跨部门知识共享的研究成果非常有限,政府跨部门知识共享研究成果就更为匮乏。个体层面的知识共享行为在研究视角上难免具有一定的局限性,毕竟知识共享的本质是多个主体之间的知识交流和互动。在知识变得越来越复杂、越来越内隐、越来越具有组织嵌入性的今天,已有知识管理的研究者开始把注意力投向知识的产生、转移和应用所赖以依靠的组织特性上。在此背景下,对组织特性的考察,尤其是分析不同协调机制在知识共享活动中的作用机制,从而深入认识组织间知识共享活动的基本规律及其对公共组织合作绩效的影响,既是一种研究视角和研究方法的创新,也有助于将宏观层面政府知识管理战略和知识型政府的建设落实到组织知识共享微观机制和行为层面，进而弥补整体性治理理论背景下政府跨部门知识共享研究的不足。这不仅有助于补充和丰富政府知识共享管理理论和跨部门协同理论，而且也能为促进政府跨部门合作和组织绩效改善提供理论指导和决策参考，具有重要的理论价值和现实意义。

二 研究意义

本书聚焦中国地方政府跨部门知识共享议题，从理论和实证两方面对中国地方政府跨部门知识共享的运行机制、影响因素、绩效激励和优化机制等问题进行系统考察，具有重要的理论价值和现实意义。

（一）理论意义

1. 拓展了知识共享和管理的研究范畴，丰富了政府知识管理理论

目前，关注知识共享的研究多集中于私营部门，对政府和其他社会组织的知识共享研究关注较少，而探讨跨部门知识共享绩效激励效应的研究更是空白。本书紧紧围绕地方政府跨部门知识共享这一主题，从加强政务信息化建设、推动跨部门知识合作的现实出发，将公共组织理论、知识管理理论、公共绩效管理理论等统一纳入跨部门知识共享研究的框架体系内，在全面理解政府知识共享运行机制及其不足成因的基础上，构建了政府跨部门知识共享绩效评价体系，并基于组织协同视角探讨了共享政策因素、部门间协同因素和信息技术等多维因素对跨部门知识共享的影响，从定性和定量两方面对政府跨部门知识共享展开深入分析和系统研究。它弥补了协同性公共管理范式下政府组织跨部门知识共享研究的不足，丰富了政府知识共享和管理理论，为加强政府知识共享管理和知识型政府的建设提供了理论指导。

2. 拓展了政府知识共享微观机制和行为的研究，丰富了跨部门协同理论

本书将宏观层面的政府知识管理战略和知识型政府的建设落实到组织知识共享微观机制和行为层面，通过对组织特性的考察，尤其是不同协同机制在知识共享活动中的作用机制分析来深入认识组织间知识共享

活动的基本规律及其对组织绩效的激励效应。一方面,从组织协同的视角将共享政策、部门间协同机制、协同关系和信息技术环境等多维因素纳入一个整合的框架,构建了多维因素与跨部门知识共享行为关系的理论模型并予以实证检验,探讨了多维因素对跨部门知识共享的影响;另一方面,构建了政府员工跨部门知识共享行为与组织绩效关系的结构方程理论模型,探讨跨部门知识共享行为对个体工作绩效和组织整体绩效所产生的激励效应。这是一种研究视角和研究内容的创新,弥补了政府知识共享微观机制和行为的不足,有利于探求哪些组织特性和组织间协同机制适合推动政府跨部门知识共享进而促进组织绩效的改善,为进一步促进跨部门协同治理和组织绩效改善提供了必要的理论指导。

(二)实践意义

本书的实践意义就在于能够为管理者设计恰当的、能够有效促进政府跨部门知识共享的策略提供系统的理论指导。政府是典型的知识密集型组织,但研究表明知识共享并不会天然地自动发生。推动政府知识共享需要管理策略的有效干预和治理。基于理论文献,本书探讨了政府跨部门知识共享的运行机制,从利益政治学、组织行为学和知识管理理论等视角较为系统而深入地剖析了现阶段地方政府跨部门知识共享不足的理论成因,建构了影响跨部门知识共享的政策—组织—技术的多维因素的理论分析框架并加以实证检验。这些议题的研究有助于寻求不同因素对跨部门知识共享的影响,从而帮助管理者设计和选择政策供给、组织机制建设和技术发展等策略来促进政府跨部门知识共享;同时,还进一步通过实证模型甄别不同类型的组织协同机制对跨部门知识共享影响效应的差异性,从而提升跨部门知识共享协同机制的可控性,为管理者通过构建和完善组织协同机制来推动组织知识共享提供必要的理论指导。

第二节 政府知识共享的理论渊源

用以解释和推进跨部门知识共享的理论范畴相当广泛,涉及政治学、管理学、社会学、组织行为学、系统学、协同学等多学科的理论知识。本书重点从共享动力和共享过程要素的维度选取整体政府理论、协同理论和资源依赖理论加以阐述，较系统地梳理这些基础理论的发展脉络以及与跨部门知识共享的内在逻辑关系，试图回答跨部门知识共享机制构建和优化过程中为什么要共享知识和如何推进知识共享等问题。

一 整体政府理论

传统官僚制组织的功能主义分工和层级制的组织结构以及新公共管理运动在公共部门内部进行的市场化和分权化改革，导致公共部门内部产生了严重的"碎片化"以及部门中心主义，在缺乏协调与合作的情况下，影响到了行政效率和效益。整体政府正是在这一背景下被提出的，它是对传统改革行政的衰落以及20世纪80年代以来新公共管理改革所造成的碎片化的战略性回应（Ling，2002）。

对于整体政府内涵的理解，克里斯坦森（Christensen）和罗格朗（Iæzegreid）认为，整体政府是"既包括决策的整体政府与执行的执行政府，也包括横向合作与纵向合作的整体政府……。其涉及的范围可以是任何一个政府机构或所有层级的政府……；它不仅强调高层的协同，也是旨在加强地方整合的基层协同，同时也包括公私间的伙伴关系"（Christensen & Legreid，2006）。澳大利亚《整体性政府》报告认为，整体政府是指"公共服务机构为完成共同的目标而实行的跨部门协作，以及为解决某些特殊问题而成立的联合部门"（Australian Management Advisory Committee，2004）。在中国学者胡建奇（2011）看来，"整体政府是公共行政组织为有效达成行政目标，各相关政府部门和机构在政策制定和政策执行领域建立相互协调和合作的机制。这一机制既存在于横向的不同政府部门之间，也存在于不同层级的政府体系之间，还包括公共部门与私营部门之间的协作"。由于整体性政府涉及的范围和层次非常宽广，有学者认为整体性政府或治理"并不是一组协调一致的理念和方法,最好把它看成是一个伞概念,是希望解决公共部门和公共服务中日益严重的碎片化问题以及加强协调的一系列相关措施"(Ling, 2002)。

综合学者们的观点,整体性政府突出的特征在于强调跨越边界的协同与整合。它包括:(1)纵向层级和横向部门整合,通过网络技术的连接和相应的数据保护协议来共同应对日益增多的"跨界"公共议题,以减少不同主体或政策之间的冲突和矛盾;(2)功能的整合,拟整合的功能可以是组织内的,也可以是彼此有重合或相关功能的部门之间的,例如健康和社会看护部门之间功能的整合;(3)公私部门的整合,很多工作可以在公共部门、志愿团体(典型的是接受政府合同外包或得到政府承认的志愿团体)或者私人业主公司进行整合,从而推动公私合伙、互助、协助的发展。整体性政府运用"整合化"的组织形式,来回应公共问题和公共服务的复杂性和内在关联性,通过正式的组织管理关系和各种合作伙伴关系、网络化结构等,实现对资源的有效利用、对公共问题的协商解决、对公共服务的综合供给(胡象明、唐波勇,2010)。从技术手段看,整体性政府在相当程度上依赖于信息和网络技术的发展。在信息和网络技术发展的基础上,政府的电子化改革能够实现不同政府层级的整合、不同机构单位的整合和不同政府网站的整合(竺乾威,2008)。它有助于推动构建协同政府、透明政府和开放政府。从实践效果看,整体性政府旨在为社会提供成本更低和社会效果更好、更有效的服务(翁士洪,2010)。整体性政府运作的中心目标就是,"使政府的功能进行整合,以便有效地处理公众最关心的一些问题,而不是在部门和机构之间疲于奔命"(胡佳,2009)。可以认为,整体性政府代表一种具有整合性和协同性的政府组织模式,它通过反思科层制条块分割体制和新公共管理模式下的碎片化问题,确立以公民需求导向为主导治理理念,以信息技术为治理手段,以协调、整合与责任感为策略,进而实现组织层级、功能和公私部门的整合,为公众提供无缝隙的公共服务,实现公共服务的"一站式"供给（胡佳，2010）。

整体政府理论与政府跨部门知识共享研究存在着很大的契合性。传统官僚制条块分割的管理体制客观上使得政府知识资源呈现割裂化和碎片化状态，分散在不同的政府部门中，难以通过数据集成和整合发挥社会治理和公共服务的整体效应。要解决当前政府跨部门知识共享，必须突出整体性政府强调的跨界的协同和整合、公民需求导向、信息技术手段等理念。唯有如此，在解决日益复杂的公共治理问题过程中，才能打破纵向和横向部门壁垒，以信息技术为基础，建构多层次、多部门充分参与的知识共享网络框架和知识管理系统，推动整合多部门的信息和知识，有效解决"部门隔离"和"数据孤岛"问题，消弭碎片化治理引发的政策冲突和矛盾，促进政府整体效能和公共利益的提升。

二 协同理论

《辞源》中"协同"一词被解释为：和合，一致。和合思想是中国儒家文化的精髓，它反映了事物之间、系统或要素之间保持协调统一的和谐状态和趋势。西方国家最早提出协同概念的当数德国物理学家赫尔曼·哈肯（Hermann Haken），他在1971年发表的《协同学：一门协作的科学》一文中提出了协同和协同学概念，开创了协同理论。该理论是在信息论、系统论、控制论以及突变论等理论的基础上，吸收了结构耗散理论并结合统计学以及动力学等方法而提出的，其主要研究的是"开放系统在远离平衡态与外界存在物质或能量交换时，通过内部协同作用，在时间、空间和功能上出现有序结构的规律"（李东等，2013）。就其主要内容而言，协同理论主要由三个部分构成：协同效应、伺服原理以及自组织原理。

协同效应是指在复杂开放的系统中，各子系统通过非线性的相互作用而产生的整体或集体效应。可见，系统内部的各子系统或组成部分的协同作用是影响系统产生协同效应的关键。协同作用能驱使系统在临界点发生质变而产生协同效应，从而使整个系统从无序变为有序。换言之，若子系统或组成部分能够相互协调配合，目标一致，系统的整体性功能就好，往往能达到1+1>2的协同效果。反之，若子系统或组成部分混乱、摩擦和掣肘，就会导致整个系统陷入混乱无序的状态。

伺服原理规定了系统在接近不稳定点或临界点时，系统少数的序变量就能决定系统的结构，而系统其他变量的行为也由这些序变量支配。在协同理论中，序变量是很重要的概念，指在系统演化过程中从无到有的变化并对系统要素产生影响的集体协同行为，同时还能指示出新结构形成的变量。序变量的特征决定了其在系统发展演化的主导因素地位。

自组织原理是指系统内部各子系统在没有外部指令的情况下，能够自发地按照某种规则形成一定结构或功能的过程。它具有内在性和自生性的特点。该原理描述了系统在一定的外部物质、能量以及信息流输入的情况下，通过各系统之间的协同作用形成新的时间、空间或功能有序的结构。自组织原理旨在解释系统从无序向有序演化的过程，协同是自组织的形式和手段。

将组织视为一个系统，协同理论强调了组织必须与外部环境进行物质、能量和信息等资源的交换，在组织间关系的协同作用中从无序走向有序。它解释了组织跨越边界进行合作的发展过程。正如哈肯认为的，系统可以通过内部协同作用实现有序和无序的相互转化。千差万别的系统，尽管其属性不同，但处于整体环境中的各系统必然存在着相互影响而又相互合作的关系，其中也包括社会科学中的现象，例如，不同单位间的相互配合和协作、部门间关系的协调等（苗东升，1990）。

若将政府视为一个整体的管理系统，各部门可被视为相对独立的子系统，专业分工和层级分割使得信息和知识零散地分布于各部门之中。在日益复杂、动态和多元的现实环境中，当前政府"碎片化"治理方式远远无法应对公共治理问题日趋复杂的现实挑战，政府各部门迫切需要加强协同配合，共享资源，互相学习，更好地履行政府的管理和服务职能，进而提高政府公共治理能力。协同理论为政府跨部门知识共享提供了重要的分析视角，它解释了政府跨部门知识共享的协同实质，同时阐释应通过构建跨越部门职能边界的机制性安排而更好发挥不同部门间的协同作用，更有效地实现公共政策制定、执行和公共服务供给中的协同效应，实现公共治理效果的最优化。

三 资源依赖理论

早期的组织理论关注的焦点是组织的内部规则和组织成员激励，几乎从不考虑外部环境对于组织及其运行的影响。这种研究组织的观点被称为封闭系统模式。20世纪60年代以后，组织与环境之间的关系以及环境对组织及其运行的影响问题成为组织研究的焦点。这种研究组织的观点被称为开放系统模式，资源依赖理论（resource dependence theory）成为该模式的代表性理论之一。

资源依赖理论的基本假设为，任何组织都存在于一个开放的系统中，没有组织能做到完全的自给自足，大量有关组织生存的稀缺和珍贵的资源都包含于组织的外部环境中。出于生存的需要，所有的组织必须建立与包括其他组织在内的外部环境的依赖关系，以获取组织生存所需要的资源（包括资金、人才、信息、知识和支持等）。资源依赖理论的创立者菲佛和萨兰基克认为，一个组织对另一个组织的依赖程度由三种因素所决定：资源对组织生存的重要性；组织内部或外部一个特定群体获得或处理资源的程度；替代性资源的存在程度（杰弗里·菲佛、杰勒尔德·R.萨兰基克，2006）。汤普森曾经将组织间的依赖方式划分为三类：集合式依赖、顺序式依赖以及交互式依赖。其中，集合式依赖是指为完成组织总的目标，单个独立运行的部门愿意将其产出与其他部门的在平等的状态下进行整合；顺序式依赖是指部门间的投入及产出连接在一起，呈现一种单向度的依赖关系，上一部门的产出会直接影响下一部门产出的结果；交互式依赖是指部门间的依赖关系是一种互补性的，双向共赢，需要持续性的相互协调（Thompson，1967）。

资源依赖理论探讨了组织与环境之间特别是组织间的依赖关系，分析了组织为适应环境而采取的种种策略，对于深入了解组织间互动行为及其相应的运作机制具有极为重要的意义。对于跨部门知识共享，资源依赖理论从动力机制方面解释了为什么政府需要开展跨部门知识共享并构建相应的共享机制。从宏观的视角来看，政府是一个整体的组织，但从微观的视角进行分析，政府各部门也可被视为一个个单独的"组织"。政府各部门在履行自身职能和协同治理公共事务的过程中，不可避免地需要来自其他部门的知识和信息支持。譬如，医保部门需要从市场监管部门和公安部门获取"两定"医疗机构及个人存在违法违规的问题线索，才能开展对医保领域违规行为的治理。卫健委的执法部门也需要医保部门配合提供医疗机构违法违规行为的信息，才能加强对医疗行业违纪违规行为的有效治理。更进一步，当部门间需要通过紧密沟通和深入交流进行创造性工作，以开发出应对复杂议题的更高效的解决方案时，部门就会产生内源性动力去与其他部门开展跨越职能边界的知识共享。

然而，资源依赖关系并非对等的，安东尼·吉登斯曾用"局外人"和"局内人"的概念描述了这种不对称的资源依赖关系。那些长期处于资源中心的强势部门就是"局内人"，他们已经确立了自身对资源的控制权，得以维持自身与那些处于边缘区域的"局外人"的分化和距离（安东尼·吉登斯，1998）。这也解释了跨部门知识共享中那些拥有更多信息和知识资源的强势部门动力不足的问题。由于政府部门在各自职能范围内采集和生产特定职能领域的知识资源，这必然会产生一定的"成本"，尤其在政府部门知识与权力往往相联系的情况下，更加强化了政府各部门，尤其是强势部门对于信息和知识的垄断性，其进行跨部门知识共享的动力自然没有资源更加稀缺的弱势部门强烈。这种不平等的资源依赖关系需要政府基于整体性视角运用管理策略有效干预跨部门知识共享。

第三节 研究方法与结构框架

一 主要研究方法

将理论研究与实证分析、定性研究与定量研究有机结合是本书努力追求的方向。本书综合运用文献研究、深度访谈、问卷调查、专家咨询等数据采集方法和描述性统计、隶属度分析、相关分析、回归分析、因子分析、路径分析和结构方程模型等数据分析方法。在此对运用的主要研究方法进行说明。

（一）文献研究法

文献研究法是本书首先运用的研究方法，通过数据库、图书馆查阅了大量的关于政府或其他组织跨部门或边界的知识共享方面的文献资料。采用这一方法的目的有三个：第一，通过系统的文献梳理，回顾和评述国内外公共组织跨部门知识共享研究的整体进展和不足之处，为构建研究模型奠定扎实的理论基础；第二，基于前人研究成果进一步深化现有研究，避免研究内容的重复；第三，提出问卷设计的基本框架。基于这三个目的，本书需要系统回顾的文献主要体现在以下四方面：一是跨部门知识共享的内涵和结构方面的文献；二是政府跨部门知识共享影响因素方面的文献；三是跨部门知识共享评价指标体系方面的文献；四是促进政府跨部门知识共享对策方面的文献。

（二）专家访谈法

专家访谈法通过直接的、一对一的访问对被调查对象进行深入访谈。运用这一方法的目的有两个：第一，对文献研究提出的调查问卷进行初步检验和修正，使调查问卷设计更加合理、清晰和规范；第二，对文献研究提出的理论假设进行初步检验和修正，使研究假设具有更扎实的现实基础。成功的专家访谈能够促使研究具有较好的实践基础和应用价值。本书围绕政府跨部门知识共享现状、动因、不足成因、影响因素和推进对策进行广泛咨询，咨询专家主要为政府部门工作人员和大学相关学者。

（三）问卷调查法

本书在借鉴已有成熟文献和进行专家访谈的基础上，编制了具有较高信度和效度的问卷调查表。运用这一方法的目的有两个：第一，采集中国地方政府跨部门知识共享现状、动因、不足成因、地方政府绩效评价指标优化等方面的数据，为分析中国政府跨部门知识共享议题提供原始数据支持；第二，采集地方政府跨部门知识共享影响因素和组织绩效测量指标方面的原始数据，为检验本书提出的理论假设提供数据支持。

（四）层次回归法

运用这一方法的目的在于检验根据理论文献研究构建的关于政府跨部门知识共享影响因素的研究模型是否科学。它主要是运用 SPSS 22.0 统计软件进行多层回归分析，将共享政策因素、组织因素和信息技术因素分别纳入理论模型中，考察共享政策、纵向协同机制、横向协同机制、非正式人际网络、部门间信任、员工的信息技术能力和部门间信息基础设施建设的统一性等变量对地方政府跨部门知识共享的影响方向和影响强度，并对相关假设进行检验。

（五）结构方程

运用这一方法的目的有两个：第一，分析测量量表的结构效度、收敛效度和区别效度；第二，检验本书提出的理论假设模型，并判断变量间的因果关系。用到的具体方法包括验证性因子分析和潜变量路径分析。其中，验证性因子分析的目的是确认跨部门知识共享、个人绩效和组织绩效量表的收敛效度和区别效度；潜变量路径分析的目的在于考察外生潜变量对内生潜变量的影响趋势和影响强度。本书构建了地方政府跨部门知识共享与组织绩效的结构方程模型，并运用 AMOS 22.0 统计软件进行结构方程分析，以揭示地方政府跨部门知识共享对组织绩效的影响方法、影响路径和影响强度。

二 结构安排和技术路线

根据理论探讨和实证研究相结合的原则，本书围绕地方政府跨部门知识共享及其与政府组织绩效关系而展开，技术路线见图1-1。

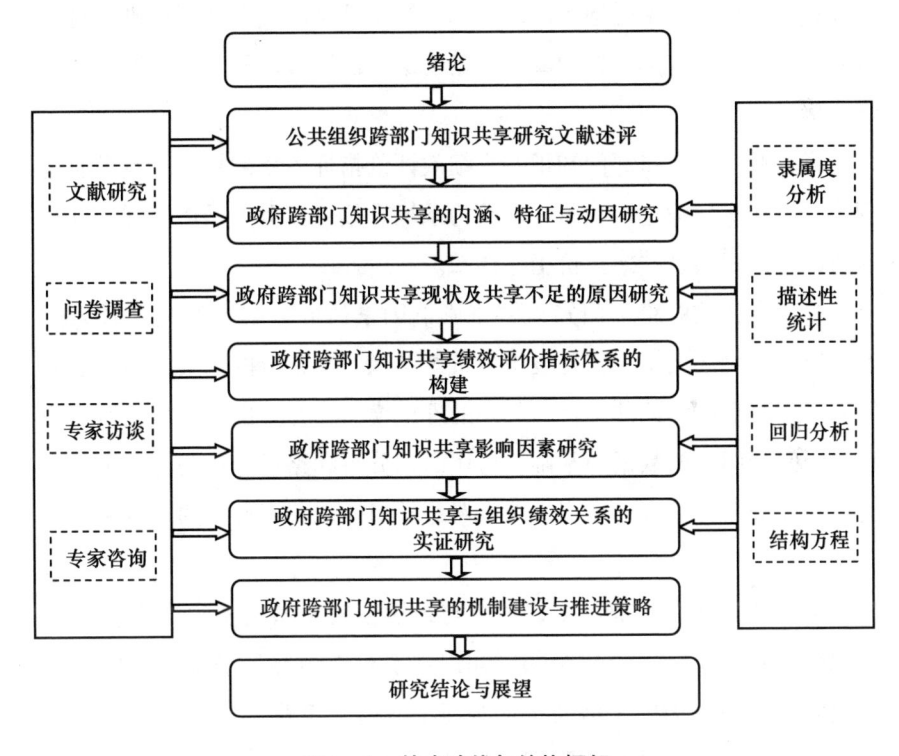

图1-1 技术路线与结构框架

本书共分为九章，主要内容安排如下。

第一章：绪论。本章主要论述了研究背景、研究意义、理论基础、研究方法以及总体的结构框架。

第二章：公共组织跨部门知识共享研究文献述评。本章系统梳理了与政府跨部门知识共享领域相关的国内外文献，总结归纳了以往研究的主要成果和不足。文献综述为后面章节的写作和理论模型的构建奠定了坚实的理论基础。

第三章：政府跨部门知识共享的内涵、特征与动因研究。本章首先界定了政府跨部门知识共享的内涵和特征，进而对推进政府跨部门知识共享进行了理论探讨和实证分析。

第四章：政府跨部门知识共享现状及共享不足的原因研究。本章首先较系统地分析了中国地方政府跨部门知识共享的实践特征，进而对导致中国地方政府跨部门知识共享不足的深层次原因进行了理论探讨和实证分析。

第五章：政府跨部门知识共享绩效评价指标体系的构建。本章通过理论分析和实证筛选构建了一套较为系统有效且具有可操作性的地方政府跨部门知识共享绩效评价指标体系。

第六章：政府跨部门知识共享影响因素研究。本章将共享政策因素、组织间协同因素和信息技术因素等纳入一个整合的框架，构建了多维因素与跨部门知识共享行为关系的理论模型，并提出了相应的研究假设，以问卷调查的数据为基础，运用回归分析和路径分析的方法进行实证检验，进而分析了上述多维因素对跨部门知识共享行为的影响强度和影响机制。

第七章：政府跨部门知识共享与组织绩效关系的实证研究。本章在回顾文献的基础上，以跨部门知识共享行为为外生潜变量，以个人绩效和组织绩效为内生潜变量，构建了政府员工跨部门知识共享行为与组织绩效关系的结构方程理论模型，并以问卷调研数据为基础，运用 AMOS 22.0 统计软件进行了结构方程分析，对跨部门知识共享行为和组织绩效关系的初始结构方程模型进行了评价和修正，最终建立了具有较强解释力的地方政府跨部门知识共享与组织绩效关系的结构方程模型。

第八章：政府跨部门知识共享的机制建设与推进策略。本章首先较全面地介绍了国外政府推动跨部门知识共享的成功经验，进而综合之前实证分析的结果，提出构建和优化中国地方政府跨部门知识共享的文化培育机制、组织协同机制、评估激励机制和数据化治理机制及其具体的推进策略。

第九章：研究结论与展望。本章对全书主要研究结论进行了概括，探讨了研究的局限性和进一步研究的方向。

第二章
公共组织跨部门知识共享研究文献述评

系统梳理国内外知识共享领域的研究文献后发现，国内外学者对知识共享研究的文献比较丰富，2007年之前，企业知识共享研究议题受到更多的关注，相关的研究文献也较多。近十年以来，公共组织知识共享研究的文献也日益增加。学者们普遍意识到，政府是典型的知识密集型组织，运用公权力享有和占有大量的公共产品供给和社会治理知识，但政府并不是自然地、自觉地交换和共享信息与知识，如何加强知识共享管理日益成为公共部门关注的议题。然而，相对于企业而言，公共部门领域与知识共享相关的公共组织领域研究整体依然不足。本书全面梳理国内外学术期刊中公共组织跨部门知识共享的研究文献，从跨部门知识共享的内涵和结构、跨部门知识共享的影响因素、跨部门知识共享的结果变量、政府跨部门知识共享的评价指标体系和促进政府跨部门知识共享的对策五个方面系统回顾和阐述这一领域的研究成果，以期推动该领域的后续研究工作。

第一节 跨部门知识共享内涵与结构的研究

知识共享内涵和结构的研究，是跨部门知识共享研究的基础性议题。尽管由于组织目标和职能的差异，企业和公共组织所拥有的具体化的知识内容具有较大的差异，但从抽象理解知识的角度，在对知识共享内涵的认识上，两者的研究文献具有一致性，对相关文献的梳理反映出对知识共享内涵的认识是一个不断深化的过程。此外，跨部门知识共享结构也基于研究目的的不同形成了不同的研究视角。

一 跨部门知识共享的内涵

根据现有文献，国内外学者对跨部门知识共享的认识主要有四种视角：一是融合知识类型转化和多主体互动转移的过程视角；二是突出组织间学习和创新产出的结果视角；三是将知识视为稀缺资源进行交易的市场交换视角；四是基于社会交换理论的社会交换视角。

（一）知识转移的过程视角

组织知识共享的早期研究文献关注如何通过知识类型的转换实现不同主体之间的转移过程。其中，比较经典的研究当数日本学者野中郁次郎和竹内弘高提出的 SECI 模型（Nonaka, Takeuchi, 1996）。他们借用波拉尼（Polanyi, 1966）对暗默知识和形式知识的两分法，认为知识转移就是暗默知识与形式知识之间的相互作用并形成"知识螺旋"的过程。知识转移的过程包括四种模式：一是从暗默知识到暗默知识，即社会化过程（socialization）；二是从暗默知识到形式知识，称为表出化（externalization）；三是从形式知识到形式知识，称为联结化（combination）；四是体现为内在化（internalizion），即从形式知识到暗默知识。这种知识转移的结果使组织成员之间以及组织成员与组织之间的知识得以共享。知识类型的转化是反映知识共享过程的一个内容，它还必然涉及不同参与主体之间的转移关系。知识共享活动的成功进行有赖于知识在不同参与主体之间的有效转移，包括二阶段论和多阶段论。苏兰斯基（Szulanski, 2000）认为，知识转移是知识源和知识接受方通过初始、实施、调整和整合四个阶段对信息和知识所进行的转移活动，它是一个动态循序渐进的过程。达文波特和普鲁萨克（Davenport & Prusak,

1998）认为，知识共享是把知识源转移到组织其他人或部门的过程。知识转移至少应当包含两方面的内容：一方面是知识的传递，即将知识通过一定的方式传递给组织中的潜在接收者；另一方面是知识的吸收，即传递的知识被个体、群体或组织等接收方消化吸收并使用。对于知识转移而言，这两者缺一不可。基于此，他们提出了知识转移的公式，即知识转移＝知识传递＋知识吸收（并使用）。阿拉维和莱德纳（Alavi & Leidner，2001）认为，知识共享是知识在组织内扩散的过程，它可以发生在个体、团体、组织之间，这种知识扩散能够通过不同的渠道发生。徐扬（2010）认为，知识共享是组织通过不同渠道转移知识，从而有效利用现有知识的过程，是组织中的知识主体之间的互动过程。威廉姆和布伦斯（Willem & Buelens，2007）认为，知识共享表现为一种行为过程，不仅仅包括从一方到另一方知识获取与转移的过程，还包括其他一系列的过程，诸如以知识交换和处理的方式使得某一单元的知识能够被整合到另一个单元中并得到有效利用。基姆和李（Kim & Lee，2006）认为，知识共享是指团队和工作单元内部或外部通过正式或非正式的互动与他人共享与工作相关的经验、技能、诀窍和情景信息。尽管上述学者对知识共享概念的阐述表达有差别，但都是从知识转移的过程来认识和分析知识分享，将其视为不同类型的知识在不同参与主体间转移扩散的过程，同时强调了知识的转化与整合。

（二）组织学习和创新产出的结果视角

圣吉（Senge，1997）将知识共享视为持续性学习的过程，并从组织学习的视角对知识共享进行了分析。在他看来，知识共享就是协助发展有效行为的能力，且必须与另一方持续互动，成功地将信息和知识转移到对方，形成对方的行动力过程。同时，知识共享不是简单地给予人们相关的知识或是从他们那里获取相关的知识，而是发生于人们真诚的相互帮助并发展新的行动能力期间。因而，知识共享发生在组织内的员工之间和团体之间的学习过程中，促进学习在组织中的持续进行是组织必须承担的任务。换言之，圣吉从组织学习的视角认为，知识共享不

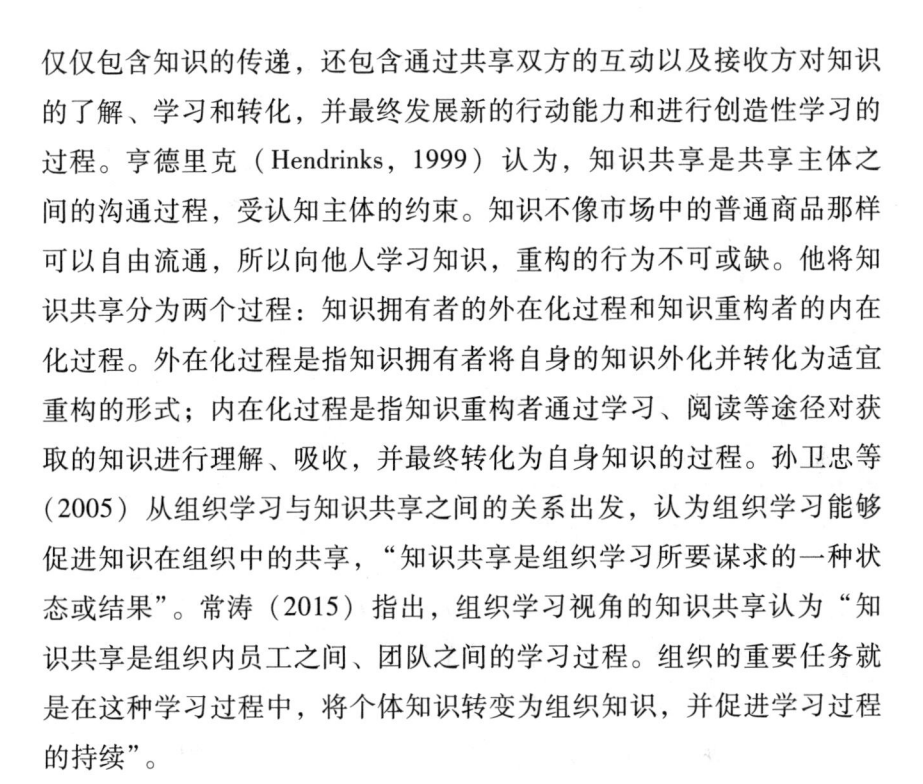

仅仅包含知识的传递,还包含通过共享双方的互动以及接收方对知识的了解、学习和转化,并最终发展新的行动能力和进行创造性学习的过程。亨德里克(Hendrinks,1999)认为,知识共享是共享主体之间的沟通过程,受认知主体的约束。知识不像市场中的普通商品那样可以自由流通,所以向他人学习知识,重构的行为不可或缺。他将知识共享分为两个过程:知识拥有者的外在化过程和知识重构者的内在化过程。外在化过程是指知识拥有者将自身的知识外化并转化为适宜重构的形式;内在化过程是指知识重构者通过学习、阅读等途径对获取的知识进行理解、吸收,并最终转化为自身知识的过程。孙卫忠等(2005)从组织学习与知识共享之间的关系出发,认为组织学习能够促进知识在组织中的共享,"知识共享是组织学习所要谋求的一种状态或结果"。常涛(2015)指出,组织学习视角的知识共享认为"知识共享是组织内员工之间、团队之间的学习过程。组织的重要任务就是在这种学习过程中,将个体知识转变为组织知识,并促进学习过程的持续"。

知识共享的创新视角更强调与知识互动学习密切联系的知识创新等。吉尔伯特和科尔代-海耶斯(Gilbert & Cordey-Hayes,1996)认为,知识转移与共享源于组织间知识的"不均衡",它是一个动态学习的过程,主要包括获取、沟通、应用、接收和同化五个阶段,旨在通过知识的创造和创新推动个体、团体和组织在态度、认知和行为上发生改变。胡夫和里德(Hooff & Ridder,2004)认为,知识共享是个人相互交换他们的知识(显性和隐性)并一起创造新知识的过程。上述研究进一步深入了知识共享的认知,不仅强调知识从一方转移到另一方的行为过程,而且突出了过程中的组织学习、知识的转化和创新。

(三)市场交换视角

有学者从市场交易视角出发,将知识视为一种稀缺性资源,认为知识共享是组织内部知识市场中买卖双方就知识所进行的交易活动。达文波特和普鲁萨克（Davenport & Prusak, 2001）认为，与现实中的市场类似，组织内部也存在着知识市场。知识市场中存在着相互议价并力求达到相互满意价格的买卖双方，知识作为交换物品，被赋予价值用来交换。应力和钱省三（2001）认为，组织内部知识拥有者之间的差异性是导致个体出现不同知识需求的基础，也是形成组织内部知识市场的基础。在知识市场内部，通过交易机制，知识从一方向另一方转移，知识交易是形成知识共享的基础。高原和周燕（2007）认为，"知识共享是一种知识买卖双方愿意进行的交易，在这一过程中，知识供应者是卖方，知识的需求者是买方"，并且他们基于交易成本理论对知识共享的动机和行为进行了阐述。这种观点实质上是以"成本—收益"分析框架为理论基点来解释组织中的知识共享行为，综合比较知识共享中预期的收益和投入的成本。若预期的收益大于投入的成本，则会发生知识共享行为，反之则会终止。持这种观点的研究者认为，个人从知识共享活动中所能获得的利益是进行知识共享活动的主要驱动因素。这种观点也在一定程度上阐释了组织内不同部门及其成员知识共享的动机。

（四）社会交换视角

还有些学者从社会交换的视角对知识共享的内涵进行阐释。社会交换视角的知识共享概念建立在社会交换理论的基础之上。该理论认为，个体的行为是理性行为，只有个体预期到其行为能够获取相应的好处，他才会参与到交换过程之中（Blau, 1964）。在持这种观点的学者看来，知识共享行为的产生依赖于知识拥有者与接收者之间的交换（Sharratt & Usoro, 2003），减少成本损失、获取相应收益是知识共享的动机。拉米雅和耶普（Ramayah & Yeap, 2013）认为，知识共享是两个及以上的主体在互惠过程中进行的知识交换行为，这种互惠过程允许共享主体在新的环境中进行知识的重塑和意义构建。吴立伟和林灼荣（Wu & Lin, 2013）则将知识共享视为受个体的社会价值导向所调节的一种社会交换形式。参与者共享成本（做出的努力、花费的时间、权利和潜在优势的损失）和共享收益（互惠的利益、自我尊重的提升、自我效能感的提高、获得的名誉与愉悦感等）的考量是影响知识共享行为发生的主要因素，但是个人的认知倾向性、偏好选择以及对共享结果分配的态度则会影响知识共享参与者"成本—收益"的计算。

二 跨部门知识共享的结构

跨部门知识共享的结构反映了用以测量跨部门知识共享实践的具体维度，它是进行跨部门知识共享研究的一项基础性内容。对跨部门知识共享结构的测量，目前有三个维度：知识属性维度、知识共享过程维度和知识共享绩效维度。

（一）知识属性维度

依据波兰尼（Polanyi，1966）的观点，共享知识基于属性的不同可以分为显性知识与隐性知识。显性知识是指人们可以通过语言、文字或音影工具等媒介表达和接收的知识，一旦创立，则很容易获取、传播与使用；隐性知识则是指存在于人脑中的尚未经过组织的零散知识，属于个人思维或诀窍之类的东西，具有高度个性化（Hostel & Fields，2010）、难以表达（Bartol & Srivastava，2002）以及不易传播和理解的特点。王智宁和王念新（Wang & Wang，2012）在基于中国背景下的实证研究中，从收集并使用正式报告或文件、培训及发展项目和信息系统三个维度测量了组织显性知识的共享状况，对隐性知识的测量维度则包括雇员的经验、雇员的专业化水平、知识的来源及出处和从过去失败中所得到的教训四个维度。洛佩兹-尼古拉斯和美洛诺-瑟当（López-Nicolás & Merono-Cerdán，2011）从组织内部知识的编码程度、编码知识的易获取性两个维度测量汇编型知识的共享状况，从知识的易获取性、获取知识的有效性、组织内部共享知识的氛围三个维度测量了个性化的知识共享状况。

知识属性视角是从相对静态的角度思考跨部门知识共享的结构，专注于知识类型本身，通过具体的知识表现形式、知识编码化程度和获取的难易度等指标测量不同类型的知识共享水平。

（二）知识共享过程维度

知识共享过程的维度认为，知识共享并非一种静止的状态，而是一种动态的行为过程，由此产生了两阶段论、四阶段论和五阶段论等。基于知识共享过程视角的测量中较具有代表性的当数知识共享两阶段论的研究。该理论认为，知识共享活动主要包括知识获取与知识奉献两个方面。林秀芬（Lin，2007）认为，知识奉献旨在将"个人层面的知识转化为团体和组织层面的知识，进而提升组织知识可资利用的存量"；知识获取则由"获取来自内外部资源的信息和知识的过程和机制所构成"。在其后的测量中，知识奉献通过个体和团队成员间知识供给行为的意愿和主动性来测量，知识获取则从个人和团队成员之间基于知识需求而形成的共享行为准则进行衡量。胡夫和里德尔（Hooff & Ridder，2004）认为，知识奉献是个体将自身的智力资本与他人进行交流，而知识获取是指个体向他人咨询以便获取他们所共享的个体智力资本。之后，他们在阿迪奇维利等（Ardichivili et al.，2003）测量维度的基础上，运用六项指标测量跨部门内外的知识奉献，关注知识共享意愿和行为主动性方面；同时，运用四项指标测量跨部门内外的知识获取，聚焦基于知识需求的知识分享行为。

（三）知识共享绩效维度

知识共享绩效视角的测量是更为系统性地把握跨部门知识共享结构的一种途径，研究较具代表性的是威廉姆和布伦斯（Willem & Buelens，2007）。他们将知识共享划分为知识共享强度和知识共享质量两个维度予以测量。跨部门知识共享不仅仅体现为行为本身，而且应该是共享行为和共享结果的统一。知识共享绩效视角下的跨部门知识共享活动表现为知识共享强度和知识共享质量的两维结构。对知识共享行为的测量，超越了过程视角中对行为是否发生的测量，强调其行为发生的频率以及促进知识共享行为发生的正式或非正式机制；而知识共享质量则反映了知识共享的结果视角，即对知识共享的及时性、完整性、精准性等方面进行系统考察。

第二节 公共组织跨部门知识共享的影响因素研究

对公共组织知识共享前置变量的研究,有助于组织采取管理措施进行干预,从而促进公共组织知识共享活动的发生与发展,提升整体性公共治理能力。研究文献的梳理结果表明,影响公共组织跨部门知识共享的因素可归纳为五类,即知识因素、个人因素、组织因素、技术因素和法规政策因素。

一 国外文献研究

(一)知识因素

作为跨部门知识共享活动发生的核心要素,知识自身的属性必然对跨部门知识共享活动发生的难易度、效率和效果产生直接影响。营利组织知识共享研究文献多选择从知识的显性和隐性视角探讨对知识共享的影响。由于知识编码程度的不同,显性知识自然更易被共享,而隐性知识的难度更大。以营利组织为研究对象的实证研究结果表明,显性知识对知识共享行为的影响显著大于隐性知识的共享(Ma et al.,2014)

1. 共享知识的特征

不同于营利组织的关注视角,目前公共组织知识共享领域的研究更强调共享知识质量的影响。姜如珍等学者(Kang et al.,2008)对韩国中央政府知识共享状况的研究验证了共享知识的两类特征,即知识的清晰性和知识的有用性对知识共享活动的作用。他们认为,对于新知识的接受者而言,如果共享知识呈现出模糊不清以及效用低的特征,那么知识共享行为会变得更加困难。然而,后续对韩国公共部门知识共享的进一步实证研究发现,相比其他因素而言,知识的清晰性和知识的有用性并非对知识共享的显著影响因素。苏哈旺等学者(Vong et al.,2016)

则从信息的相关性、有用性和可靠性三个维度探讨了信息质量对公共部门知识共享的影响，对柬埔寨食品安全和信息系统（知识管理系统）所涉及的70个公共组织展开的实证研究表明，信息质量会对食品安全和营养信息系统的知识共享具有正向显著的影响。

2. 共享知识的类型

知识是知识共享过程中的核心要素，知识的显性与隐性属性直接影响到知识共享的难易度和效率。马振中等学者（Ma et al., 2014）认为，知识的汇编程度不同，导致一些知识比较容易共享。他们实证探讨了显性知识与隐性知识对知识共享活动的影响程度大小。研究结果表明，知识类型对知识共享行为具有显著影响，且易于编码和吸收的显性知识对知识共享的影响程度要高于难以模仿与传递的隐性知识。基于同样的分类视角，周巧笑（Chow, 2012）亦探讨了知识类型对知识共享行为的影响。实证结果证明，显性知识对知识共享行为具有显著正向影响，而隐性知识则对知识共享行为不具有显著影响。可见，不同学者对知识类型对知识共享影响的实证结论都表明，显性知识对知识共享行为的影响程度高于隐性知识对知识共享行为的影响。

（二）个人因素

无论哪个层面的知识共享活动，其最终必然依赖人际互动才可以实现。作为公共组织跨部门知识共享的基本细胞，个体知识共享的意愿和动机对跨部门知识共享活动会产生不可忽视的影响，尤其是不可编码的隐性知识。

1. 预期的互惠利益

预期的互惠利益是指个体在社会化交换过程中会存在这样的预期：他们的付出在未来会获得公平的回报（Blau, 1964；Chennamaneni et al., 2012）。

私营部门情境下的研究证实个体对于成本与收益的考量会影响到知识共享的认知倾向，进而会影响个体的知识共享行为（Henttonen et al., 2016）。尽管在公共部门情境下个体对于成本与收益的考量同样被认为会影响到知识共享的认知倾向和知识共享行为（Amayah，2013；Henttonen et al.，2016），但关于两者关系的实证研究较少。唐加拉贾等学者（Tangaraja et al.，2015）将预期的互惠利益纳入内部动机因素并对马来西亚公共部门管理者的知识共享行为进行分析，结论表明：互惠对于知识共享行为（知识获取和知识奉献）产生正向显著性影响，组织内部受益于其他方共享知识的成员更有可能采取互惠的行为积极地共享自己的知识。刘文成等学者（Liu et al.，2010）针对不同类型的社会非营利工作人员的实证研究表明，声誉和预期的互惠利益与个体的知识共享意愿和行为显著相关，内在动机因素（自我成长、利他行为）对知识共享意愿和行为的影响最强。然而，奥拉托昆和诺佛（Olatokun & Nwafor，2012）在一项针对尼日利亚埃邦依州六个部共计297名公共部门雇员的实证研究中发现，预期的互惠利益与雇员的知识共享态度和动机之间不存在统计学意义上的相关性。黄乾等学者（Huang et al.，2008）基于中国情境探讨了预期的互惠利益与知识共享行为之间的关系，实证结果表明，预期的互惠利益对知识共享行为无显著影响。

2. 预期的权力丧失

预期的权力丧失对知识共享的影响在公私部门领域的研究均相对较多。在私营部门的实证研究中，阿尼萨（Anitha et al.，2012）发现，预期的权力丧失对个体知识共享态度产生负向显著性影响。持有此观点的组织成员倾向于将知识视为权力的来源，为了维持自身的优势而故意囤积知识，不愿共享（Syed-Ikhsan and Rowland，2004）。

与私营部门的知识共享相比，公共组织中的知识共享更为困难，因为大部分人将知识与权力和晋升机会联系起来（Liebowitz and Chen，2003）。这导致大多数公职人员倾向认为共享可能带来自身优势、权力和晋升机会的丧失，而不愿意跟合作者共享知识。相关研究证实了上述结论，凯姆等学者（Kam et al.，2007）针对香港公共部门知识共享的调查中，指出79%的受访者认同或强烈地认同"知识等同于组织中的权力"这一题项，受访者会因惧怕权力丧失，削弱自身的竞争力而隐藏知识或拒绝共享知识。黄琴等学者（Huang et al., 2008）针对中国背景下知识共享状况的研究也表明，对权力丧失的恐惧对知识共享行为产生负向显著性影响。

3. 知识的自我效能

自我效能是指个体认为自身具备完成特定任务的能力（Bandura, 1986），它可以使个体对自身的行动或行为进行决策和自我评估（Hsu, et al., 2007）。知识的自我效能是指拥有知识的个体认为其"拥有的知识能够解决工作相关的问题"（Olatokun & Nwafor, 2012：220），提升工作绩效。一般意义上认为，自我效能感影响个体的知识共享意愿、态度和主观规范等动机性行为（Bock et al., 2005；Lin, 2009）。相关研究持续表明，"与低水平的自我效能感相比，拥有较高水平的自我效能感更能够促进个体的知识共享"（Hsu et al., 2007：155）。卡布雷拉等学者（Cabrera et al., 2006）的研究显示，自我效能感对个体的知识共享行为具有显著的正向影响。林秀芬（Lin, 2007）研究发现，个体的知识自我效能均对知识奉献和知识获取行为具有显著影响。

来自公共组织知识共享的研究同样证实了知识的自我效能与知识共享之间的关系。唐加拉贾等学者（Tangaraja et al., 2015）以马来西亚公共部门管理者为研究对象，从个人知识的自我效能视角探讨了其对组织内部显性知识和隐性知识共享行为的影响，实证研究表明个体知识的自我效能感显著正向影响公共部门管理者的显性和隐性知识共享（知识获取和知识奉献）行为。与之结论相类似，奥拉托昆和诺佛（Olatokun & Nwafor, 2012）对尼日利亚埃邦依州公共部门雇员的实证研究同样发现，知识的自我效能显著正向影响雇员的知识共享动机。

4. 公共服务动机

与营利组织雇员不同，公共部门中拥有较高公共行政精神且致力于服务公共利益的雇员更倾向于对非功利性刺激（如荣誉感、成就感和自豪感等）做出反应（Perry & Wise, 1990）。公共服务动机视角体现出公共组织使命与职能相关的独特性，这种非自利性动机（公共服务动机）与知识共享的关系近期也吸引了一些学者进行探讨。

陈重安和谢智伟（Chen & Hsieh，2015）对中国台湾地区公共部门中层管理者的实证研究表明，公共服务动机显著正向影响公共部门知识（显性知识和隐性知识）共享行为；进一步针对公共服务动机结构维度的分析显示，同情心、对公共利益的承诺对显性知识和隐性知识共享都具有显著正向影响。卢重团（Tuan，2016）对越南公共组织562名雇员和197名管理者知识共享研究的实证结果表明，公共服务动机不仅显著正向影响部门雇员的知识共享行为，而且还能够在管理者领导力和知识共享行为之间发挥积极的中介效用。唐加拉贾等学者（Tangaraja et al.，2015）的研究表明，公共服务动机对马来西亚公共部门管理者的知识共享（知识获取和知识奉献）行为产生显著正向影响。金尚木（Kim，2018）对韩国公共部门506名公务员知识共享行为的实证研究表明，公共服务动机中对公共服务的吸引力和对公共价值的承诺这两个维度对知识共享有显著的正向影响。

（三）组织因素

任何知识共享活动的发生都必然依赖特定的组织情境，组织结构和组织情境因素与知识共享的关系向来都是学者们关注的焦点。

1. 组织结构

组织结构规定了组织内部知识流动的正式渠道，缺乏灵活性的组织结构会影响组织内部的交流和知识的转移，进而会阻碍组织知识共享活动的推进（Pee & Kankanhalli，2016）。有学者（Seba et al.，2012）在一项针对迪拜警察部门知识共享状况的研究中发现，警察部门的层级结构因影响雇员与部门之外的人员进行接触、降低内外交流的机会、对部门内部的知识管理带来挑战而影响各个层级部门之间的沟通，进而阻碍了跨部门、跨单位之间的知识共享。

与多数营利组织知识共享研究文献的研究视角相似，多数学者借鉴了霍尔和瑞尼（Hall，2002；Rainey，2003）提出的组织结构测量维度：正式化和集权化。他们以此为基础探讨了公共部门组织结构对于公共组织知识共享的影响。组织的集权化,是指权力在组织高层级的集中程度;组织的正式化是指组织的工作在多大程度上受官方文件、工作程序、规章制度等因素所规制(Hall,2002;Rainey,2003)。达曼珀尔(Damanpour,1991)指出,具有较低正式化水平的组织具有更大的开放性和包容性,更能够激发新思想和新行为。蔡(Tsai,2002)认为,集权化会弱化部门之间知识共享的动机,不利于知识的扩散和传播。因而,组织结构因强调正式化、规则、制度以及控制体系会成为组织知识共享以及知识创新的障碍性因素(Kim & Lee,2006)。组织结构较少地受正式化和集权化的影响而保持一定的灵活性,促进组织的横向交流进而或许可以增进组织共享和知识的创造(Jarvenpaa & Staples,2000)。安珀等学者(Amber et al.,2019)对巴基斯坦五个联邦部委行政雇员的实证结果证实,正式和集权的组织结构与员工的知识共享行为有显著的正相关关系,而等级制的组织结构与员工的知识共享行为有显著的负相关关系。但也有实证结果显示,组织结构对组织内部个人的知识共享行为和能力的影响并不显著(Kim & Lee,2006;Amayah,2013)。

具体到跨部门知识共享活动,格兰特(Grant,1996)指出,影响跨部门知识共享的一个重要因素是部门之间的协作机制。这些协作机制加速了不同部门之间的正式或非正式互动与合作,包括知识资源的交换等(Grandori,1997)。尽管一些实证研究显示公共组织的正式化和集权化的整体水平对个体层面知识共享行为不产生显著影响,但并不影响我们进一步深入理解部门间的协同机制与跨部门知识共享的关系。迄今为止,只有一篇研究文献从这一视角对两者间的关系进行研究。威廉姆和布伦斯(Willem & Buelens,2007)以比利时公共部门为研究对象,从部门间协作机制的角度探讨了组织结构和跨部门知识共享的关系。实证结果表明,虽然正式纵向协调对跨部门知识共享不具有显著影响,但正式横向协调和以人际关系网为核心的非正式协调机制对跨部门知识共享有显著的正向影响。对正式机制的进一步细分,突破了以往对组织正式化水平的整体性研究框架,凸显了横向协调和非正式协调对跨部门知识共享的作用。

2. 组织领导支持

作为一种内部推动力,组织领导通过提供指导、资源扶持以及明确发展方向,影响着员工知识共享的知觉以及知识共享的意愿(Konnelly & Kelloway,2003)。在组织系统内,来自高层领导的支持可以有效提升知识共享的数量与质量,并有效减轻来自不同部门之间由于知识共享可能带来的摩擦。因而,组织领导支持通常被视为预测组织知识共享的重要变量(Wang & Noe,2010)。

少量的公共组织知识共享文献也验证了组织领导支持对跨部门知识共享的积极影响。苏哈旺等学者(Vong et al.,2016)认为,高层领导的支持有助于公共组织成员知识共享认知和意愿的形成、共享知识数量和质量的提升,他们在公共政策的制定和执行方面扮演着关键角色。在其后的实证研究中,他们分析了柬埔寨公共部门中高层领导的支持对知识共享行为的影响程度与方向。研究不仅证实了高层领导支持显著正向地影响公共组织知识共享行为,而且还明确了高层领导支持是公共组织知识共享重要的影响因素。姜如珍等学者(Kang et al.,2008)对韩国中央政府9个部门323名公共部门雇员的实证研究同样表明,高层领导的支持不仅显著正向影响组织中雇员的知识共享行为,而且在影响公共部门雇员知识共享行为的诸种因素中是重要的前因变量。亨德利亚迪(Hendryadi H. et al.,2019)对印度尼西亚来自11个地方政府公共服务机构的371名受访者的实证研究表明,授权性领导力对知识共享行为有正向而显著的影响。杨东谋和吴怡融(Yang & Wu,2014)以中国台湾公共部门雇员为主要调研对象,通过半结构化访谈的方式发现:台湾省电子政府的建设有赖于组织参与机构中的高层领导以及公共组织内部更高层级领导的支持。这些高层领导的积极参与并在跨部门知识共享活动中充当权威性或者支持性角色更有助于达成共识,提高知识共享项目推进的主动性和优先性,化解各平行部门之间的分歧,提升协调的效率,推动跨部门知识共享活动的实施。

3. 组织激励

众所周知,个体的行为受认知的价值和行动的收益所驱动(Lin,2007)。适当的激励可以影响个体的行为动机(Yao et al.,2007),增进组织认同和部门信任,激发组织合作行为(Willem & Buelens,2007),因此,组织激励可以被视为影响知识共享的重要因素之一。尼利(Neely,2002)曾从更加直观的角度对组织激励的重要性进行了分析:一方面,促进特定环境中的成员积极参与和交流沟通;另一方面,激发组织成员更好地获取、拥有、传送信息和知识。

金素熙和李亨秀(Kim & Lee,2006)以韩国公共组织雇员为研究对象的实证结果显示,基于绩效的奖励体系显著正向影响组织成员的知识共享能力。姜如珍等学者(Kang et al.,2008)的实证研究不仅揭示了组织的奖励体系与跨部门知识共享行为间存在着显著正向关系,而且明确了它在影响知识共享行为众多因素中的重要程度(其重要性仅次于高层领导支持)。帕克等学者(Park et al.,2015)在蒙古电子政务建设背景下,检验组织绩效激励与知识共享的关系,同样验证了金素熙和李亨秀(Kim & Lee,2006)研究得出的结论,即组织的奖励体系正向促进了组织的知识共享行为。费歇尔(Fischer C.,2022)对行政和医疗核心部门公共雇员的实证结果显示,公共雇员的知识共享仅仅是由"成长和利他主义"以及"同事的赞赏"所驱动。

然而,也有学者对组织激励研究形成了不同的观点。林秀芬(Lin,2007)探讨了预期组织激励对知识共享行为的影响,实证结果证实,组织激励变量对知识共享的动机和态度并未产生显著影响。刘文成等学者(Liu et al.,2010)针对不同类型社会非营利工作人员的实证研究表明,外在的组织激励对员工分享知识的意愿未产生显著影响。阿马耶(Amayah,2013)对美国公共部门雇员的实证结果也表明,组织奖励对知识共享行为具有显著负向影响。苏哈旺等学者(Vong et al.,2016)以柬埔寨的食品安全与信息系统为调研对象,实证研究发现货币化和非货币化的组织激励与知识共享行为之间的关系并不显著,也就是说,研究并没有支持组织激励变量显著影响知识共享的动机、态度和行为的结论。究其原因,学者们的观点可归纳为三方面:第一,认为主要在于奖励不足,即知识共享的代价超过个人收益、绩效衡量的困难导致奖励与付出不匹配;第二,与工作相关的经济奖励有可能排挤内部动机(Osterloh & Frey, 2000),即存在激励的"挤出效应",奖励的承诺会妨碍雇员之间的合作、创造和风险承担,削弱他们对工作的兴趣;第三,或许可解释为个体之间的共享在更大程度上受组织和社会环境所影响,譬如,如何与同事搞好关系、保持权力的平衡、维持或提升名誉等(Constant et al., 1994),社会性考虑越多,经济性动机的影响力越弱。

4. 组织信任

信任通常被认为是个人价值观、态度、心情及情绪交互作用的结果,是具有情感成分的理性决策,是人际互动的第一步,也被认为是知识共享行为具有预测和解释力的重要变量。相当多的文献以营利组织为研究对象,持续探讨了信任与知识共享的关系。人际信任能够降低防御性行为(Andrews & Delahay, 2000),降低知识转移的交易成本(Zabeer et al., 1998),增进组织内部员工之间的知识共享,并得到一致的结论:信任对组织知识共享具有显著正向影响(Sharratt & Usoro, 2003)。

公共部门领域的少量研究基本借鉴了营利组织人际间信任的测度,探讨其与公共部门知识共享的关系。崔玉珍(Choi, 2016)将信任视为组织关系性资本的重要维度,从组织雇员间的信任以及对组织监管者和领导的信任两个维度探讨了信任与知识共享行为的关系,对美国联邦部门公共雇员研究发现,信任显著正向影响公共雇员的知识共享行为。姜如珍等学者(Kang et al., 2008)以韩国中央政府的 323 个公务员为调研对象,探讨了在以信任作为中介变量的条件下知识共享与个体组织绩效之间的关系,研究结果表明,信任显著影响知识共享与个体的组织绩效。塞巴等学者(Seba et al., 2012)针对迪拜警察的实证结果表明,信任是促进组织知识共享的重要因素,对于信任氛围较低的公共组织而言，在提升知识共享水平方面，构建良好的信任氛围极为关键。威廉姆和布伦斯（Willem & Buelens，2007）针对比利时358名公共部门雇员的实证研究表明，信任显著正向影响知识共享强度和知识共享质量，是有效预测公共组织知识共享的重要变量。帕克等学者（Park et al.，2015）对蒙古电子政务背景下的实证研究同样验证了信任对知识共享的正向促进作用。金尚木（Kim，2018）对韩国公共部门的实证研究表明，组织社会资本中的信任成分对知识共享有显著的正向影响。基普科斯盖等学者（Kipkosgei F. et al.，2020）针对三个肯尼亚公共组织雇员的实证研究显示，同事间的信任对公共部门员工间的知识共享具有正向的显著作用，支持性技术对两者的关系具有明显的调节作用。

尽管信任被很多研究者认为是影响跨部门合作的重要因素，但对于跨部门知识共享情境下的信任研究几乎仍属空白。近期开始有研究将信任概念延伸到组织之间和跨部门关系中。尼尔扎德和佑霍尔认为，组织信任建立在个人信任的基础上，并将跨组织间的信任定义为"合作伙伴一方认为另一方采取的行动将会产生双赢的结果，不会采取出乎意料的行动损害对方利益"（Neergard & Ulhøi，2006：522）。该认知隐含着这样的假设，即在实现共同目标的过程中，双方都信赖对方的行为。桑德胡（Sandhu et al.，2011）对马来西亚部门展开的一项实证研究结果显示，部门之间缺乏信任被视为阻碍知识共享的一项重要因素。吉尔-加西亚等（Gil-Garcia et al.，2010）通过对美国刑事司法和公共卫生领域公务员的大量访谈和观察，探讨了跨部门信息共享环境下的信任构成要素，发现角色和责任的清晰度、对参与（合作）组织的了解以及权力的运行三项要素是对跨部门信息共享情境下的信任形成具有重要影响的要素，由此作用于跨部门信息共享活动。

（四）技术因素

技术因素被许多学者视为与个体因素、组织因素并列影响组织知识共享的重要因素（Riege，2005）。技术因素一般包括存在于组织内部或部门之间的网络系统、数据库系统以及信息或知识管理系统等硬件方面以及人性化设计、培训状况或使用程度等培训教育方面（Yusof et al.，

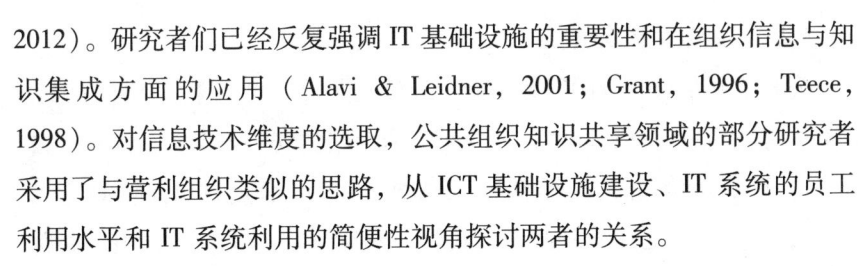

2012)。研究者们已经反复强调 IT 基础设施的重要性和在组织信息与知识集成方面的应用（Alavi & Leidner, 2001; Grant, 1996; Teece, 1998）。对信息技术维度的选取，公共组织知识共享领域的部分研究者采用了与营利组织类似的思路，从 ICT 基础设施建设、IT 系统的员工利用水平和 IT 系统利用的简便性视角探讨两者的关系。

金素熙和李亨秀（Kim & Lee, 2006）从信息技术的运用和信息技术的易用性感知两个维度测量了信息技术对于韩国公共部门雇员知识共享能力的影响，研究发现信息技术的运用与雇员的知识共享水平之间存在正向的显著性影响，但是信息技术的易用性感知与雇员的知识共享能力之间并不存在统计学意义上的相关性。进一步实证对比社交网络、基于绩效的奖励机制影响的结论表明，在影响韩国政府受访对象的知识共享行为方面，信息技术是较为显著性的因素。桑德胡等学者（Sandhu et al., 2011）针对马来西亚公共部门知识共享的一项实证研究发现，技术因素是影响部门知识共享的重要组织障碍。尤索夫等学者（Yusof & Ismail, 2012）将技术因素归纳为信息通信技术软件（ICT Software）、信息通信技术基础设施（ICT infrastructure）以及信息通信技术的培训教育（ICT literacy）三个方面，并将其作为影响知识共享质量的一个动力性因素（外生变量）纳入整体模型之中。崔玉珍（Choi, 2016）以信息技术为调节变量，探究了社会资本与知识共享之间的关系，研究结果表明信息技术是影响知识共享行为的重要因素，认为鼓励使用信息技术或通过培训促进信息技术的使用是提升部门中知识共享的有效策略。

尽管信息技术在知识共享和转移中的重要性在营利组织和公共组织都得到论证和强调，但考察信息技术对组织跨部门知识共享的影响未能突破已有框架。在现有少量的文献中，仅有一篇文献从信息系统的差异性视角探讨了不同部门信息系统开发的不均衡性和信息安全对跨部门知识共享的研究。杨东谋和吴怡融（Yang & Wu, 2014）以台湾公共部门为案例研究对象，发现信息系统的异质性、信息安全和信息化的不对称都显著影响组织跨部门知识共享活动的开展。

（五）法规政策因素

公共组织条块分割的行政体制，导致公共部门更多考虑自身的活动而不是跨边界的活动；同时，公共组织所面临的安全与保密、隐私、公众参与等多元价值观也给其活动造成更多不确定性（Yao et al.，2007），因此，较之于营利组织，政策或法律规定是推动公共组织跨部门知识共享活动的一项重要因素。

道斯（Dawes，1996）在政府部门间信息共享的早期研究阶段就指出，政府部门间成功的信息共享行为必须具备以下条件：第一，需要有一套合法的框架和正式政策来引导信息共享决策和活动，如跨部门协议、立法权力等；第二，需要掌握有效的指导信息资源共享管理的工具，如国家范围和部门范围的资源目录、数据词典等。他进一步对纽约州53个政府部门中的254位州政府管理者进行问卷调查和实证分析，指出信息共享的风险、利益、经验等是影响政府间信息共享的因素。基于道斯的研究，兰兹伯格和沃尔肯（Landsbergen & Wolken，2010）进一步发展了政府部门间信息共享的理论模型，指出跨部门信息共享需要相关法律、管理和政策的推动。杨东谋和麦克斯韦尔（Yang & Maxwell，2010）指出，政策和法律的规定有利于建立共享知识双方的关系，减轻共享知识风险，以及培育组织之间知识共享活动过程中的信任。帕尔多等学者（Pardo et al.，2006）认为，政府部门的政治环境对公共组织跨部门知识共享产生了制度性和情境性的影响。官僚体制对公共组织跨部门知识共享所造成的障碍可以通过构建鼓励知识运用和知识管理实践行为的政策规定加以解决。除了运用规范分析外，国外近两年开始有研究文献将法规政策因素纳入实证分析框架中，探讨政策因素对跨部门知识共享的影响。杨东谋和吴怡融（Yang & Wu，2014）的研究发现，在台湾公共部门电子政务建设过程中，政策和法律因素对公共组织跨部门知识共享具有"双刃剑"效应。政策和法律因素的影响主要表现在以下三个方面：第一，是否明确规定了知识共享各个主体的义务；第二，是否对共享知识具有明确的限制；第三，是否对获得知识类型具有明确的限制。赛义德-依克桑和罗兰（Syed-Ikhsan & Rowland, 2004）对马来西亚公共部门知识共享绩效影响因素的结果也表明, 政策指导因素对知识共享具有显著正向影响。

影响公共组织跨部门知识共享的知识因素、个人因素、组织因素、技术因素和法规政策因素归类见表2-1。

表2-1　　公共组织跨部门知识共享的影响因素归类表

类别	项目	来源
知识因素	知识清晰性和有效性	Kang et al., 2008
	知识相关性、有用性和可靠性	Vong et al., 2016
	知识的编码化程度	Chow, 2012
个人因素	预期的互惠利益	Olatokun & Nwafor, 2012; Tangaraja et al., 2015
	预期的权利丧失	Chennamanenia, 2012; Syed-Ikhsan & Rowland, 2004
	知识的自我效能	Hsu et al., 2007; Olatokun & Nwafor, 2012; Tangaraja et al., 2015
	公共服务动机	Chen & Hsieh, 2015; Tangaraja et al., 2015; Tuan, 2016; Kim, 2017
组织因素	组织结构	Grant, 1996; Hall, 2002; Rainey, 2003; Kim & Lee, 2006; Willem & Buelens, 2007; Amayah, 2013
	组织领导支持	Konnelly & Kelloway, 2003; Kang et al., 2008; Wang & Noe, 2010; Yang & Wu, 2014; Vong et al., 2016
	组织激励	Neely, 2002; Kim & Lee, 2006; Kang et al., 2008; Amayah, 2013; Vong et al.; 2016; Park et al., 2015
	组织信任	Seba et al., 2012; Willem & Buelens, 2007; Sandhu et al., 2011; Gil-Garcia et al., 2010; Park et al., 2015; Choi, 2015

续表

类别	项目	来源
技术因素	IT 基础设施	Grant, 1996; Teece, 1998; Alavi & Leidner, 2001
	IT 系统运用及其易用性感知	Choi, 2005; Kim & Lee, 2006; Sandhu et al., 2011
	IT 系统的差异性	Yang & Wu, 2014
法规政策因素		Pardo et al., 2004; Syed-Ikhsan & Rowland, 2004; Yang & Maxwell, 2011; Yang & Wu, 2014

资料来源：笔者根据相关文献整理所得。

二 国内文献研究

随着政府电子政务的蓬勃发展和数字政府建设的兴起，国内关于公共部门信息共享和知识共享影响因素的研究也逐渐增多，取得了一些有益的成果。

大多数中国学者从实践现状出发，通过规范分析方法探讨政府信息共享中存在的问题。黄萃（2007）认为，信息技术迅猛发展使政府信息共享不再是一个技术层面的问题，而成为一个管理层面的研究课题，部门利益、交换成本、数据管理混乱、传统政治激励制度等成为实践层面上制约政府数字信息共享的管理障碍。查先进（2006）指出，电子政务信息共享面临的一系列障碍体现在当前的行政管理体制、政府管理模式、信息技术及其标准化、法治建设等方面。罗贤春和李阳晖（2006）认为中国政府部门信息共享性差的因素主要有：缺乏统一的法律规定和规划管理；信息共享意识较落后；共享威胁权力；各自开发网上信息服务系统，造成信息重复和资源浪费；公用信息与保密信息的界限不明，阻碍了信息共享。何振（2007）认为，对政府信息资源共享造成根本性影响的因素在于：政府信息资源建设、政府信息网络建设、政府信息资源共享体制建设。具体体现在：重硬件，轻软件，更轻资源建设；过分强调保密带来网间过度隔绝；战略规划缺失，标准规范滞

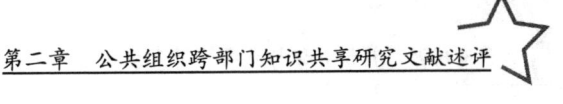

后，难以建立起共同理解的"符号体系";等等。李宇（2009）认为，制约中国电子政务信息整合与共享的因素表现为：电子政务系统建设缺乏整体规划和长远计划、缺乏统一的技术标准和业务标准以及体制和部门利益的原因。刘玉红（2009）基于现状分析，也认为阻碍信息资源共享的主要因素在于：缺少统一规划和科学论证；信息管理缺乏专门化、制度化；相关的法律法规建设滞后；传统政府运作机制阻碍电子政务的发展；人才结构亟待调整。胡建淼和高知鸣（2012）从行政法学的视角分析了中国政府信息共享中共享主体积极性不高、有效性不足和可操作性不强的困境，进而指出其根本原因在于中国陈旧的行政管理体制已不能适应信息共享发展的要求。具体体现在三方面：行政职权的缺失、组织体制的束缚和行政程序的制约。赵英和姚乐野（2014）指出，当前影响跨部门政府信息资源整合与共享的主要因素包括：政府结构体系、管理体制与法律保障、利益制约与监督激励、新技术与新理念、跨部门协作与信息素养和政府信息资源本身。李宇（2014）在界定电子政务信息整合与共享含义及关系的基础上，探讨了网络时代制约信息资源有效共享的因素：缺乏系统建设的整体规划和实施计划；技术标准和业务标准各异；体制不顺与部门利益分割。杨洪泉（2014）根据对中国政府地理信息资源共享现状的分析，将其实施效果不理想的因素归纳为：缺乏统一的审批机制；缺乏明确的地理信息产权制度；部门利益推动；技术标准欠缺。王军等（2014）通过对欠发达地区政府信息资源共享模式现状与问题的分析，提出其阻碍因素主要有：欠发达的经济发展特征、信息共享的体制、资金和标准等制约因素、信息共享工作与政府办公流程需求脱节、信息共享的体制机制建设不完善、信息共享的考核体系未形成、信息共享法规制度建设相对落后和信息增值管理滞后等。陈兰杰和刘彦麟（2015）分析了国内外区域政府信息资源共享的现状，认为阻碍京津冀区域政府信息资源共享的主要因素表现在：缺乏统一领导，部门间条块分割，各自为政；缺少统一、便捷的操作平台；信息安全保密性欠缺；缺乏基于顶层设计的全局规划和相关的保障机制。

少数学者运用实证研究方法探讨了组织因素和法规政策因素对政府部门间信息共享的影响。胡平等（2007）基于创新扩散理论，提出政府部门间信息共享影响因素的研究框架包括三大类因素：支持信息共享的资源、推动信息共享的动力以及部门领导对信息共享的认识。对陕西宝鸡市55个政府部门的实证研究显示，政府部门的领导支持、法规支持、上级政府部门规划和社会公众的压力都对部门间的信息共享有显著影响。范静和张朋柱（2007）结合理论文献和实践访谈，归纳了法律和政策环境、项目倡导机构、组织间信任、组织领导支持、技术支持、实施成本和流程的可追踪性7个因素，据此构建了政府部门间电子化信息共享的成功因素模型。对陕西省和山西省、市、区三级政府部门的实证研究表明，法律和政策环境、组织间信任、组织领导支持和流程的可追踪性对政府部门间的电子化信息共享具有显著影响。尤佳等（2014）采用扎根理论的研究方法，对上海政府部门信息共享进行实证研究，结果显示，影响政府部门间信息共享的影响因素主要有三大类：动力因素、支持因素以及组织因素。他们还分析了其对共享行为的作用机制。

国内学者从2011年左右开始关注政府组织知识共享影响因素的议题。曾其勇和王忠义（2011）实证研究显示，对公务员隐性知识共享影响较大的因素主要为：隐性知识的内隐化程度、复杂度和系统化程度；隐性知识的转移意向、保护意识和转移能力；隐性知识的洞察能力和吸收意向等。陈涛和郭俊（2012）综合信息技术水平、个人共享动机和组织氛围等维度构建了政府部门知识共享行为模型，针对大样本公务员的实证研究结论表明，政府部门的外部奖励对个体知识共享意愿之间没有相关关系，知识共享意愿与知识共享的组织氛围对知识共享行为的影响作用非常大，即互惠、自我价值感、领导支持和信任等因素对知识共享行为有显著影响。高洁和罗南（2012）认为，协同政务知识共享的实质是基于共同语义体系的知识协同，政府知识协同网是开展知识协同活动的组织模式。其具体组织形式可以有多种，如政府知识协同团

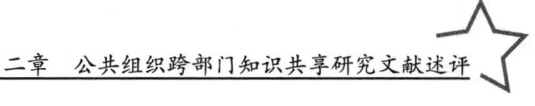

队、知识型虚拟政府、政府知识社区等，认为心理契约、组织文化、组织结构、组织制度、法律制度、合作原则、利益分配原则等组织保障因素与政策法律和知识共享平台等因素共同支持协同政务知识共享的运行，并突出信任机制及学习机制在政府知识协同网构建期及运行期的作用。高洁等（2012）分析了阻碍协同政务知识共享的技术因素和组织因素，其中，技术障碍包括知识表示、存储和交流障碍以及异构政府业务系统间的语义互操作问题，组织障碍则包括组织间信任不足和组织间合作关系不畅而形成的障碍。王军霞（2013）基于公共领域跨部门知识协作的现状，指出知识协作目前面临的障碍因素主要有缺乏统一的信息界面和平台、主观上不愿意、信息的保密性、信息的竞争性，同时在与其他部门合作时存在权力难协调、利益有冲突、很难找到真正的内行参与协作、协作成本高以及协作者担心共享信息与知识会降低本人的竞争力等障碍因素。詹华（2014）综合探讨组织因素对政府知识共享的影响，认为信任、权力游戏、非正式分享机会、正式分享机会以及高层支持对组织知识共享均产生影响。陈福集和介静涛（2014）运用 Dematel 方法建构网络舆情管理中政府隐性知识共享影响因素的内在关系后发现，隐性知识共享平台、隐性知识共享意向、政府文化、政府组织结构和隐性知识吸收意向是其中关键的中心衡量因素，而文化层次、知识背景差异、隐性知识复杂程度、政府组织结构和政府制度被认为对其他因素影响较大。孙晓雅和陈娟娟（2016）基于服务型政府的特征和基本要求，结合自我决定理论和社会资本理论的相关研究，从个人行为动机和组织社会化两个层面构建服务型政府知识共享影响因素的理论模型。影响公务员知识共享的个人动机因素包括乐于助人、公共服务动机、知识自我效能感、互惠规范等，而组织社会化因素则包括社会网络、信任和组织认同等。王芳和储君等（2017）运用案例研究方法，研究了中国东部与南部沿海地区一大一小两座代表性城市的政府跨部门数据共享，分析了跨部门政府数据共享存在的诸多问题：涉密数据在共享过程中的信息安全得不到充分保障；数据共享的技术支持能力不足；

共享数据的信息质量得不到保证;数据共享的激励机制不健全;数据共享的权责界定不清,问责机制不完善;业务外包管理面临困难;组织结构不完善;数据共享的业务流程有待优化;数据共享的外部环境不够成熟;等等。而资源投入不足、部门管理制度不完善、跨部门统筹规划与组织协调不力、技术标准建设进展缓慢、涉密数据共享的法律法规与政策不完善等,是影响跨部门政府数据共享的主要因素。

第三节 公共组织跨部门知识共享结果变量的研究

综观现有文献,对跨部门知识共享结果变量的研究集中于私营部门领域,私营部门的营利性使其更关注知识共享与组织创新能力和组织绩效之间的关系。大量该领域的实证研究已证明,组织知识共享有助于组织创新能力的提高(Liebowitz & Chen, 2003;Wang & Wang, 2012),是提升组织绩效的有效手段(Du et al., 2007;Chow, 2012)。

相对于私营部门丰富的研究文献,公共组织跨部门知识共享结果变量的研究数量较少,而且变量选择早期比较单一,知识共享和组织绩效关系是普遍关注的焦点,其中,个体绩效视角在公共组织知识共享中相对常见。学者普遍认为,雇员是组织中信息和知识的来源,组织的知识共享依赖个体的信息和知识在组织内部的转移和共享,个体绩效是组织绩效的一部分,组织绩效建立在员工个人绩效实现的基础上(Wiig, 2002)。相关研究已经证实了知识共享对个人工作绩效存在相关关系(Kim, 2002)。姜如珍等学者(Kang et al., 2008)以韩国中央政府部门的公职人员为研究对象,借助格塔尔等学者(Gueutal et al., 1984)对绩效的测量方法,探究了知识共享对于个体工作绩效的影响。实证研究结果表明,知识共享与个人的工作绩效之间存在着强相关关系。帕克等学者(Park et al., 2015)在蒙古国电子政务建设背景下,以知识共享为中介变量，检验知识共享在信任、奖励、领导等组织社会因素与员工绩效之间的中介效应。实证结果表明，知识共享对员工绩效具有显著的正向影响，在组织社会因素和员工绩效之间发挥部分中介作用。亨托恩等学者（Henttonen et al.，2016）以芬兰东南部的公共组织为样本，以受教育层次为控制变量，借助结构方程模型工具，探讨了知识共享倾向（态度、效益评估、自我效能）、知识共享行为以及个人工作绩效三者之间的关系。研究发现：在模型不纳入教育层次变量的条件下，知识共享倾向不仅正向显著性影响知识共享行为，而且知识共享行为能够有效调节知识共享的认知倾向与个人绩效之间的关系。随着研究的深入，公共部门知识共享结果变量的选择也逐渐拓展到个体层面的工作创新行为和工作满意度等方面。阿芙萨尔等学者（Afsar et al.，2018）通过结构化问卷采集了泰国四家公立医院的数据来探讨护士的个人—组织匹配、知识共享和创新工作行为的关系，实证结果显示，知识共享能有效调节个人—组织的契合度和创新性工作行为之间的关系。在经常与同事分享最佳做法和错误做法的护士中，个人与组织匹配契合度和创新工作行为之间的关系更强。卡汉（Khan，2019）运用创新扩散理论探讨了巴基斯坦政府组织中变革型领导、知识共享和员工创新的关系。实证结果显示，知识共享对员工创新有显著影响，社交媒体的使用对知识共享和员工创新之间的关系有显著影响。卢重团（Tuan，2019）针对越南公共法律服务组织的实证研究显示，知识共享在人力资源灵活性与工作重塑的关系中扮演重要的中介机制。费歇尔和多林（Fischer & Doring，2021）通过2018年美国联邦雇员观点调查数据的检验结果证实，与工作相关的知识共享对工作满意度有积极影响。李在勇等学者（Lee & Jin，2022）针对韩国33个地方政府公职人员的研究表明，知识共享影响员工创新行为，并在组织学习文化和员工创新行为的关系中发挥重要的中介效应。

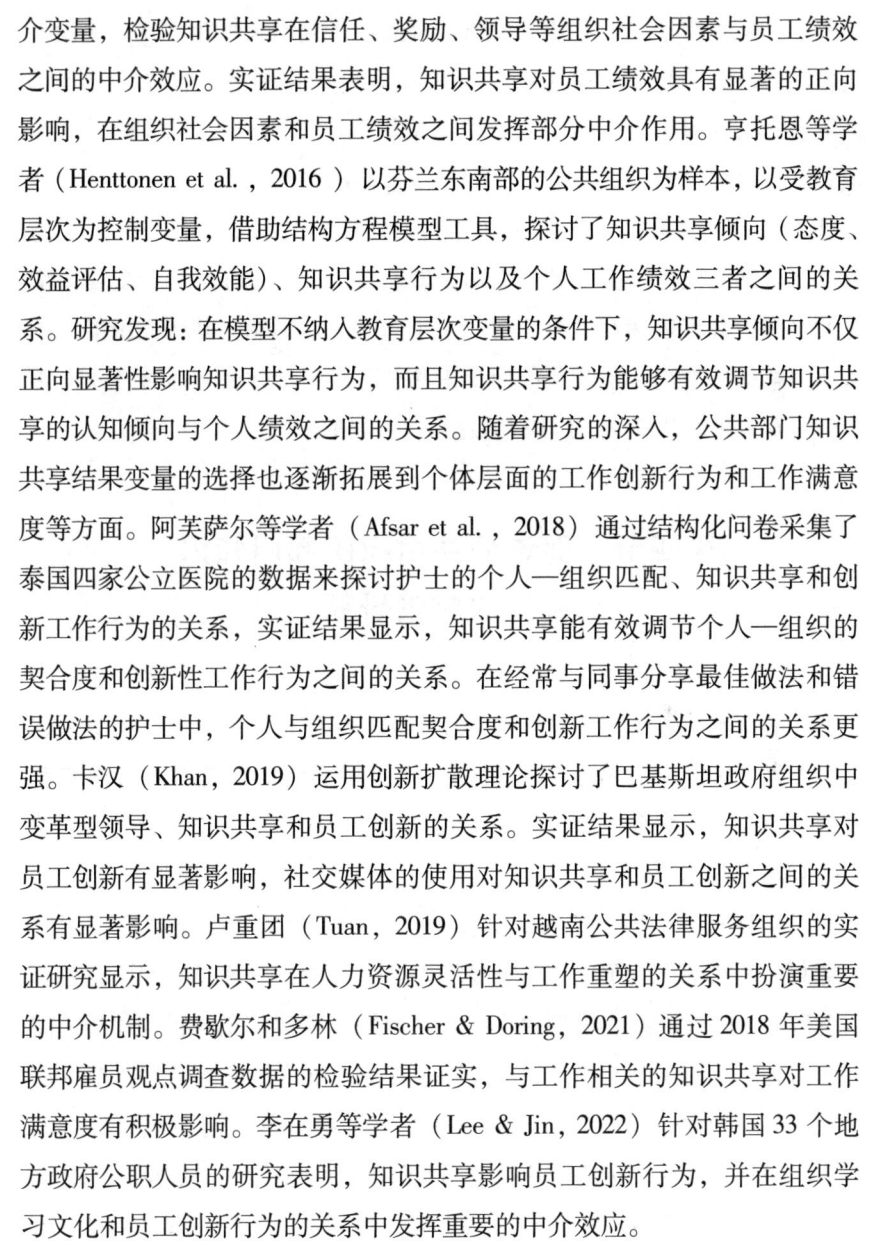

  有些学者也提出了公共组织知识共享与组织绩效关系的理论模型。伊斯兰姆等学者（Islam et al.，2022）提出关于公共组织效能的一个概念性框架，知识共享是组织因素（组织结构和领导等）与组织效能之

间关系的潜在中介。但对两者关系进行实证研究的文献非常少。比较有代表性的是苏哈旺等学者（Vong et al., 2016）以柬埔寨食品安全与信息系统为研究对象进行的研究。他们采用最小二乘法回归（PLS）对知识共享与组织绩效的关系进行分析，结果显示，知识共享对组织绩效产生显著性正向影响；接着将组织类型（政府组织和非政府组织）作为调节变量纳入模型，实证结果表明，即使在组织类型作为调节变量的情况下，知识共享依然对组织绩效产生正向显著性影响。其研究价值在于从部门整体层次论证了公共部门知识共享对组织绩效具有显著性正向影响，凸显了知识共享对于组织绩效提升的价值。

第四节　促进公共组织跨部门知识共享的对策研究

针对现阶段影响中国政府跨部门知识共享中存在的主要问题及其深层次因素，国内学者从不同的角度提出了多样化的治理对策。总体来说，国内学者的大多数文献聚焦于政府信息资源共享，仅有少量文献关注政府知识共享议题。

王文和胡平（2008）基于利益补偿机制，建立了分析政府部门间信息共享的两部门三阶段利益补偿动态博弈模型，并通过案例研究验证了模型的可行性，基于模型提出要实现政府部门间信息的有效共享，需要部门之间进行谈判和协调，进而通过横向或纵向的利益补偿机制推动政府部门间的信息共享。刘玉红（2009）针对中国当前的政府信息资源共享问题，提出了推进政府信息资源共享的对策：建立信息共享奖励补偿与绩效考核机制；完善政府信息资源共享管理体制，重点加强行政领导、统筹规划、协调发展；制定政府信息资源共享的目录和标准，明确政府信息资源共享的方式和要求；加大信息资源共享的法律法规保障；引入市场机制，鼓励政府信息资源服务外包等；建设一支能适应政

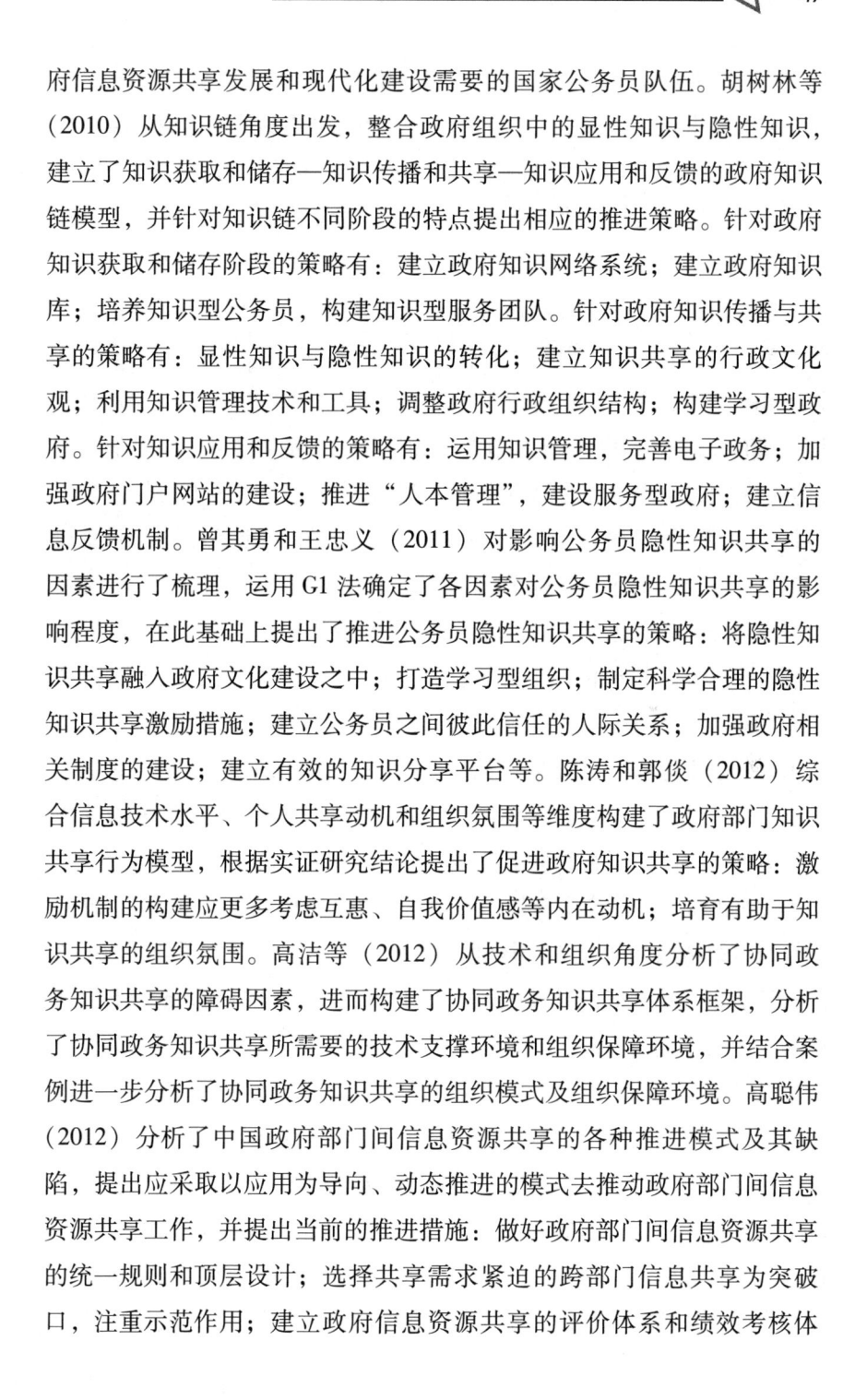

府信息资源共享发展和现代化建设需要的国家公务员队伍。胡树林等（2010）从知识链角度出发，整合政府组织中的显性知识与隐性知识，建立了知识获取和储存—知识传播和共享—知识应用和反馈的政府知识链模型，并针对知识链不同阶段的特点提出相应的推进策略。针对政府知识获取和储存阶段的策略有：建立政府知识网络系统；建立政府知识库；培养知识型公务员，构建知识型服务团队。针对政府知识传播与共享的策略有：显性知识与隐性知识的转化；建立知识共享的行政文化观；利用知识管理技术和工具；调整政府行政组织结构；构建学习型政府。针对知识应用和反馈的策略有：运用知识管理，完善电子政务；加强政府门户网站的建设；推进"人本管理"，建设服务型政府；建立信息反馈机制。曾其勇和王忠义（2011）对影响公务员隐性知识共享的因素进行了梳理，运用 G1 法确定了各因素对公务员隐性知识共享的影响程度，在此基础上提出了推进公务员隐性知识共享的策略：将隐性知识共享融入政府文化建设之中；打造学习型组织；制定科学合理的隐性知识共享激励措施；建立公务员之间彼此信任的人际关系；加强政府相关制度的建设；建立有效的知识分享平台等。陈涛和郭俊（2012）综合信息技术水平、个人共享动机和组织氛围等维度构建了政府部门知识共享行为模型，根据实证研究结论提出了促进政府知识共享的策略：激励机制的构建应更多考虑互惠、自我价值感等内在动机；培育有助于知识共享的组织氛围。高洁等（2012）从技术和组织角度分析了协同政务知识共享的障碍因素，进而构建了协同政务知识共享体系框架，分析了协同政务知识共享所需要的技术支撑环境和组织保障环境，并结合案例进一步分析了协同政务知识共享的组织模式及组织保障环境。高聪伟（2012）分析了中国政府部门间信息资源共享的各种推进模式及其缺陷，提出应采取以应用为导向、动态推进的模式去推动政府部门间信息资源共享工作，并提出当前的推进措施：做好政府部门间信息资源共享的统一规则和顶层设计；选择共享需求紧迫的跨部门信息共享为突破口，注重示范作用；建立政府信息资源共享的评价体系和绩效考核体系；成立政府信息资源开放共享的组织机构、领导机构和日常运行机构；形成推进政府信息资源共享的资金筹集与使用制度等。胡建淼和高知鸣（2012）以行政法学为视角，分析了中国政府信息共享的现状及困境，并提出了具体的改革措施：制定专门性立法，厘清信息共享的权责关系；改革行政组织法，重塑信息共享的组织体制；完善行政程序法，建立信息共享的导控机制等。王立霞（2013）分析了政府信息资源跨部门整合和共享的现状，通过分析知识链的应用，构建了基于知识管理的政府信息资源跨部门管理模型，从知识管理的视角提出了完善对策：政府部门树立知识管理的理念，顶层设计，整体推进；构建基于知识管理的政府信息资源跨部门管理系统；建立政府信息资源跨部门整合与共享的评价体系和绩效考核体系；采用以点带面的建设思路，开展试点工作，注重示范作用。陈美（2013）根据澳大利亚、美国、英国三个国家政府信息资源共享路径选择的比较，提出中国电子治理环境下完善政府信息资源共享的路径：构建协调机制；注重利用信息技术；推动多元主体参与；加快政府信息资源标准化建设等。陈福集和介静涛（2014）运用 Dematel 方法对网络舆情管理中影响政府隐性知识共享的因素进行了梳理，确定了各影响因素的内在关系，提出促进政府隐性知识共享的策略：建立有效机制激励成员主动参与知识分享和学习活动，培养成员的知识共享意向和知识吸收意向；将隐性知识的共享融入政府文化及组织结构的调整中，构建隐性知识共享平台。王军等（2014）对欠发达地区政府信息资源共享的现状与原因进行分析，提出以下信息资源共享模式选择：构建政府信息资源共享的运行机制模式；以共享平台建设模式为基础，提速信息资源共享工作；按照阶段特征实施政府信息共享统一规划、分头实施模式；政府办公流程优化与信息共享一体化实施模式；探索信息资源共享工作的服务外包模式；建立政府信息资源增值服务模式。赵英和姚乐野（2014）从知识管理视域研究了跨部门政府信息资源整合与共享，以不同目标为导向设计了跨部门政府信息资源整合与共享的具体路径，并从知识管理视角提出推进跨部门政府信息

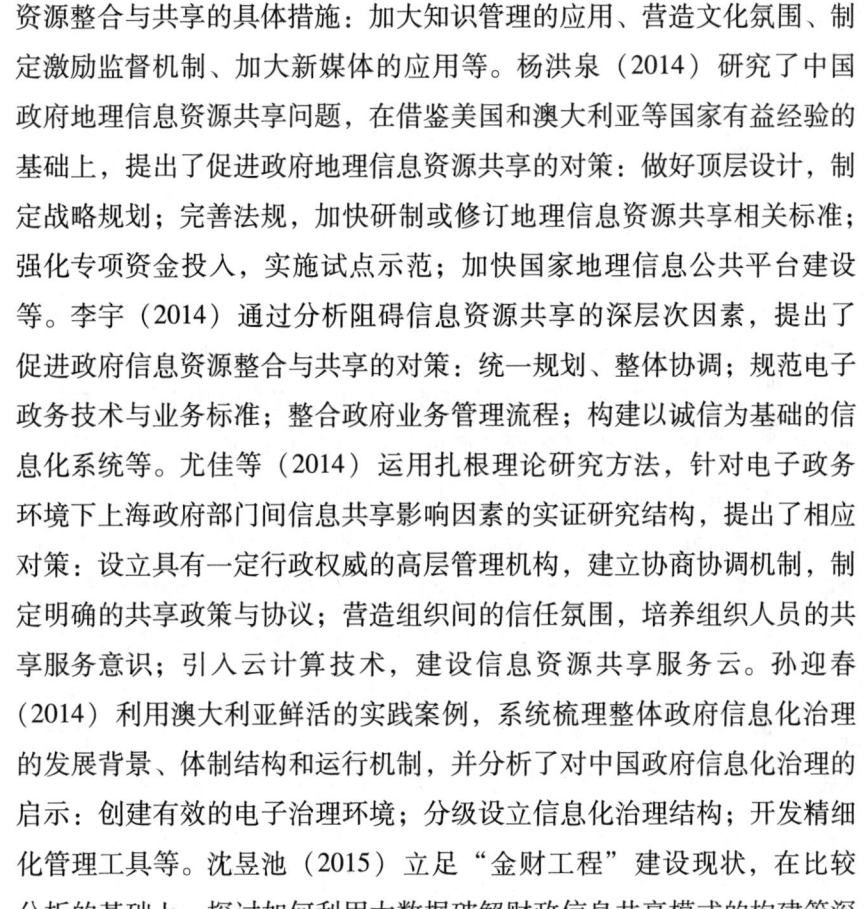

资源整合与共享的具体措施：加大知识管理的应用、营造文化氛围、制定激励监督机制、加大新媒体的应用等。杨洪泉（2014）研究了中国政府地理信息资源共享问题，在借鉴美国和澳大利亚等国家有益经验的基础上，提出了促进政府地理信息资源共享的对策：做好顶层设计，制定战略规划；完善法规，加快研制或修订地理信息资源共享相关标准；强化专项资金投入，实施试点示范；加快国家地理信息公共平台建设等。李宇（2014）通过分析阻碍信息资源共享的深层次因素，提出了促进政府信息资源整合与共享的对策：统一规划、整体协调；规范电子政务技术与业务标准；整合政府业务管理流程；构建以诚信为基础的信息化系统等。尤佳等（2014）运用扎根理论研究方法，针对电子政务环境下上海政府部门间信息共享影响因素的实证研究结构，提出了相应对策：设立具有一定行政权威的高层管理机构，建立协商协调机制，制定明确的共享政策与协议；营造组织间的信任氛围，培养组织人员的共享服务意识；引入云计算技术，建设信息资源共享服务云。孙迎春（2014）利用澳大利亚鲜活的实践案例，系统梳理整体政府信息化治理的发展背景、体制结构和运行机制，并分析了对中国政府信息化治理的启示：创建有效的电子治理环境；分级设立信息化治理结构；开发精细化管理工具等。沈昱池（2015）立足"金财工程"建设现状，在比较分析的基础上，探讨如何利用大数据破解财政信息共享模式的构建等深层次问题，根据财政信息所覆盖的部门间业务紧密程度，将财政信息共享模式分为三类，进而提出构建大数据时代中国财政信息共享一体化配套措施：制定大数据财政信息共享的周全战略；完善大数据下的法律法规体系；推动政府购买数据，实现政企充分合作等。陈兰杰和刘彦麟（2015）分析了国内外区域政府信息资源共享的现状和京津冀区域政府信息资源共享存在的障碍因素，提出了推进京津冀区域政府信息资源共享的对策：建立京津冀地区政府信息资源管理委员会；建设京津冀信息资源共享业务数据库和集群管理平台；建立健全法律政策保障、信息安全机制保障、绩效考核制度和经济激励机制等长效保障机制；建立政府内部监督和社会监督相结合的监督机制等。徐晓日和李思聪（2015）结合大数据的背景，对政府信息资源共享的现实进行考察，提出促进政府信息资源共享的政策建议，即加快建立统一的国家大数据信息平台、推进政府信息跨部门共享的顶层设计、建立部门间的信息合作机制、加快信息基础设施建设、加强数据隐私保护以防范数据犯罪等。赖慧婧和黄雅妮（2016）引入整体政府理念，对涉税信息共享机制建设现存的问题及其原因进行分析，提出加强涉税信息共享机制建设的对策：完善涉税信息共享相关法律法规、搭建统一的涉税信息共享平台、建立和完善相关配套制度和措施、加强信息的分析应用以提高利用率等。孙晓雅和陈娟娟（2016）基于服务型政府的特征和基本要求，结合自我决定理论和社会资本理论的相关研究，从个人行为动机和组织社会化两个层面分析了政府知识共享的影响因素，提出了促进服务型政府知识共享的建议：在满足自主需求和胜任需求的基础上激发公务人员的内在动机和外在动机；构建扁平化的网络型组织结构，推动政府内部社会网络关系的建立。王芳和储君等（2017）运用案例研究方法，从三个方面提出推进中国跨部门政府数据共享的对策：构建有效的政府数据治理体系，加强跨部门数据共享的统筹与协调；完善跨部门政府数据共享制度保障体系，加快法规、技术标准及其实施细则的制定；提高数据共享平台的功能与技术水平，提高平台的利用率。李奎乐（2017）遵循由"空间维度下的组织结构方式和作用方式"到"时间维度下的运转模式"的研究逻辑，通过剖析日本政府网络安全领域跨部门情报共享机制，提出了对中国的启示：建立网络安全领域的情报归口管理单位；建设深入科室的网络安全管理组织；构建科学的网络安全领域情报共享制度体系；确立与网络安全事件应急响应相匹配的情报共享运转模式等。

第五节　对现有研究的述评

面向更具有知识性、整体性和协同性的现代化政府转型是世界范围内政府改革的目标和方向，跨部门知识共享无疑是政府改革进程中的重要环节。尽管沃尔多（Waldo，1980）早在1980年已提出公共行政依赖持续更新的知识推动其自身的现代化，然而，迄今为止，相对营利组织而言，与公共组织或政府知识共享和管理相关的研究成果亟待加强。

比较近十年来的国内外研究文献发现，国外公共部门或政府组织知识共享领域的研究成果相对丰富，研究方法较为成熟。但盛行儒家文化的中国与推崇个人主义的西方有着截然不同的历史文化背景。不仅如此，中国具有独特的政治体制和行政管理体制环境，部门活动、个体行为及其动机等不可避免地受其所处的政治、经济和社会文化环境的影响。这些产生于不同背景的新"知识"是否具有普适价值还有待在中国情境下进行实证检验。而相比于国外研究文献，国内对公共部门或政府组织知识共享的研究依然处于刚刚起步阶段，无法有效探究和发现知识资源在公共组织内跨部门整合、使用、共享、管理和创新等环节的活动规律。在这些少量研究文献中，定性探讨多，定量研究较少；关注公务员层面的知识共享较多，跨部门或跨界层面的知识共享研究很少；尤其缺乏对政府跨部门知识共享影响因素和组织绩效关系的实证研究、跨部门知识共享绩效评价指标体系研究和跨部门知识共享管理机制建设等方面的系统性研究，跨部门知识共享研究领域的整体性不足使得政府庞大的信息和知识拥有能力与其知识运用、共享和创新能力呈现出极为不对称的状态，亟待加强以下四个方面的研究。

一 对政府跨部门知识共享的影响因素有待深化研究

国内外学者对政府知识共享领域的关注，从最初的公务员个体层面逐渐拓展到跨界层面的知识共享研究，但总体来说，已有研究尚存不足，主要表现在：一是研究内容上，中国情境下政府跨部门知识共享研究文献极其有限；二是研究视角聚焦于公务员的知识共享；三是研究方法上，定性探讨的多，实证研究少；四是对中国情境下政府跨部门知识共享的影响因素及其影响机理的实证研究缺乏，无法深入考察和理解这些因素对政府跨部门知识共享行为的作用机制；五是尽管有个别研究探讨了政府跨部门资源共享的影响因素，但其因素选择较为分散，系统性不强，尤其缺乏对政府跨部门知识或信息共享协同因素的系统考察，难以有效地指导政府知识共享管理实践。

二 政府跨部门知识共享与组织绩效关系研究存在的问题

尽管知识共享对政府公共政策制定和公共服务活动的促进作用学界已经达成一定共识，然而，研究文献表明，目前该领域的研究议题主要聚焦于知识共享前置变量，重点在于探讨和把握个体、组织和技术等变量对知识共享活动的影响方向和作用机制，相对而言，对知识共享与组织层面结果变量之间关系的实证研究文献较少。通过分析，本书认为现有文献研究存在的主要问题在于：一是政府知识共享与组织绩效之间关系研究数量极少，非常匮乏。目前对跨部门知识共享结果变量的研究大多集中于私营部门领域，聚焦于知识共享与组织创新能力和组织绩效之间的关系。二是在少量的公共组织知识共享文献中，结果变量的选择维度单一，大都探讨知识共享对个人工作绩效的影响，而其与整体性的组织绩效关系的探讨几乎没有。三是缺少实证性研究，目前很多学者对知识共享与组织绩效关系的认识主要来自学者们的规范分析，这些规范性认识尚需实证性研究的检验。

三 政府跨部门知识共享绩效评价指标体系研究亟待加强

根据文献综述，现有知识共享评价指标体系领域的研究存在不足，主要问题在于：一是政府知识共享评价指标体系的研究处于空白，现有研究大多聚焦于企业、高校或虚拟社区等领域；二是侧重于知识共享评价指标体系的理论性建构，但缺乏运用隶属度分析等统计学方法对指标进行实证筛选和权重设计，使得测量缺乏科学性和合理性；三是跨部门或跨边界的视角不足，现有研究主要思考知识共享评价指标体系的建立。

四 推进政府跨部门知识共享机制研究有待深化

政府作为典型的条块分割式组织，纵向层级制和横向部门林立是其明显的组织特征。信息和知识资源存储于不同组织层次、不同业务领域的部门和个体中，知识共享无法自然地发生，知识共享过程中总是不可避免地存在着纵向和横向的界限，若不能加以有效管理，将严重制约政府组织内部知识的整合和有效利用，并会直接导致各类公共政策制定、执行和公共服务供给的"碎片化"问题。重塑跨部门知识共享机制是本书研究的落脚点。现有文献研究的不足主要表现在：一是大多数文献侧重于定性研究，导致所提出的推进策略往往比较宽泛宏大，缺乏实践指导价值，可操作性不强。二是以往研究没有把政府知识共享机制建设和管理策略与实证分析结果有机联系起来，割裂了这两个内在逻辑联系原本很密切的环节，使得提出的对策缺乏针对性。三是跨部门视角的共享机制建设和推进策略欠缺，而这是政府跨部门知识共享中亟待解决的核心问题。

基于上述文献回顾和评析，笔者认为有必要加强对政府跨部门知识共享影响因素、跨部门知识共享与组织绩效关系和跨部门知识共享绩效评价指标体系的研究，进而寻求构建和优化政府跨部门知识共享机制和具体策略。这是现阶段政府跨部门知识共享研究面临的紧迫的挑战，也是本书通过研究希望有所突破的领域。

第三章
政府跨部门知识共享的内涵、特征与动因研究

知识经济背景下,组织知识共享已被证明是一种独特的、有价值和关键的资源,对形成组织的核心能力日益重要。尽管如此,已有文献对公共组织知识共享内涵、特征和运行动力关注不足,尤其对作为典型的知识密集型组织的政府而言,更缺乏应有的探讨和研究,使得政府知识共享在公共政策制定和执行、协同治理和公共服务供给中应有的价值未能得到充分的重视,进而在一定程度上阻碍了其作用的发挥。因而,本章重点围绕三个方面的问题展开系统论述,首先以知识的内涵为基础,从多维视角探讨知识共享内涵,进而指向政府跨部门知识共享的内涵阐释及其特征分析,在此基础上,进一步通过理论和实证分析探讨促成地方政府跨部门知识共享的内外部动因。

第一节 政府跨部门知识共享的内涵与特征

一 政府跨部门知识共享的内涵

系统把握知识的内涵是理解知识共享和跨部门知识共享的起点和前

提，政府跨部门知识共享的内涵必然建立在对知识内涵认识和理解的基础上。

（一）知识的内涵与分类

1. 知识的内涵

自古以来，对知识内涵、特征及其价值的探究，一直是哲学家者孜孜不倦的追求。哲学层面上，知识的定义最早可以追溯至柏拉图的《泰阿泰德篇》，知识的本质问题又被叫作"泰阿泰德问题"。自古希腊以来，哲学家对知识概念进行了各种界定，导致了很多认识论上的争论。在哲学领域，知识概念始终是一个争论不止的问题。

随着知识经济的到来，知识逐渐取代劳动和资本成为社会经济活动中占据主导地位的战略要素，为越来越多的管理学者和组织经营者所关注和重视。很多学者开始探讨知识和信息的区别和联系，进而对知识予以定义。

彼得·德鲁克（Drucker，1998）曾认为，知识是一种能够改变某些人或某些事务的信息。对数据、信息和知识的辨析较为经典的模型是认知金字塔模型。认知金字塔模型即 DIKW 模型（见图 3-1），最早由阿科夫（Ackoff，1989）提出，其核心构成要素从下至上依次是数据（data）、信息（information）、知识（knowledge）、智慧（wisdom），也常被称作 DIKW 模型、知识层次模型。在认知金字塔模型中，数据处于认知的基础层次，它是将客观事物抽象为可鉴别的数字、字母或者其他符号，或用图形、图片、音频或视频记录事实；信息则是在数据基础上整理和分析的产物，是对数据进行价值化、系统化分析得到的信号；知识则是对信息结构化后形成的产物，是对信息加工、吸收、提取和评价的结果，知识本身是一种信息，但不是一般的信息，而是体现人的认知因素且在运用中能改变人的行为的特殊信息，是一种个性化的信息，这些认识在一定程度上也解释了知识和信息常会混用的原因；智慧是依据相关知识进行决策或准确评估采取最佳行动的能力和前瞻性看法，其本质也是一种知识（叶继元等，2017；于跃，2019）。

```
        智慧
       知识
      信息
     数据
```

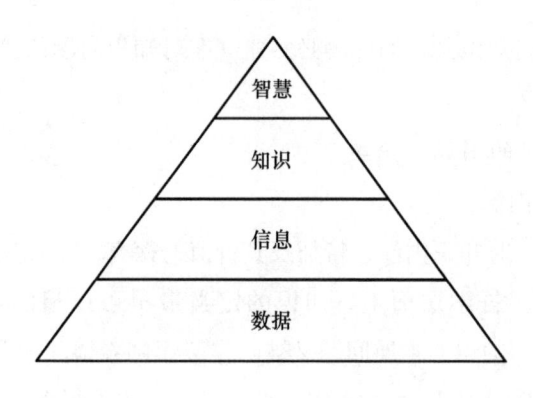

图 3-1　DIKW 模型

资料来源：于跃，2019，《智慧政府的生成与演进逻辑》，《电子政务》第 7 期。

更多学者将知识视为一种重要的组织资源，从组织的应用层面上对知识概念加以界定，从而将抽象化的知识进一步具体化和明确化，与团队和组织日常工作实践相联系，拓宽了知识内涵的理解，丰富了对知识实践价值的认识。波兰尼（Polanyi，1966）认为，知识不仅包括可显性化的和可编码的明晰知识，而且更大一部分是技巧性的、个人独特的体验但无法言说的知识。斯塔巴克（Starbuck，1992）认为，知识是专业技能的存量。洛格斯（Ruggles，1998）认为，知识是融合了信息、经验、价值标准和常规而成的混合体。达文波特和普鲁萨克（Davenport & Prusak，1998）也认为，知识起源于认识者的思想，并对认识者的思想起作用，知识是一种综合体，其外在表现形式不是静态的，而是处于不断变化状态的集合体。它不仅存在于文档和数据库中，而且嵌入组织的日常工作、过程、实践和规范中，是包含了结构化的经验、价值观、关联信息以及专家的见解等要素的动态组合，并可以不断评价和吸收新的经验和信息。利博维茨和贝克曼（Liebowitz & Beckman，1998）认为，知识是一种情景、事实、例子、事件、规则、假设或是模型，能够对某一领域增进理解力或绩效。阿拉维和莱德纳（Alavi & Leidner，2001）在对知识进行系统的归纳和总结后得出这样的结论，即知识是一种理念状态、目标、过程、信息获取能力等各方面的综合。巴托尔和斯利瓦斯塔瓦（Bartol & Srivastava，2002）认为，知识包含与任务相关的技能、思想与信息，这些任务由组织整体、团队或个体来执行；从现实情况来看，组织范畴内的知识不仅表现为各类文件和存储数据库中的有形数据，也有蕴含在日常工作决策与执行过程中的无形信息。

结合已有文献，实践层面的知识概念具有结构性、开放性、多样性、内隐性和动态性等特征，数据、信息以及嵌入组织日常工作实践中的结构化经验、价值观和关联信息等都被视为组织知识不可分割的构成部分。基于研究目的和研究内容，笔者亦从组织应用层面界定：知识是以实践为基础的，存在于个体或嵌入组织日常工作与业务流程中的各类数据、信息、价值观、技能、经验和方法等诸要素的知识集合体的动态组合。

2. 知识的分类

知识分类是进行组织知识共享和知识管理的基础。哲学、心理学、经济学和管理学等不同学科都会涉及"知识"术语，根据不同的分类标准，形成不同的知识分类体系，如表3-1所示。

表3-1　　　　　　　　知识的分类标准和知识类别

分类标准	知识类别
知识的适用范围	局部知识和全局知识
知识的成熟度	常规知识和例外知识
知识的来源	内源知识和外源知识
知识所处的层级	个体知识、团队知识和组织知识
知识内容	事实知识、原理知识、技能知识和人力知识
知识的作用	事实知识、过程知识、控制知识和元知识
知识的状态	静态知识、动态知识
知识的确定性	确定性知识和非确定性知识
明晰程度	显性知识和隐性知识

资料来源：张建华，2010，《电子政务知识管理》，科学出版社。

以上知识分类体系中，较具权威性和流行性的知识分类有两种：一种是经济合作与发展组织在其报告 *Knowledge-based Economy* 中将知识按内容属性分为事实知识、原理知识、技能知识和人力知识；另一种是波兰尼按知识的明晰程度将其分为明晰知识和默会知识，亦称为显性知识和隐性知识。后一种分类在知识管理学科领域占据主导地位，对组织知识管理和知识创新具有更广泛的指导意义。

显性知识，指可用语言、文字、符号、数字表示，可编码，容易被计算机处理和度量的形式化知识，它在组织中表现为资料、文件、数据库等，是事实知识和原理知识，能够容易地在个人和团体之间传递和共享。

隐性知识，则指难以形式化、难以编码和交流的知识。波拉尼最早提出知识具有内隐性，他认为个体所知道的比他所能说出来的要多得多，个体不仅具有可以用语言、书面、图表和其他方式表达出来的显性知识，还拥有大量非语言形式、直觉的且难以口头表达的隐性知识，表现为技术诀窍、心智模式、解决问题的方式和组织惯例等。隐性知识具有个性化的特点，是个人在特定情境下做事的方式，它通常与具体情境有关，具有情境依赖性，难以形成统一的规范。这种个性化和情境化的特性决定了它只能通过面对面交流、经验分享等方式被组织成员共享。在人类的知识结构中，隐性知识占据了大部分，对于组织核心能力的形成、组织创新和组织绩效优化意义重大，因而，对隐性知识的组织和管理更具有难度和挑战性。

（二）政府跨部门知识共享的内涵

知识共享的议题发端于企业，早期组织知识共享的研究文献关注如何通过知识类型的转换实现不同主体之间的转移，其中经典的研究当数日本学者野中郁次郎和竹内弘高提出的 SECI 模型。他们认为知识转移是暗默知识与形式知识之间相互作用并形成"知识螺旋"的过程。SECI 代表了知识转移过程中的四种模式：首先是从暗默知识到暗默知识，即社会化过程（socialization）；其次是暗默知识到形式知识，称为表出化（externalization）；然后则是从形式知识到形式知识，称为联结化（combination）；最后体现为内在化（internalizion），即从形式知识到暗默知识。这种知识转移的结果是组织成员之间以及组织成员与组织之间的知识得以共享（Nonaka & Takeuchi，1996）。

在此基础上，更多的研究文献从知识转移过程的阶段性视角思考知识共享的内涵，包括二阶段论和多阶段论。苏兰斯基（Szulanski，2000）认为知识转移是知识源和知识接受方通过初始、实施、调整和整合四个阶段对信息和知识所进行的转移活动，是一个动态循序渐进的过程。达文波特和普鲁萨克（Davenport & Prusak，1998）认为，知识共享是借助知识传递和知识吸收从而把知识源移到组织其他人或部门的过程。阿拉维和莱德纳（Alavi & Leidner，2001）认为，知识共享是知识在组织内扩散的过程，可以发生在个体、团体、组织之间，这种知识扩散能够通过不同的渠道发生。威廉姆和布伦斯（Willem & Buelens，2007）也认为，知识共享表现为一种行为过程，不仅仅包括从一方到另一方知识获取与转移的过程，而且还包括其他一系列的过程，诸如以知识交换和处理的方式使得某一单元的知识能够被整合到另一个单元中并得到有效利用。圣吉（Senge，1997）认为，知识共享是一个持续学习的过程，其目标是形成对方新的行动力。吉尔伯特和科尔代－海耶斯（Gilbert & Cordey-Hayes，1996）认为，知识转移与共享源于组织间知识的"不均衡"，它是一个动态学习的过程，主要包括获取、沟通、应用、接收和同化五个阶段，旨在通过知识的创造和创新推动个体、团体和组织在态度、认知和行为上的改变。

综合已有研究对知识共享内涵的理解，知识共享被视为一种动态的行为过程，既包含知识类型的转化，也涵盖知识要素在个体、团队、部门和组织间的转移、学习、整合和利用。换言之，在这一动态过程中，知识类型的转化和知识从一方主体到另一方主体的转移，促进了某一主体的知识能通过共享、学习、整合和利用扩大知识的价值。跨部门知识共享则突出了知识扩散主体的部门属性，强调了复杂的组织结构中知识在横向部门间的共享和转移过程，更为关注特定政策和组织管理制度下横向部门间的知识共享行为。

科层制的组织架构决定了政府本身具有进行跨部门知识共享的内在需求。由于在公共事务治理中所处的主导地位，政府拥有大量的关于公共事务方面的显性知识和隐性知识，是庞大的知识集合体。但由于科层制所具有的条块分割的组织体制特征，政府组织实际要依靠在目标和职能方面具有差异性的多个部门保持运转。尽管各部门都有各自的职能边界，但公共治理或公共服务对象的同一性使得它们之间的职能活动必然存在相互的依赖性。这种依赖性要求部门必须通过信息沟通、资源共享和彼此支持来建立内外部的协同联系，从而确保公共政策制定、执行和公共服务供给的整体性和有效性。可见，对政府而言，跨部门知识共享正是联结不同部门活动所固有的组织依赖性过程（Christensen，2007）。

综合上述分析，笔者认为，政府跨部门知识共享是为了有效完成协同目标而发生在政府横向不同部门间的动态的知识转移和扩散行为，即数据、信息和各类结构化知识以及嵌入组织工作实践中的隐性知识等知识要素突破部门边界，通过不同部门的知识获取和知识奉献，实现知识从一个部门到其他部门的转移、整合和利用的过程，其实质是一种部门间的知识协同活动，以更有效地解决日益复杂的公共治理事务。

二 政府跨部门知识共享的特征

知识的复杂性给组织知识共享带来了各种各样的挑战，但知识共享活动并不是公共部门或政府部门所独有的，它普遍存在于各类组织的工作实践中。政府跨部门知识共享具有其他组织知识共享的一般属性，如多主体性、嵌入性、系统性和多阶段性等；同时，政府组织自身的特性决定了跨部门知识共享在目标、过程和结果上都有其独特性。了解这些特征，有助于知识共享主体把握其基本规律，避免知识共享的盲目性。

(一) 政府跨部门知识共享目标具有多样性

从本质上讲,政府跨部门知识共享目标的多元性是由政府职能和部门目标的多样性与公共问题的复杂性综合决定的。首先,政府作为社会成员整体利益的代表者、公民权益的捍卫者和公共利益的实现者,往往承担着包括经济、政治、文化以及社会等在内的诸多职能。由此,相比私人部门目标,政府职能目标具有多样性,譬如,经济发展、市场监管、社会管理和公共服务等。政府跨部门知识共享的目的在于通过知识在不同部门间的转移和整合更有效地实现部门间的协同任务,解决单一的政府部门无法解决的复杂公共治理问题。为了完成具有协同性的任务,他们需要信息共享、资源支持和相互学习等,跨部门知识共享目标因面临和需要解决的公共问题的不同而发生变化;同时,在实现政府整体性目标的过程中,各部门基于其职能多样性也会产生多样化的知识共享需求。各部门的自利本性会驱使他们逐渐脱离政府的整体利益代理人身份,以致偏离公共利益的导向,变相实现小团体或少数领导人的利益(于宁,2008),故而在政府跨部门知识共享的整体性目标之下,还包含着部门的利益及其目标,呈现出多样性的特征。其次,公共问题的形成和发展过程具有复杂性和动态性。不同性质的公共问题影响跨部门知识共享目标的制定。比如,针对食品安全、环境治理、经济改革、社会公平等诸多性质不同的治理议题,其必然要求多部门合作过程中根据公共问题本身的难易和复杂程度,设定不同的协作目标,这也决定了知识共享的多样化。

(二) 政府跨部门知识共享过程具有复杂性

相对于私营部门,政府跨部门知识共享活动更为复杂,具体体现在:第一,政府组织知识的多样性和组织嵌入性特征更加凸显。政府是由多个职能部门共同构成的大型知识型组织,各职能部门运行过程中不仅生产出数量庞大的政策文本、制度规则和专业化治理经验,而且也涉及社会管理对象的多项基础性数据信息。它们既涉及以纸质文档、电子资料、数据库形式等存在的相对静态的显性知识，也包括嵌入在组织部门工作流程和部门成员头脑中的结构化经验、技能和方法等难以表达的隐性知识。一般而言，显性知识共享在技术上更易实现，而隐性知识比显性知识更难以分享，因为与显性知识相比较，它存在于政府各部门成员脑中，难以编码和直接表达（赵英、姚乐野，2014）。同时，由于它是无形的且难以记录，因而更加难以保存（Sandhu et al.，2011），以至于有的学者认为，隐性知识只能在运用过程中才能传递（Choi & Lee，2003）。知识是进行跨部门知识共享活动的基本要素，政府多样化的知识体系及其鲜明的部门嵌入性特征一定程度上加剧了知识共享的难度。第二，政府知识共享的跨部门特征更加明显。由于政府的多部门集合体特征，其实际运行中所获得的多样化知识被割裂存在于多个职能部门中，知识共享复杂性也取决于公共治理问题所涉及职能部门数量的多少。一般而言，涉及职能部门的数量愈多，跨部门知识共享就会愈复杂。此外，知识的跨边界共享必然通过知识供给部门和知识获取部门之间以及其成员之间持续性的互动沟通过程才能真正得以整合和利用，从而实现其共享目标。可见，知识在政府部门中的共享和转移是一个由多主体参与和多种知识要素构成的更为复杂的体系。第三，政府组织独特的体制环境加大了知识共享的难度。政府存在的根本目标在于谋求与实现公共利益，不同于私营部门追求效率优先的价值导向，政府整体运行遵循明确的程序或规则导向。程序或规则一方面能确保政府行驶在维护公共利益的轨道上，另一方面束缚住各部门及其成员的工作行为，遏制了其积极性、主动性和创造性的发挥，降低了政府工作的效率，这是因为"政府实施的几乎每一套规章制度都蕴藏着这种控制人的动力"（奥斯本、盖布勒，2006）。在条块分割的行政管理体制背景下，各部门更多关注自身部门边界内的活动，忽视跨越职能边界的活动。传统科层制交流体系是跨部门知识共享赖以发生和推进的重要机制。在讲究部门间级别对等沟通的情况下，双向或多向的部门间常态化沟通机制尚未形成，知识的跨部门共享不得不借助自上而下的指令式沟通，依赖地市级或省级层面的政府领导或更高层级的部门进行自上而下的指令协调和沟通才能实现，不可避免地导致政府内部的上下沟通渠道十分拥挤，也延长了信息传递的链条，减缓了部门间知识共享和沟通交流的速度，增加了跨层级、跨部门的协同合作和知识共享的制度性交易成本。此外，政府还面临信息保密和安全、个人隐私保护和公众参与等多元化价值观的挑战，可能因信息泄露而引发各种潜在风险。这使得政府跨部门知识共享过程相对私营部门而言变得更为复杂。

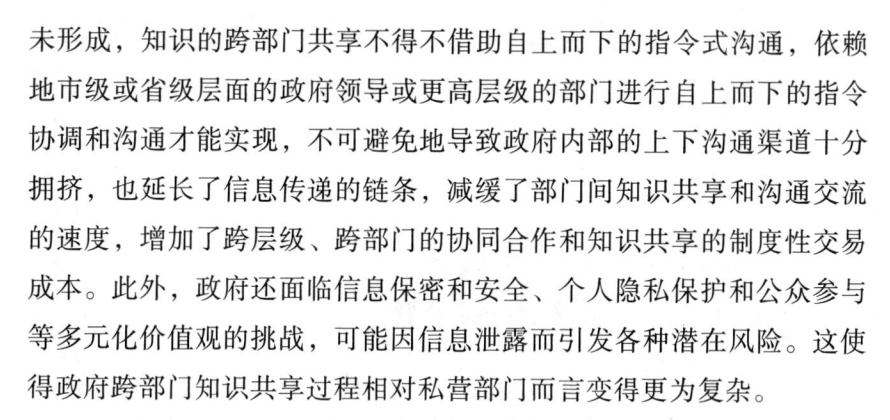

（三）政府跨部门知识共享结果具有公共性

卢梭的社会契约论认为，"政府是人民的代理人，是受人民委托、任命而行使行政权的组织"（张恒山，2010）。政府存在的根本目的就是维护和实现社会的根本利益（陈国权、徐露辉，2004）。因而，公共性是政府赖以维持和得以存在的根本属性。政府跨部门知识共享的根本目标在于解决单一政府部门应对复杂的公共问题所面临的种种困难，寄希望于跨部门的合作和共享，化解困境并走出治理危机，提供高质量的公共物品和公共服务，满足社会公众的需求与合理期待，增强自身的合法性基础，保障和增进社会的公共利益。

政府跨部门知识共享结果必然是以能否符合公共利益作为价值追求，以能否提升公民的安全感、幸福感和获得感作为衡量标准。譬如，市场监管工作中，市场监管局和税务局通过共享企业注册登记、经营活动和缴税纳税方面的信息和数据，可以更快速地发现企业的偷漏税或其他违法活动，提高监管效率和效果；数字城管和智慧城管建设过程中，城管部门、公安部门和城市规划部门等通过共享城市的地理测绘数据、道路的动态监测数据等，也能更高效地发现城市管理中的问题并给予及时处理。政府跨部门知识共享活动能推动社会治理问题的协同解决，矫正治理中的自我利益偏差，从而有助于满足民众对高质量治理水平的期待。综上所述，政府的跨部门知识共享是发生在政府公职人员之间、部门间的知识协同行为。但由于知识要素已成为公共政策制定、执行和公共服务供给中不可或缺的基本要素，知识共享效率会直接影响到公众的满意度和幸福感，政府跨部门知识共享活动必然以公共性为导向，以满足社会的公共利益为根本目标。

第二节 促成政府跨部门知识共享的运行机制分析

不同部门间的知识共享涉及复杂的因素及其交互机制。政府数据共享和信息共享领域的已有研究模型为认识政府知识共享活动的运行机制提供了可参考和借鉴的理论基础。数字政府专家莎伦·道斯（Dawes，1996）被认为是最早对政府数据共享开展系统性研究的学者之一，她立足科学管理理论，从技术、组织和政治三维视角分析了数据共享中的收益和风险，并提出一个用于理解政策、实际操作和期望之间相互作用的理论模型。这一理论框架成为后续研究者研究政府数据共享的基础性框架。兰兹伯格和沃尔肯（Landsbergen & Wolken，2001）又以道斯模型为基础，构建了一个用以支持数据共享的涵盖技术、互操作政策架构和制度三方面的框架，进一步扩展了数据共享中的基础设施支撑作用；以此为基础，阿克布卢特（Akbulut，2003）综合运用创新扩散理论、关键规模理论和社会交易理论，考察了电子信息共享技术、部门内外部环境等特征，验证了机构的信息技术实力、外部环境、信息共享的成本、风险和复杂性与数据共享水平密切相关，为数据和信息共享提供了多元的研究角度。杨建梁和刘越男（2018）通过综合集成法梳理了影响数据共享的关键因素，认为其主要集中在法规政策与标准、体制、机制和技术四个维度上。结合已有文献，同时考虑到知识自身所具有的分散性、默会性和情境依赖性，笔者提出一个涵盖法规政策、组织间协调、组织信任和信息技术环境等因素的支持政府跨部门知识共享的运行框架，如图3-2所示。

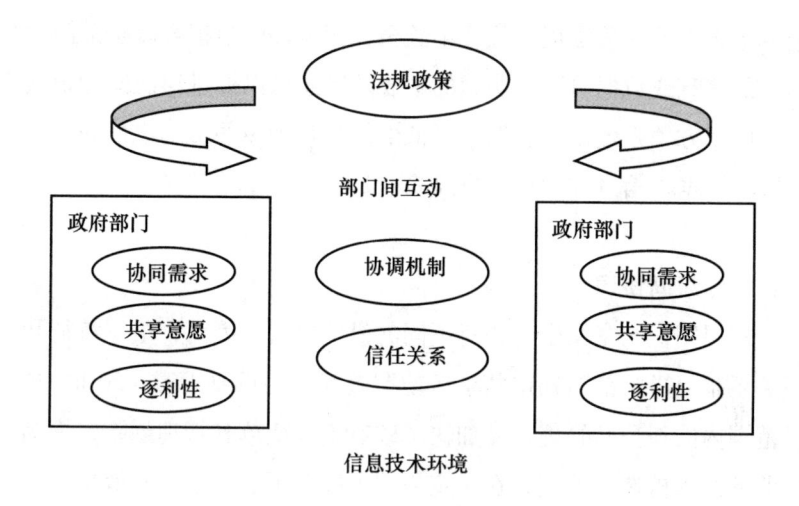

第三章　政府跨部门知识共享的内涵、特征与动因研究

图3-2　促成政府跨部门知识共享的逻辑框架

一　法规政策

政府依靠公权力能够获取、占有社会治理对象的多样化数据、信息和知识，同时为提升公共福利而生产出大量知识体系，如各类治理政策和制度规则等，已成为整个社会中庞大而重要的知识集合体。知识的生产、积累、共享和利用能力被视为政府社会治理能力的重要构成部分。

多组织或多部门参与的政府知识共享活动的运行必然要嵌入复杂的法律和政策环境中。法律和政策对公共组织跨部门的信息、数据和知识共享会产生较大的影响。一方面，由多部门、多层级构成的政府组织，受传统思维惯性和本位利益的影响，部门缺乏跨部门协同和知识共享的紧迫性，法规政策有助于创造知识共享活动合法有效的工作环境（Dawes，1996），激励和促进部门间知识共享行为。法规政策对政府部门采集和发布数据、信息的权限进行明确规定，规定部门间知识共享活动的基本规则，界定了数据、信息和知识共享的范围，为政府不同部门间数据、信息和知识交换提供政策引导（Landsbergen & Wolken，2001）。另一方面，政府所拥有的信息和知识，涉及大量的公民基础信息和国家安全类知识，具有保密性质，一旦泄露会对公共安全和国家安全造成危害。若相关法规缺位或不健全，相关部门会担心因跨部门共享而引发的信息或数据风险。明确的法规政策还可以促进组织间知识共享项目中的双方关系建设，有助于降低部门间互动中的不确定性和交易成本，降低数据、信息和知识共享风险（Eglene et al., 2007）。

二 组织间协调

跨部门知识共享发生在政府不同的机构之间，因而，组织特征和组织间关系是促进跨部门知识共享活动有效开展的重要因素。20世纪末，世界范围内的新公共管理运动加快了政府组织变革和管理创新，推动了政府业务流程再造和重塑，在一定程度上提升了运行效率和效果。但随着分工越来越细，治理的分散化、碎片化趋势过度发展，这种以碎片化为显著特点的分割管理模式，产生了部门林立、职责交叉、流程破碎、资源共享程度不高、部门间协调成本和社会交易费用加大等弊端。因而，组织间数据和知识共享不单单涉及技术层面，克服数据和知识共享方面的技术问题仅仅是为数据和知识共享奠定基础，更复杂的挑战则在于组织层面（刘红波、邱晓卿，2021）。

政府的不同机构是整体性组织的一个构成部分，是组织利益的代言人，但政府部门是具有理性动机的"经济人"，追求本位化的部门利益。但作为知识共享项目的利益相关者，这些机构拥有不同的业务程序和工作流程、资源和预算、各自的任务和业务；不同的政府机构可以提供不同级别的数据质量和知识范畴，其跨组织边界共享数据和知识的方法和策略也各不相同。这些不同的特征使得它们会衡量数据和知识共享的成本收益之差，即考虑预期收益和预期风险，其结果会影响部门与其他机构共享数据和知识的意愿以及跨部门知识共享的效果。

进入21世纪，整体性治理倡导的整体性政府和协同性政府的理念要求进一步加强组织创新，推进行政资源的整合和部门间的业务协同。条块分割的科层体系决定了部门间要不断加强互动协调、相互学习，以共同解决所面临的复杂的社会公共事务,如公共危机治理、环境综合治理、智慧城市建设等。政府部门之间的协作变得日益重要,部门之间的协调成为有效决策的前提和基础。协同需求是推动政府各部门参与跨部门知识共享的直接驱动力。部门间协调机制则是部门间互动的核心要素。协调机制是在空间维度上衔接部门间活动的结构性方式。通过正式的或非正式的结构性机制,部门之间可以实现知识共享,促成更具创新性的公共治理方式。在中国现阶段,大量议事协调机构的建立正是为了整合多部门资源,提高政策协同性和协同治理能力,以解决跨界或跨部门的复杂性的社会治理难题。这是中国各级政府为了衔接跨部门活动而形成的一种典型的、结构化的协调机制。

三 组织信任

在大多数合作关系中,信任一直被视为一种替代治理机制(替代利益和权力),在网络化环境中体现得尤为明显。部门间信任关系是发展跨部门知识共享活动的关键因素,跨部门知识共享活动的运行在很大程度上依赖不同部门间的信任关系。部门间信任是含有情感成分的理性决策,高度的信任关系可以通过提高感知收益和降低感知风险推动部门对知识共享项目的全面参与,以及促进关于复杂业务流程和实践的高水平知识分享(Pardo,2006)。与此同时,部门间信任关系的建立通常源自部门间持续而稳定的互动,反复的行为博弈和互动所形成的高水平信任关系降低了合作和共享过程中的不确定性和交易成本,让分享知识的部门相信其他部门不会滥用数据或知识,从而有助于缓解冲突和风险承担。部门间信任产生于部门间的互动关系中,营造了跨部门知识共享运行所需要的良好氛围和环境。

四 信息技术环境

20世纪90年代以来,全球范围内的电子政务建设推动了信息技术在政府部门中的应用和持续创新,信息技术的快速发展和广泛应用为政府部门知识的互联互通和共享提供了重要的技术环境，力图在行政组织变革或体制创新之外寻求一条支持部门间或组织间知识共享的技术路径。信息科学和计算机科学领域的研究成果，包括技术接受理论和信息系统成功模型等，日益提供了跨部门知识共享所需要的技术要素。可扩展标记语言（XML）通过定义、存储、访问和维护需要共享的数据，进而推进部门间数据共享，在知识交换共享中有良好效用（Bajaja, 2003）。语义整合（Chen et al., 2007）、元数据标准（Alasema, 2009）及信息安全协议（Headayetullah, 2010）等重要的技术要素也促进了跨部门的数据和知识共享。同时，跨部门知识共享与不同系统间的互操作性密不可分，互操作性是实现政府政务服务协作和集成的基本技术要求（Scholl, 2012）。为了实现各类数据、信息和知识的共享交换，参与的组织或部门需要兼容的基础设施以及一致的数据定义和标准（Dawes, 1996）。在跨部门数据共享网络中，参与部门的信息系统需要使用同类型的硬件和软件，让同种计算机系统、网络和软件工具促进"相互通信"。针对电子政务管理实践中普遍存在的问题，譬如，缺乏统一架构、不兼容的数据标准，缺乏相关的集成专业知识等，首要的解决办法是信息共享接口实现标准化，通过统一开发标准、优化平台和应用程序互操作性以及应用元数据和算法来保障技术兼容性（Bekkers, 2009）。综上所述，政府部门的信息技术（information technology, IT）能力是跨部门知识共享成功的一个关键因素。IT能力包括参与共享所需的IT基础设施、使用和管理IT的技术资源、系统运营的管理人员和领域专家，适当的人力、资金和技术资源配备非常必要（尤佳、王锐、徐建平，2014）。随着信息技术向数字技术（digital technology, DT）的发展，DT能力在政务知识共享管理中的影响日趋凸显，诸如政务云平台、大数据和区块链等技术也成为破解政府跨部门基础数据和知识协同共享的新尝试（高国伟等，2018）。政府信息技术能力的建设及其拓展能推动政务知识在政府内部更有效地协同和共享，进而大幅提升工作效率和公共服务。

第三节 政府跨部门知识共享动因的实证分析

本节通过实证调研把握现阶段促进地方政府跨部门知识共享的主要动因。针对跨部门知识共享动因的实证调研分为三个阶段：第一阶段，结合已有理论文献，选取10名武汉大学MPA学员进行访谈，得到促进政府跨部门知识共享的7项主要因素；第二阶段，以第一阶段获得的7项促进因素为基础形成"推动中国地方政府跨部门知识共享动因"的问卷调查表，每一项动因按照不重要、不确定、一般、比较重要、非常重要的顺序设计，要求被调查对象根据自我认知进行判断并加以选择；第三阶段，选取湖北省和浙江省下属的11个县市区进行调研，通过面对面、电子邮件和电子问卷相结合的方式发放问卷，历经3个月，共获取有效问卷607份。对问卷题项频率分析的结果显示，现阶段驱动地方政府跨部门知识共享的主要动因按照重要程度从高到低依次是：上级行政命令、法规政策要求、部门间政务协同需求、领导者的知识分享理念、公职人员分享知识的意愿和公众参与等。

一 上级行政命令

中国不同层级的政府部门或机构设计表现为"职责上下同构"，从中央到省、市县、乡（镇）的各级政府机构设置，大体上都有相同的部门设置。下级政府部门既受到同级政府的领导，还同时接受上级业务部门的业务指导。实践中行政权力在行政组织系统内部运行时，起决定作用的往往是上级机关的决定和领导的意志。

根据重要程度评价结果，上级行政命令是中国政府推动跨部门知识共享的重要动因。在问卷调研中，342位公务员认为上级的行政命令在跨部门知识共享中"非常重要"，211位公务员认为上级的行政命令在跨部门知识共享中"比较重要"，分别占样本总量的56.3%和34.8%，累计百分比分别为 56.3% 和 91.1%，如表 3-2 所示。

表 3-2　　　　　　　　上级行政命令推动的重要性评价

重要性评价	人数	百分比/%	累计百分比/%
非常重要	342	56.3	56.3
比较重要	211	34.8	91.1
一般	26	4.3	95.4
不确定	23	3.8	99.2
不重要	5	0.8	100.0
合计	607	100.0	

二　法规政策要求

法规政策通过规定政府各部门采集数据和信息的权限和责任，规定知识共享的边界和规则，引导跨部门知识共享活动的开展，创造有助于知识共享的合法、有效的工作环境，对参与知识共享的政府部门有较强的约束和平衡作用。

根据重要程度评价结果，法规政策要求是中国政府推动跨部门知识共享的重要动因之一。在问卷调研中，387 位公务员认为法规政策在跨部门知识共享中"非常重要"，157 位公务员认为法规政策在推动跨部门知识共享中"比较重要"，分别占样本总量的 63.8% 和 25.9%，累计百分比分别为 63.8% 和 89.7%，如表 3-3 所示。

表 3-3　　　　　　　　法规政策的重要性评价

重要性评价	人数	百分比/%	累计百分比/%
非常重要	387	63.8	63.8
比较重要	157	25.9	89.7
一般	34	5.6	95.3
不确定	25	4.1	99.4
不重要	4	0.6	100.0
合计	607	100.0	

三 部门间政务协同需求

在遵循专业化分工准则而构建的科层制组织体系中,行政业务流程被分割为若干环节、横跨多个部门,造成了相互隔离的部门壁垒,部门林立,各自为政,治理的碎片化问题严重。进入 21 世纪,社会治理问题变得日趋复杂,解决这些问题迫切需要树立整体性治理理念以推动多部门之间的业务协同,合力解决复杂的社会治理难题。政府部门也日益认识到需要互相协调和彼此学习。加强多部门之间的有效协同,成为有效决策和高质量公共服务供给的前提和基础。

根据重要程度评价结果,部门间政务协同需求是中国政府推动跨部门知识共享的重要动因之一。在问卷调研中,320 位公务员认为部门间政务协同的需要对推动跨部门知识共享"非常重要",225 位公务员认为部门间政务协同的需要对推动跨部门知识共享"比较重要",分别占样本总量的 52.7% 和 37.1%,累计百分比分别是 52.7% 和 89.8%,如表 3-4 所示。

表 3-4　　　　　　　部门间政务协同需求的重要性评价

重要性评价	人数	百分比/%	累计百分比/%
非常重要	320	52.7	52.7
比较重要	225	37.1	89.8
一般	51	8.4	98.2
不确定	10	1.6	99.8
不重要	1	0.2	100.0
合计	607	100.0	

四 领导者的知识分享理念

高层领导通过明确组织价值观、建立组织共同愿景、激励员工士气和提供组织资源来促进组织目标的实现,对跨部门数据共享和知识共享活动具有重要的推动作用。具有知识分享理念的领导者会推动部门及其成员定期或不定期地总结交流工作经验，鼓励员工相互学习，致力于在组织内部营造知识分享和学习的良好组织氛围。

根据重要程度评价结果，领导者的知识分享理念是中国政府推动跨部门知识共享的重要动因之一。在问卷调研中，323位公务员认为部门领导者具有知识分享理念对于跨部门知识共享"非常重要"，203位公务员认为部门领导者具有知识分享理念对于跨部门知识共享"比较重要"，分别占样本总量的53.2%和33.4%，累计百分比分别为53.2%和86.6%，如表3-5所示。

表3-5　　　　　部门领导者知识分享理念的重要性评价

重要性评价	人数	百分比/%	累计百分比/%
非常重要	323	53.2	53.2
比较重要	203	33.4	86.6
一般	62	10.2	96.8
不确定	18	3.0	99.8
不重要	1	0.1	100.0
合计	607	100.0	

五　公职人员分享知识的意愿

任何组织的知识共享活动都要嵌入组织的工作实践中，并最终发生在个体与个体之间，扎根于组织个人的行为之中，因而必然依赖于个体的参与意愿和行为选择。根据计划行为理论，个体的行为意向显著影响其采取的行为模式，换言之，部门成员知识共享的行为意向越强，即知识共享的意愿越强，就越会参与到组织内外的知识共享活动中。个体的知识共享意愿是驱动跨部门知识共享活动有效开展的微观力量。

根据重要程度评价结果，公职人员的知识分享意愿是中国政府推动跨部门知识共享较为重要的动因之一。在问卷调研中，299位公务员认为部门成员分享知识的意愿对推动跨部门知识共享"非常重要"，210

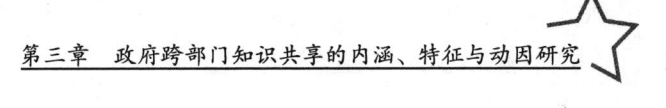

位成员认为部门成员分享知识的意愿在推动跨部门知识共享中"比较重要",分别占样本总量的 49.3% 和 34.6%,累计百分比分别为 49.3% 和 83.9%,如表 3-6 所示。

表 3-6　　　　　　　　公职人员分享知识的意愿重要性评价

重要性评价	人数	百分比/%	累计百分比/%
非常重要	299	49.3	49.3
比较重要	210	34.6	83.9
一般	79	13.0	96.9
不确定	15	2.5	99.4
不重要	4	0.7	100.0
合计	607	100.0	

六　公众参与

社会建构理论认为,公共行政不是封闭组织系统中政府公职人员的自我呈现描述、内部建构和行动,而是行政人员与社会公众共同的实践行动。因而,政府跨部门知识共享的行为不仅要从政府自身的特征和部门间关系来分析,而且要看到政府以外社会系统的作用,尤其是公众参与的影响。

根据重要程度的相对评价结果,公众参与也是中国政府推动跨部门知识共享较为重要的动因。在问卷调研中,有 260 位公务员认为公众参与对于推动跨部门知识共享"非常重要",有 225 位公务员认为公众参与在推动跨部门知识共享中"比较重要",分别占样本总量的 42.8% 和 37.1%,累计百分比分别是 42.8% 和 79.9%,如表 3-7 所示。

表 3-7　　　　　　　　公众参与的重要性评价

重要性评价	人数	百分比/%	累计百分比/%
非常重要	260	42.8	42.8
比较重要	225	37.1	79.9

续表

重要性评价	人数	百分比/%	累计百分比/%
一般	93	15.3	95.2
不确定	24	4.0	99.2
不重要	5	0.8	100.0
合计	607	100.0	

第四章
政府跨部门知识共享现状及共享不足的原因研究

系统把握地方政府跨部门知识共享现状，在此基础上探讨跨部门知识共享不足的原因，是进一步深入研究地方政府跨部门知识共享影响因素的必要前提。本章将围绕地方政府跨部门知识共享现状和共享不足的原因进行系统阐述。

第一节 政府跨部门知识共享的实践特征

通过法律和行政手段，政府可获取和利用经济、科技和社会领域的大量数据与信息，并生产出公共治理所需要的各类知识体系，如各类规章制度、政策、规划和执行方案等。从知识管理的视角，政府可被视为包括信息和数据在内的一系列知识的集合体。但传统的功能化组织设计和分权化改革造成的机构裂化，导致公共事务治理有关的各类信息和知识也被分割在不同部门中，如环境治理、公共项目规划等。知识碎片化现象突出，各专业领域知识使用不足的情况相当普遍，直接导致治理中的协调、合作、整合或整体性运作举步维艰。知识共享，从互动的角度指在一定的知识共享制度框架下，行为者之间进行的以知识（包括经验、技能、诀窍）为主题的互动过程（Helmstadter，2003）。跨部门知识共享，正如之前所阐述的，是为了实现需多个部门协作完成的共同目标，知识共享主体双方借助多元化的渠道不断推动信息和知识等在部门之间流动和融合的过程，涉及共享的知识类型、共享的实现方式、主体参与动机、共享强度和共享质量等基本要素。

在对武汉大学10位MPA学员现场访谈的基础上，结合相关研究文献，笔者设计出"中国地方政府跨部门知识共享现状"问卷调查表。该问卷调查表包括两个部分：（1）被调查者的基本情况；（2）地方政府跨部门知识共享现状，包括共享知识类型、共享方式、共享动机和共享质量。问卷第二部分采用李克特五点量表的测评方法，"1"代表最低分，"5"代表最高分，问卷要求被调查者根据自己的实际感受对地方政府跨部门知识共享现状进行判断并加以选择。根据对调研所获取的607份有效问卷的调研统计分析结果，笔者从共享的知识类型、知识共享主体的参与动机、知识共享的实现方式、知识共享的强度和知识共享质量等维度刻画地方政府跨部门知识共享的现实特征。

一 政府跨部门共享知识类型多样化

根据知识明晰程度的不同，政府中的政务知识往往被分为显性知识和隐性知识。显性知识能用文字、数字和符号表达出来，易于以硬数据的形式交流和分享，是可编码、可编辑和可制度化的知识，现实形态包括各类规章制度、工作程序和统计数据类的知识。隐性知识通常更为个性化且难以程序化，和某一特定情境相关，具体的实践形态包括工作技能、技巧、经验和方法等。隐性知识在知识总量当中占据着绝对主体的地位。调研结果显示，67.4%的受访公务员认为，政策的规定及其阐释是政府部门中非常常见的知识共享内容，65.2%的受访公务员认为，业务领域内的数据和信息亦是政府跨部门知识共享的主要内容，然后依次是解决问题的方法、工作程序和工作经验等，如图4-1所示。综上，政府跨部门共享知识的具体类型较为广泛，涉及政策规定、数据信息、工作方法、工作程序和工作经验等。

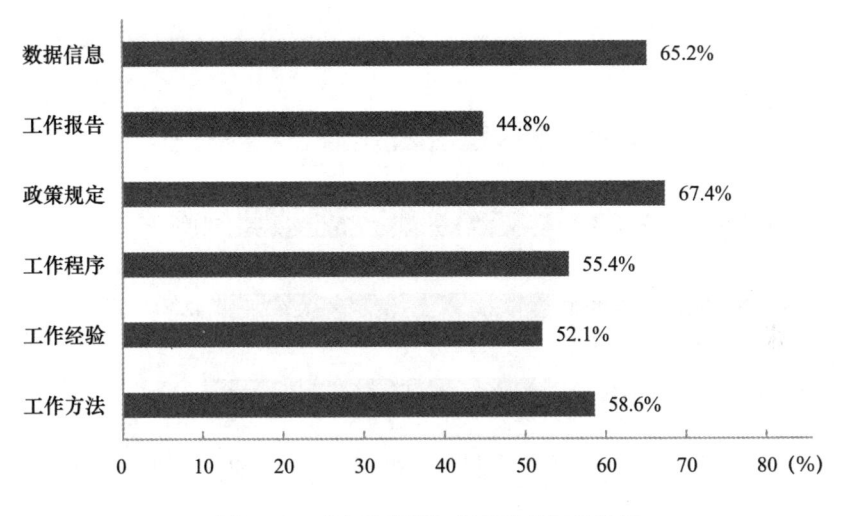

```
数据信息  ████████████████ 65.2%
工作报告  ███████████ 44.8%
政策规定  █████████████████ 67.4%
工作程序  ██████████████ 55.4%
工作经验  █████████████ 52.1%
工作方法  ███████████████ 58.6%
         0  10  20  30  40  50  60  70  80 (%)
```

图 4-1 政府跨部门知识共享的具体类型

二 跨部门知识共享方式多元化

知识共享的实现方式，也被称作知识共享渠道，是作为知识共享客体"知识"与知识共享主体"人"之间的连接纽带。

调查结果显示，政府横向不同部门之间通过多元化的渠道进行知识交流与共享。一般来说，既有传统的制度化的交流机制，如有多部门共同参加的联席会议制度和组织培训；也有基于人际交往的知识共享和交流，如跨部门的人际关系网络；还有利用互联网和计算机技术而进行的更为迅捷的信息和知识共享，如虚拟社区、政府电子政务公共平台。网络社区、个人关系网络、上级部门召开的跨部门协调会议、上级部门组织的业务培训和跨部门数据与信息互通共享现阶段被受访公务员认为是日常工作中普遍运用的跨部门知识共享的主要形式，如图 4-2 所示。网络社区是互联网技术发展的产物，由具有共同目标或相同兴趣的人群组成，成员可在社区构建的网络空间里跨越时间和空间的障碍，自由地与其他成员沟通或交流，获取各自所需的信息或知识。由于其所具有的虚拟性、开放性和交互性特征，它可以整合分散的拥有不同知识的政府部门成员，受访公务员普遍认为是进行知识共享的有效方式。

跨部门知识共享方式	比例
网络社区	54.2%
个人关系网络	45.3%
跨部门数据与信息互通共享	40.0%
上级部门组织的业务培训	42.5%
上级部门召开的跨部门协调会议	44.3%

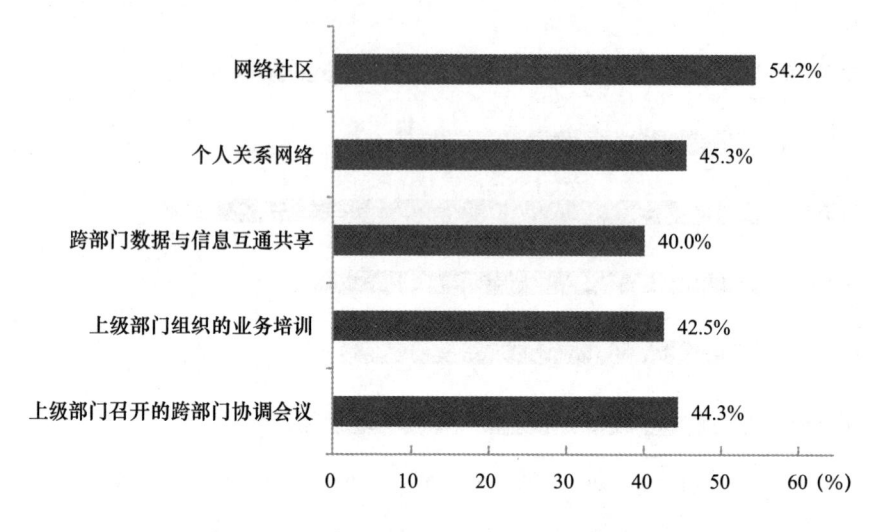

图4-2 跨部门知识共享方式经常性使用比例

三 高效完成工作是公职人员占主导地位的知识共享动机

政府跨部门知识共享最终发生在拥有不同信息和知识的个体之间，依赖其态度和实践行为实现知识共享。现有的研究文献从不同的理论视角对个体参与知识共享的动机和行为加以解释。经济交换理论认为，个人行为受理性的自我利益引导，人们进行知识共享的动机在于参与知识共享所获得或感知的经济利益大于其实施行为的成本。社会交换理论则认为，人们社会交往的动机和行为往往体现出社会交换的特征和过程，它是一种没有明确定义价值的、内在的奖励（文鹏、廖剑桥，2008）。未来的互惠预期、社会关系的拓展和获得他人的认可与承诺的好处则构成人们愿意参与知识共享的主要动机（Davenport & Prusak，1998）。经济交换理论和社会交换理论同样可以解释政府组织人员的知识共享动机和行为。

调查结果如图4-3所示，66.6%的受访公务员认为，高效实现工作目标是推动其积极参与跨部门知识共享的重要且是首要的动机。44.5%的受访公务员认为，参与跨部门知识共享是出于增进公共利益的

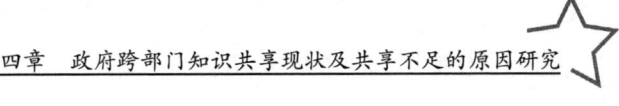

考虑。此外，拓展人际关系网络和赢得同事尊重也分别得到了36.1%和32.1%的受访公务员的认同。而经济性动机如获得物质奖励则被认为是最不重要的参与知识共享的动机。调研结果表明，公务员参与跨部门知识共享的首要动机在于高效完成自身的工作，是典型的目标驱动型行为特征反映。

动机	百分比
增进公共利益	44.5%
拓展人际关系网络	36.1%
赢得同事尊重	32.1%
高效实现工作目标	66.6%

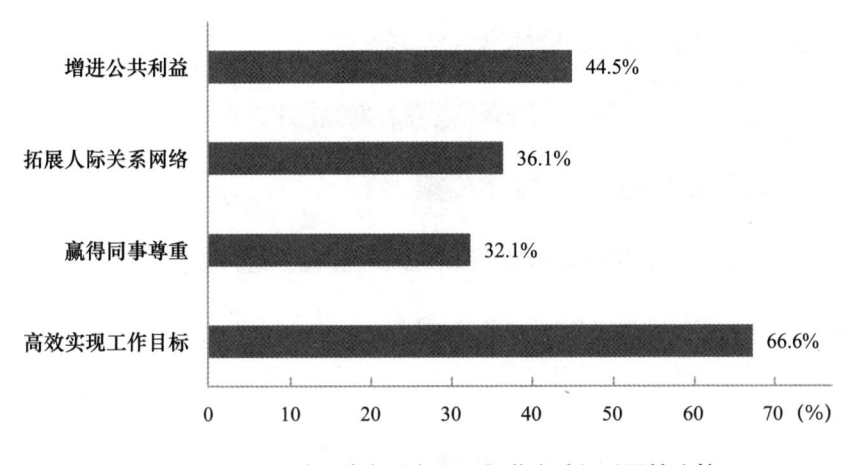

图4-3 公职人员参与跨部门知识共享动机重要性比较

四 政府跨部门知识共享质量评价处于中等水平

跨部门知识共享的质量直接关系到部门间知识协同的效果，因而必然构成衡量跨部门知识共享绩效的一个不可或缺的重要维度。威廉姆和布伦斯认为，知识共享质量反映了知识共享的结果视角，即对知识共享的及时性、完整性、精准性等方面的系统考察（Willem & Buelens，2007）。基于已有文献研究，笔者选取知识的可理解性、知识的准确性、知识的完整性、知识的可靠性、知识的时效性和知识的易获取性等指标进行测度，受访公务员根据工作过程中的实际认知按照从1到5的顺序对每一个测量指标描述的认同程度做出判断。

调研结果如图4-4所示，总体而言，对政府跨部门知识共享质量评价处于中等水平。对共享知识质量的所有评价值均处于3.28—3.41之间，位于中间水平。相对而言，对"知识的准确性"评价分值最高，而对"知识的易获取性"评价最低,这意味着,跨部门获取和共享知识相对最困难,揭示出了当前政府合作背景下跨部门知识共享质量的现实状况,也表明各项质量评价指标都还有较大的提升空间。

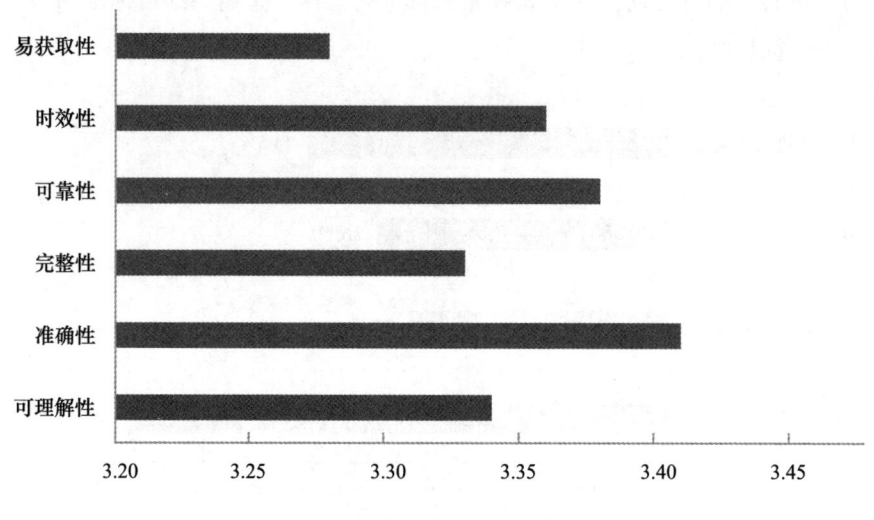

图 4-4 跨部门知识共享质量评价

第二节 跨部门知识共享不足的深层次原因分析

一 利益政治学视角的原因分析

政治学理论中的一个基本观点是,人们之所以从事政治活动,其根本动因在于实现自己利益的要求(王浦劬,2006:46)。从这一视角来看,政府跨部门知识共享和协同产生的困境源自部门利益的考量。若预期的部门收益不足,甚至可能因知识共享带来利益的损失,各部门自然就缺乏动力参与知识共享,由此必然导致知识共享意愿欠缺,知识共享行为消极敷衍,最终使得地方政府跨部门知识共享不足或共享层次不高,对复杂的公共事务治理的解决形成掣肘。

(一) 政府部门的自利性

西方古典经济学中的"经济人"假设认为,人都是自利的、理性的,追求个人效用最大化的人,可以做出对自己最有利的选择。一方面,政府公职人员同样是具有这种属性的自利人,他们的行为也是为了追求自我利益最大化,那么由这些人组成的政府部门必然带有经济组织利益追求的性质;另一方面,当政府部门以一个团体的形式存在时,除了部门内部成员的自我利益,也会形成部门利益。政府部门作为一个整体,在政治活动中也会追求部门利益最大化。正如建立在"经济人"假设基础之上的公共选择理论所指出的,公共机构尤其是政府部门及其官员总是追求自身利益和组织自身的目标而非公共利益或社会福利(黎民,2011)。整体政府的最终目标是服务于公共利益,而构成整体政府的各个部门分别负责不同的领域,有不同的利益诉求,政府部门的内部性决定了公共官僚机构的运行及官员的行为总是出于维护自身和本部门利益的考虑,由此将整体政府利益分割成不同的部分,各个部门总是倾向于追求本部门利益最大化,形成部门利益化的现象。

"经济人"假设和公共选择理论解释了政府部门利益化的根源,而现代官僚制政府条块分割的组织架构使得部门利益化进一步加强。建立在韦伯科层制理论基础之上的政府组织将组织的权力依据职能和职位进行分工和分层,纵向上实行严格的层级节制,形成不同的政府层级,横向上进行专业化分工,形成不同的职能部门,纵横交错,最终构成典型的"条块"分割模式。条块分割的组织架构为各个部门追求自我利益最大化提供了便利。在这种模式之下,出于专业化分工的考虑,各个层级"块块"职能最终都会分解给相关"条条"上的职能部门,"条条"职能部门的经济社会管理权力和职责实际上得到强化。政府职能部门,尤其是在"条"上的部门行政权力逐渐膨胀,出现政府权力部门化(赖先进,2015)。伴随政府权力和职责部门化而来的是整体政府利益的分化和各个职能部门自我利益的固化。

政府部门及官员的自利性决定了他们的知识共享行为是以理性的自

我利益为基础的。虽然知识共享有利于整体政府效能的提高，但对于主动分享知识的部门和个人而言，如果知识共享不能为本部门及自身带来利益，甚至存在利益受损的风险，那么他们必然不愿意进行知识共享活动。

（二）知识资源的部门归属性

现代社会已步入知识经济时代，知识已成为占主导地位的战略性资源要素，是组织核心能力不可或缺的组成部分。知识对于组织绩效提升的重大价值已得到普遍认可。知识资源也成为政府部门所掌握的核心利益体现，其在部门之间的共享和流动必然受到部门间利益关系的影响和制约。基于整体性政府的视角，政府的根本属性是公共性，即政府必须保护国家安全、维护社会稳定、保障公民权利等，以实现公共价值和维护公共利益。基于政府的"公共性"，由公共财政投入所获得和积累而形成的知识资源天然具有公共属性。政府知识资源的公共性表现在政府系统内部的知识资源只有打破部门藩篱，实现跨部门的流动和共享，才能使知识资源的价值得到最大限度的开发和利用，提高政府整体效能，为公共利益服务。但在当前行政管理实践中，政府知识资源表现为谁获取谁使用，知识资源被割裂和分散于不同的部门之中，主要用于部门内部，知识资源难以跨部门进行充分的整合和利用。电子政务建设也明显呈现出碎片化特征，不同部门之间的电子政务信息系统也难以有效对接、整合和共享。这些问题的背后隐含着部门利益的影响。一方面，政府部门倾向于将知识和信息资源视为权力的重要来源，是部门利益的重要体现，并在自利性和内部性的驱使下倾向于独占资源。拥有的知识资源必然能为组织或个人带来某些利益，对知识资源的占有实际上是对潜在利益的占有。另一方面，跨部门知识共享要求将本部门独占的资源与其他部门进行分享，这一行为并不会为拥有知识的部门或个人带来直接利益，甚至其潜在的风险，如信息泄露、丧失竞争优势等，可能使拥有知识的部门感觉到利益的损失。尤其对于如公安部门、工商部门等一些信息强势部门而言，与其他部门的知识共享会削弱其信息垄断优势，减少部门寻租的利益收入（赖先进，2015）。出于利益保护，它们会缺乏知识共享积极性，以达到知识垄断的目的。这必然阻碍政府整体性目标的实现和公共事务的协同治理。

二 组织行为学视角的原因分析

（一）知识共享的跨部门协同机制不健全

在等级制和专业化分工的官僚体制之下，跨部门协同机制是实现部门间有效沟通和协调的桥梁，为跨部门知识共享提供了制度和组织载体。这些机构或制度是专门针对跨领域、跨部门公共治理事务而设置的，在实践运行中发挥了一定的沟通协调作用。跨部门知识共享机制依托部门间协同的组织载体进行，这些组织载体包括联席会议、牵头机构、领导小组和委员会等议事协调机构。在当前中国某些行政体制呈现出"官僚制不足"和"官僚制过剩"双重特征的环境下，跨部门协同机制存在的问题必然制约着知识的跨部门共享，分享不同部门多样化知识将会变得十分困难。

具体来看，中国跨部门协同机制对于知识跨部门共享的阻碍主要体现在两个方面：一是跨部门协同机制的成立和运行具有较强的"运动式"特征，缺乏相关的法律法规约束。中国对于政府内部具有跨部门性质的联席会议和议事协调机构等在设立条件、审批标准和程序等方面并没有严格的法律规定，一般依靠上级机关或上级领导的审批，由各级党委或政府办公厅（室）以发通知的形式宣告成立，具有明显的被动性和随意性。依托于此的跨部门沟通交流也呈现出鲜明的"间歇性"和"临时性"特点，往往是遇事才沟通，没有形成常规化和制度化交流机制，知识的深层次交流根本无法实现。二是跨部门协同机制的运行高度依赖纵向权威。与发达国家日益青睐的以自愿、平等和共识决策为特征的横向协同不同，中国的跨部门协同高度依赖权威，因而被视为等级制纵向协同模式（周望，2010）。跨部门协同制度化、规范化不足（蒋敏娟，2015）。在这种模式下，涉及跨界和跨部门公共管理议题时，各部门缺乏内在动力自主推动合作局面的形成，却往往习惯依赖上级组织或上级领导，运用自上而下的行政指令促成部门间的合作与协同。跨部门的沟通协调工作更多涉及部门间的职责分工和工作部署等内容，而不利于部门间深层次知识的共享和整合。

以议事协调机构为例，很多议事协调机构的成立往往是由于某个社会问题引起了强烈的社会反响和高层领导的关注，有关部门才联合起来进行协同管理，其运作逻辑是通过设置一个高于各参与部门的"上级"来获取协同的资本和权威（蒋敏娟，2016）。如2009年前后某些地区发生的毒奶粉、地沟油、苏丹红等食品安全事件，引发社会广泛关注，国务院领导做出重要指示，于2010年成立由农业部、科技部、商务部等15部门联合组成的国务院食品安全委员会，作为国家食品安全工作的高层次议事协调机构。从长期来看，议事协调机构的实际运行具有"间歇性"，组成人员一般都是常设部门人员兼职，只有在工作需要时，各位成员才会集中到一起开展工作，实际探讨涉及的跨部门合作议题。议事协调机构主要的工作形式是召开会议，内容一般是总结上一阶段的工作，以及机构领导对下一阶段工作的全面部署，各个参与部门往往是被动地接受上级的工作指示和任务安排，而缺少人际互动与思想交锋。此外，由于缺乏制度化的运行机制的支撑，它对于参加部门的工作人员以各种借口推托、不参与会议的情况也无力约束。条块分割的官僚体制使得关于同一治理对象的多样化知识被分割在不同的部门中，基于各部门知识的差异性、非均衡性和互补性，面对面协商会议的本意是促进部门之间围绕亟待解决的跨部门公共议题展开有效的对话，理解不同部门之间的知识差异，通过知识的互补和整合有效发挥知识的价值，以创造出更具协同性的公共政策和更有效的公共服务供给方式。但当前跨部门协同中，这种松散型的会议协商机制和高度依赖权威的协同模式往往让部门之间的沟通交流浅尝辄止，难以持久而深入，不利于知识在部门间的扩散和整合。

按照整体政府的相关理论，中国当前跨部门协同机制可以归结为

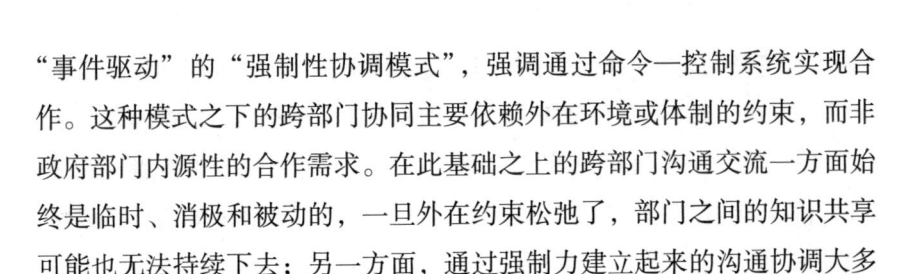

"事件驱动"的"强制性协调模式",强调通过命令—控制系统实现合作。这种模式之下的跨部门协同主要依赖外在环境或体制的约束,而非政府部门内源性的合作需求。在此基础之上的跨部门沟通交流一方面始终是临时、消极和被动的,一旦外在约束松弛了,部门之间的知识共享可能也无法持续下去;另一方面,通过强制力建立起来的沟通协调大多局限于工作的部署安排,一定程度上能达到信息交流的目的,但是无法实现深层次的,特别是工作经验、工作技能等隐性知识的共享。

(二)跨部门知识共享考核激励制度不完善

行为科学理论认为,人的动机来自需要,由需要确定人们的行为目标,激励则作用于人的内心活动,激发、驱动和强化人的行为(让·雅克·拉丰,2002)。组织和组织成员的知识共享行为并不是自发产生的,有效的激励制度是推动组织知识共享的必要条件。

当前中国政府系统还没有建立起完善的关于知识共享的考核激励制度,阻碍了跨部门知识共享的顺利进行。中国政府部门现有的绩效考核制度以单个的部门为考核对象,以各部门的职能目标为考核基础,主要关注本部门的任务目标和履职情况。政府部门考核激励模式是:上级部门采取政绩指标考核的方式,把任务和指标层层量化和分解,下达给下级部门和个人,责令其在规定的时间内完成,然后根据完成情况进行政治和经济方面的奖惩。这意味着每个部门只要按照既定程序完成相应的工作任务就可以获得相关奖励或避免惩罚,政府部门间的合作行为可能非但不能获得奖励和表彰,反而会因此受到责罚。因为跨部门合作可能会占用部门内部的各种资源,甚至会让渡部分部门利益,这样可能影响本部门绩效目标的顺利实现。另外,这种绩效考核模式使得政府部门在安排工作时往往只是聚焦自身的职能目标,对那些承担主体责任的工作任务会选择投入更多的资源确保其完成,但对于承担配合责任的跨部门合作任务则因部门自利性会理性选择推托和消极应付。跨部门知识共享并不属于部门必须完成的主要职能目标,自然得不到足够的重视。

考核激励是推动跨部门知识共享的有效途径,但由于没有刚性的考核要求和考核目标,政府部门和公职人员都缺乏参与跨部门知识共享的动力。此外,公共部门和公职人员的奖励是以绩效考核为依据的,知识共享没有被纳入部门和个人的绩效考核体系,意味着知识拥有者主动分享知识的行为并不会受到正式认可和奖励,得不到精神上的荣誉感或物质上的实惠,公共部门必然没有进行知识共享的积极性。

(三)部门与部门间信任不足

信任最早作为人类社会交往的基本准则而进入社会学者们的研究视野,后来又日益被广泛应用于组织管理情境中进行深入研究。组织理论研究表明,组织信任是组织文化的重要构成要素,也被视为一项重要的社会资本,会对整个组织以及组织成员的行为产生巨大的影响(于海波等,2007)。知识共享本质上是一种以知识为内容的交换和协同行为,这种交换行为的顺利完成建立在交换双方相互信任的基础之上。

卢曼(N. Luhmann)将信任分为关系信任和制度信任两种类型:关系信任被认为建立在人与人之间情感联系的基础上,制度信任则建立在人与人交往中受到的规范准则制约的基础上(卢曼,2005)。中西方不同文化理念的差异造成了信任机制的差异性,进而对部门之间的知识共享产生差异性影响。中国现阶段的行政组织文化具有明显的集体主义文化倾向,这种文化强调"自我"是群体和社会中的一个有机组成部分,注重社会规范,重视个人目标与群体目标的统一,强调和谐的关系、人际的互相依赖、个人为集体利益所做的牺牲等(叶浩生,2004)。在集体主义文化理念支撑下衍生出来的主导型信任关系是关系信任,信任的建立主要依靠社会规范和舆论作用,是一种带有强烈情感色彩的熟人信任。正如德国社会学家马克斯·韦伯在《儒教与道教》中所指出的,儒家文化倡导一种秩序理性主义,主张理性地适应世界,强调对家族纽带的维系,导致中国人的社会生活带有明显的个人关系性质。对中国政府部门而言,集体主义的文化理念导致了社会交往中的熟人化倾向及其相应的关系网络。而西方个体主义的文化理念强调"自我"的独立性,即独立于群体存在的自由个体,个人和群体的目标并

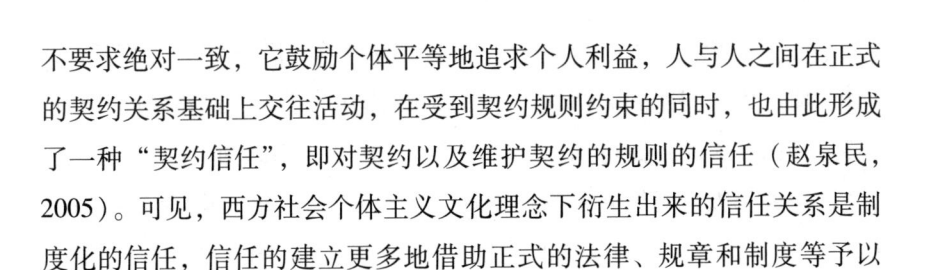

第四章 政府跨部门知识共享现状及共享不足的原因研究

不要求绝对一致，它鼓励个体平等地追求个人利益，人与人之间在正式的契约关系基础上交往活动，在受到契约规则约束的同时，也由此形成了一种"契约信任"，即对契约以及维护契约的规则的信任（赵泉民，2005）。可见，西方社会个体主义文化理念下衍生出来的信任关系是制度化的信任，信任的建立更多地借助正式的法律、规章和制度等予以保障。

不同的文化理念不仅影响信任的形成机制，也会作用于组织内外的信任关系。后来的研究逐渐将组织信任从组织内的人际信任拓展到跨组织信任。尼尔扎德（Helle Neergaard）和佑霍尔（John Parm Ulhøi）认为组织信任建立在个人信任的基础上，并将跨组织信任视为"合作伙伴一方认为另一方采取的行动将会产生双赢的结果，不会采取出乎意料的行动损害对方利益"（Neergaard & Ulhøi, 2006: 522）。该认知隐含着这样的假设，即在实现共同目标的过程中，双方或多方都信赖对方的行为，换言之，相信其他部门的行为会给本部门带来正面的有利影响，而不会给本部门带来负面的不利影响。通过对组织信任和跨组织信任内涵的阐释，不难发现，若要顺利推进跨部门知识共享活动，良好的组织间信任关系更有助于这种跨越部门边界的行为发生和发展。受集体主义文化理念影响的个体会对组织内成员和组织外成员有着清晰的认知界限，个人对他人的信任与否取决于该对象是否来自组织之内，组织内部成员之间可能建立牢固的信任关系。集体主义倾向者更加信任具有组织内部成员身份的对象，但当该对象来自其他外部组织时，集体主义倾向者所显示出的信任层次还没有个人主义高（蒋敏娟，2016: 221）。知识，无论是显性知识还是隐性知识，其跨边界的共享、整合和利用将强烈依赖部门间的关系。由此，"跨部门信任不足"成为解释中国政府跨部门知识共享不充分的一个重要视角。

综上所述，不同的文化理念影响了信任机制的形成和组织内外信任关系的认知，必然对跨越部门边界的知识分享和协同行为产生影响。集体主义文化更易衍生出关系信任，组织内部成员之间的信任关系水平更高。个人主义文化更易衍生出制度信任,跨组织的信任关系水平更高。此外,实践中部门之间的协作和知识共享活动也往往会因为部门领导或成员之间的私人关系而得到加强。玛瓦多和罗德里格认为,私人关系在建立、发展和维系组织间关系中扮演着关键角色(Mavondo & Rodrigo,2001)。受中国社会集体主义文化理念的影响,部门间互动以及部门间知识共享活动常常建立在私人关系的基础之上,政府部门之间的信任往往建立在部门领导间或成员间的关系基础之上,而缺乏法规、契约约束为基础的制度信任的构建。这种基于私人关系的跨部门合作对于跨部门知识共享而言犹如双刃剑,影响复杂。一方面,良好的私人关系能促进部门之间信息和知识的沟通交流,对跨部门知识共享有正向的促进作用;依靠领导或成员之间的私人关系寻求知识共享支持可能帮其绕过复杂的组织流程,从而比采取正规的组织程序更富有效率。另一方面,这种信任关系以私人情感为基础。与基于法规和契约关系形成的信任不同,它具有明显的不稳定性。这使得跨部门的合作和知识共享也显得很脆弱。其原因在于,依靠这种私人关系可能使部门间的知识协同活动变得更为密切。但由于缺乏法规、制度等理性契约的约束,"常常一个关键人物的离去,足以导致一个组织对另一个组织关系的结束"(胡保玲,2009)。这导致合作的不稳定和非制度化,有时不利于部门之间知识共享活动和其他活动保持持续的合作关系。

三 知识管理视角的原因分析

从知识管理的视角来看,政府是典型的知识密集型组织,政府的大部分工作与知识生产、扩散和创新密切相关。跨部门知识共享的实现依赖于有效的知识管理,但中国政府系统内部知识管理水平的滞后,阻碍了跨部门知识共享的顺利进行。

(一)跨部门知识共享的法规制度保障不健全

跨界信息共享和知识共享在美国、英国等发达国家进行顺利的一个重要前提在于它们有着完善的促进知识共享的法律法规制度。综观西方发达国家政府跨部门知识共享的法治建设历程，地方政府跨部门知识共享活动的法律制度保障集中体现在政府信息化建设和信息跨部门协同管理领域。

随着十余年中国政府信息化建设的持续投入，政府信息化水平的稳步提升，各业务部门信息系统建设也日益完善。近年来，政府积极颁布出台一系列与推进政务数据和信息资源跨部门共享相关的具有规范性和约束力的政策法规，对跨部门数据、信息资源共享都做了详细说明，着力推进信息的跨部门共享、整合和利用。这都成为中国现阶段促进跨部门知识共享的重要法律依据。

2015年9月5日国务院发布的《促进大数据发展行动纲要》提出，促进大数据发展的首要任务是大力推动政府部门数据共享，为此必须"加强顶层设计和统筹规划，明确各部门数据共享的范围边界和使用方式，厘清各部门数据管理及共享的义务和权利，依托政府数据统一共享交换平台"。2016年9月19日，国务院印发《政务信息资源共享管理暂行办法》，用于规范政务部门间的政务信息资源共享工作。该办法明确了政务信息资源的定义和分类，提出了"以共享为原则、不共享为例外"的原则，界定了信息共享的范围和责任，明晰了信息共享的权利和义务，对政务信息资源目录、国家数据共享交换平台体系构建，以及信息共享工作的管理、协调、评价和监督等做出了硬性规定和要求。2017年1月12日国务院印发的《"互联网+政务服务"技术体系建设指南》，对政府"互联网+政务服务"技术体系建设的范围、标准、程序、要求等做出了顶层设计和战略规划，并以附录形式列出了技术体系建设涉及的5个主要标准规范要点。2017年5月18日，国务院公布《政务信息系统整合共享实施方案》，提出了加快推进政务信息系统整合共享的总体要求、重点任务和实施路径，为各级政府部门政务信息系统整合共享工作提供了行动指南。在中央政策文件的总体指导下，地方政府也根据地方实际情况，积极推出了促进跨部门政务数据和信息共享的相关制度规定。总体来讲，中国从中央政府到地方政府已经日益意识到数据和信息资源共享的重要性，各类法规制度建设得到了一定程度的完善，一定程度上改变了中国政务信息共享"无据可依"的困境，大大提升了政务信息共享的管理和约束效力，使政务信息共享工作进一步程序化、规范化和制度化，必将有力推动跨部门知识共享。但是，从实践运行看，当前的政策法规建设未能充分实现对地方政府开展跨部门知识共享活动的激励和保障功能，也滞后于公共协同治理的实际需求，尚不完善，亟待进一步加强其法治化建设，满足日益增长的跨部门协同和知识共享活动的需求。

1. 推进跨部门知识共享的高层次立法缺失

新制度经济学理论认为，制度之所以存在，有两重目的：一是作为行为规范，约束个体的行为，更好地协调人与人之间的利益冲突；二是通过个体的学习与遵守，有效降低收集和处理信息所需的成本。法律是以国家强制力为基础的一种制度表现形式，对社会成员的行为具有规范、引导和约束的作用，相关法律制度的建立健全是开展跨部门知识共享的基本保障。

中央政府出台了促进政务信息资源互联共享的相关法规，很多省份也相继颁布了促进政务信息资源共享的行政规章，但相比于西方发达国家在政府机构信息化管理领域的法治化建设，中国法律法规制度对政府部门信息公开和共享工作的保障程度有限，高层次立法处于空白状态。在政府信息化建设管理领域，中国迄今为止尚没有出台一部全面统一、具有法律约束力的政府部门信息共享法律，目前调节政府部门信息收集、公开、互联、共享和运用等活动主要依靠中央政府制定的行政性法规、地方政府和各部门出台的一些规范性文件。在国务院颁布的《政务信息资源共享管理暂行办法》指导下，全国各省、直辖市和自治区政府陆续制定出台了地方规章，用以指导本地区政府部门信息资源共享行为。这些法规制度对政府机构的跨部门知识共享行为具有一定的规范性和约束力，但保障程度有限，无法有效满足协同治理背景下跨部门知识共享的现实需求。

2. 跨部门知识共享安全管理的法规制度保障欠缺

政府依法占有和使用公众和社会机构等的信息,如何有效保障跨部门知识共享中的信息安全是其中的关键环节。目前信息安全领域的法律法规只是散见于《中华人民共和国保守国家秘密法》(以下简称《保守国家秘密法》)、《中华人民共和国电子签名法》以及各级政府制定的《关于大力推进信息化发展和切实保障信息安全的若干意见》《政府信息公开保密审查》等法律文件之中。这些文件对于信息安全的规定较为笼统和简单,缺乏可操作性,对政府知识共享中安全保障指导作用不大(宋淇,2015)。客观上,随着多年来中国电子政务的不断发展,各级政府已逐渐形成了分工明确与协作有效的电子政务网络安全联合工作机制。但随着政务信息化的深入发展,政务信息资源共享中云计算与大数据等新技术的安全风险也在不断涌现,对跨部门知识共享过程中的安全管理提出了更高要求。在政务信息化领域,尽管从中央政府到地方政府出台的法规制度强调推动数据资源整合、共享和开放,但尚缺少对政务信息资源共享进行安全管理的实施细则,相关管理制度很不完善,具体内容包括政务部门在资源共享交换过程中的安全工作规范、系统使用管理制度、安全身份认证机制、存取访问控制与信息安全审计机制、数据授权和审批制度、定期修复漏洞制度、安全巡检制度和系统安全运维管理制度等。这些管理制度的完善有助于规范部门的操作流程,降低人为因素导致的信息安全风险,推进政务信息资源共享安全管理工作的逐步科学化,保护从事政务信息资源共享管理的人员,消除从业人员处理具体政务信息资源共享工作时的各种顾虑(姜宝等,2017)。

(二)跨部门知识共享的战略规划不完善,导致部门间业务信息系统的互联互通难以实现

战略管理理论认为,组织高效配置和利用组织各类资源是实现其战略目标,进而提升持续发展能力的基础条件。在向现代化转型的进程中,政府社会治理能力的提升在很大程度上也取决于如何最大限度利用其所拥有的多样化知识资源。跨部门知识共享是一个涵盖知识、多部门

主体、技术和人员等多项要素的复杂体系，知识共享的过程很难自动自发地发生。若要推动知识跨界地流动、扩散、共享和整合，充分发挥知识蕴含的价值，必须依赖科学合理的战略规划，以统筹协调跨层次、跨部门的知识共享活动，更有效地保障其功能发挥。

随着大数据、云计算和移动互联网等新兴技术的兴起，中国电子政务发展迅速，人口基础信息库、法人单位基础信息库、自然资源和地理空间基础信息库、社会信用信息库的建设完善及开发利用不断得到有效推进，政府基础政务信息整合共享取得了一定成效，全国各地可以进行网上联合办公和跨部门联合审批的事项不断增多。与此同时，政务信息化建设的不断深入也推动政府各部门根据自身业务需求建立了日趋完善的业务数据库，但在"条块分割"的行政管理体制下，中国政府信息资源系统的建设与配置同样由纵向和横向两种结构所构成。相当长时期以来，由于未能形成跨部门信息和知识共享战略规划，缺乏从战略层面进行前瞻性、整体性和全局性的规划和实施，各个部门往往只是从本部门业务需求出发建设各类业务数据库，却很少考虑与其他部门的协调连通性和政府的整体效益，以及未来的长远发展。故而，中国政府部门信息管理系统的建设和运行一般遵循纵向垂直推进的思路。如税务部门的信息系统，一般是由总局统一部署，自上而下依次展开。这些信息系统尽管可以在纵向层级体系中运行，但是横向不同部门之间的操作系统往往是相互独立和封闭的。由于信息存储标准、开发环境等都不相同，就像一个个信息孤岛，难以与其他部门实现信息共享，这必然导致信息资源共享呈现出明显的"纵强横弱"的格局。即在具体的业务系统内部上下级之间的业务信息建设和信息互联互通比较完善，而横向不同政府部门之间的信息系统共享程度则很低。每个政府部门使用的信息系统建设标准有较大差异，不同系统之间缺乏能够互相对接的通道，互联互通性不畅，数据资源被封闭在政府各部门内部，只得到部分和有限的利用，活力不足，长此以往，"信息孤岛"和"数据烟囱"等问题就会凸显出来。

以海关对监管企业信用认证制度建设过程为例，机构内外信息系统的分散化运行导致不同机构获取的监管企业数据难以及时高效共享，必然导致信用认证制度难以执行的问题。

一方面，企业的海关进出口信息和其他外部信息难以整合共享。海关对监管企业信用认证制度建设需要企业实际商业活动中产生的全面的信息。除了海关方面，这些信息来源于商务、工商、税务、外汇管理、审计、法规、统计、缉私、检验检疫。可见，在企业的实际商业活动中，海关仅是其全部经营范围的一小部分，一旦企业在其他政府行政部门和金融机构有违法失信行为，对于海关信用认证就会造成很大的负面影响。然而，海关查阅企业海关内部信息相对容易，但获取企业外部信息则非常困难。

正如某企业在说到认证人员对其内部信息收集调取时提出："海关对我们企业的进出口信息非常了解，如数家珍，但是对我们企业很多的海关外部信息不了解，我们的工商、财务、税务、法务包括管理人员信息都要求我们自己或者让我们企业再去以上政府相关行政部门调取，甚至企业管理人员的违法违规信息也需要我们自己去公安机关进行调取和验证，浪费了时间，也给我们企业增加了负担，海关有没有相关的信息共享体系，这样会方便许多、权威许多，也可以减轻企业的压力。"

海关认证实施人员在对信用认证执行难点的描述中说道："在对企业进行认证之前，我们会通过海关的内部信息系统对企业相关注册备案信息和进出口信息进行查询和复核。相对海关内部的相关业务信息而言，我们在核查企业海关外部信息的时候比较困难：一是目前缺乏一个综合企业海关、工商、税务、外汇、检验检疫等部门信用信息的平台，造成取证时间长，信息质量参差不齐；二是现在商业社会瞬息万变，企业的相关信息更新得非常快，我们也缺乏相关的手段及时掌握企业的最新资信信息。"

尽管技术上完全可以实现综合信息平台构建，但由于目前尚缺乏与商务、工商、税务、外汇管理、审计、法规、统计、缉私、检验检疫等其他政府行政部门之间的协同机制，不同部门间的数据共享极其困难。最终的结果是，海关信用信息系统仍仅停留在海关注册备案管理和查询基本进出口信息层面，数据集约化和职能化程度较为低下，并且缺乏企业注册信息、进出口资料和其风险类别之间的有效转换，信息有效交换的渠道尚未完善。

另一方面，即便是海关系统内关于企业信息的比对，也存在比对效率低下的问题。正如某企业在谈及海关认证人员认证过程中对企业信息的掌握问题时说道："海关在对我们企业相关财务信息、通关信息、内控信息、守法信息进行调取后，和其内部系统进行了很长时间的比对，我们觉得海关工作人员做事还是很细致的，但是可能比对效率不是太高，延长了认证的时间，给我们增加了一定的时间成本，从某种程度上我们认为效率一般。"

究其原因，数据比对效率低下在很大程度上是由于海关内部各职能部门系统标准不统一。海关不同职能部门各自开发业务管理系统，如注册企业基本信息数据的"企业信息管理系统"、包含进出口基础数据的"海关综合管理业务平台"、包含海关监管数据的"海关稽查作业管理系统"。但由于以上信息系统分属海关不同的职能部门，业务开发的理念和重点不尽相同又缺乏系统、完善的联系配合机制，加之部分系统设计年限较为久远，很多和海关信用认证相关的重要信息对接不善，难以在需要进行企业查询和风险分析时形成合力。同时，缺乏一个针对多个系统数据源的提炼渠道，导致各个查询系统所调取的数据缺乏统一性和一致性，继而海关工作人员在开展风险研判和其他海关业务时引用的数据存在差异，结果缺乏权威性。

（三）对知识资源的开发利用处于低水平

从知识管理视角看，中国政府知识资源整体的开发、利用和共享等管理环节不同程度地存在"肠梗阻"，不仅加工转化的数据总量不足，而且质量也不高，既无法满足政府公共治理对知识资源的实际需求，也未能有效回应公众对整体性政府建设的强烈诉求。具体来讲，主要表现在以下几个方面。

一是政府知识资源整体开发程度较低,导致其整体利用的低水平。政府各部门在寻求解决日益复杂的社会事务过程中产生了大量的数据、信息和知识。这些原始数据固然有一定的价值,但由于采集主体的多元化和技术标准不统一等问题,大部分数据、信息处于离散、无序、碎片化和缺乏关联性的状态,对数据和信息的深度加工和挖掘不足,系统性整合也严重不足,甚至政府在治理过程中产生的大量信息和知识没有被加工成可供交换和共享的数据库资源,以静态信息和知识割裂地存在于各部门业务系统中。缺失对政府运行过程中产生信息和知识的有效开发、加工和编码,信息和知识的跨部门共享、整合和利用必然很难实现。可见,政府整体性知识资源开发的低水平会影响政府数据规模和质量,进而直接带来其低水平的利用。

二是先进的知识管理工具在政府部门应用不足,一定程度上阻碍了政府知识资源的开发、共享和利用,也造成知识资源的开发、利用处于较低水平。近20年来,中国电子政务的发展推动数据和信息管理工具在政府部门日益被重视,并得到广泛应用,如OA系统、文档处理系统和协同政务系统等。这些工具可以用来处理数据和信息,却无法捕捉复杂语境的信息和知识内涵的多样性,不同层级政府所面临的公共事务的复杂性特点及其决策应对方面的复杂知识很难借助数据管理和信息管理工具来编码呈现。换言之,数据管理和信息管理工具的特点决定了其无法十分有效地支持知识管理。与此同时,知识仓库、知识地图、基于Internet的论坛等可用于对复杂知识进行编码、转移和交流的知识管理工具在政府部门中应用极为不足,带来知识的数据化存储不足,导致能用于交换共享的知识仓库资源数量匮乏,而且共享利用效果不好,也必然提高社会治理过程中不同部门之间的知识共享成本。

三是信息系统开发建设与政府整体性、跨部门的业务需求融合不足,不同的信息系统互联互通性不高,也导致利用率低。数据、信息和知识在流动、扩散和共享中才能产生更大的价值。因而,用来存储数据、信息和知识的各类知识管理系统开发能够与政府的业务系统和业务需求有机融合，不仅发挥其价值，而且也提高了各项业务的处理效率，提高了政府治理能力。但政府电子政务建设过程中长期以来更多受技术驱动而非协同政务需求的驱动，导致各类数据库的建设立足本部门的本位需求和采集能力，脱离于实际的业务应用需求，也脱钩于其他相关部门的数据库建设。在不经常性相互核对情况下，数据误差很大，出现数据矛盾，再加上标准不统一，就会在数据交换和共享时出现冲突，难以有效匹配和高效利用，其功能也未得到有效的发挥，也未能对政府的跨部门协同业务提供有效的支持，形成事实中的数据孤岛，造成大量的数据资源浪费，使得对知识资源的开发、利用处于低水平状态。

第三节　政府跨部门知识共享不足成因的实证分析

为深入分析受访者对于地方政府跨部门知识共享不足成因的看法，笔者将实证调研分为两个阶段：第一阶段，结合已有理论文献，选取10名武汉大学 MPA 学员进行访谈，得到政府跨部门知识共享不足的11项成因；第二阶段，以第一阶段获得的11项成因为基础形成"中国地方政府跨部门知识共享不足的成因"问卷调查表，要求被调查对象根据自我认知进行判断并加以选择。调研过程如前文所述，对所获取的607份有效问卷进行隶属度分析，结果表明，地方政府跨部门知识共享不足的主要成因表现为横向沟通协调机制不健全、对政府知识具有的公共性属性认知不足、有关数据与信息安全和保密的法规政策不完善、跨部门知识共享顶层设计与战略规划缺失、政府公职人员知识管理和共享理念缺乏、综合信息系统网络的共享平台建设不足和跨部门知识共享激励机制缺失。

一 横向沟通协调机制不健全

调查结果显示，524位受访公务员认为"横向协调沟通机制不健全、不完善"是造成知识共享不足的主要原因，隶属度值为0.863262，在所有选项中排在第一位。

中国政府的组织体制按照功能化的组织架构设计，在纵向结构上实行严格的层级管理，横向结构上实行专业化分工，呈现出规范性、稳定性和科层化的组织特性。这种典型的科层制的组织体系权力集中、统一指挥和分工明晰。然而，随着社会环境的复杂多变，这种条块分割的组织体制的弊端日益凸显。在严密的层级控制和集权化体系中，过细的专业分工使得横向协调事务日益增多。官僚组织的水平化形成的专业职能不可避免地会给不同部门间的知识共享造成障碍，因为不同的部门职能目标、责任、需求、工作流程以及期待千差万别，这些不同也将部门间的利益逐渐条块分割对应起来（Argote，2007），最终造成各职能部门将本部门的目标凌驾于政府的整体目标之上，导致公共政策制定和公共服务供给缺乏整体性特征。跨部门的信息交流和知识共享是实现高质量政策制定和公共服务协同供给的基础，由此，横向沟通协调机制有必要加以完善。实践中，为了满足复杂公共事务治理的需求，中国政府逐步健全了正式的多部门横向协调沟通机制，力求促进多部门间的信息和知识交流，促进跨部门协作任务的有效完成。处于较高组织层级，这类协调机构大多以领导小组或委员会的形式成立，针对某一领域的问题加强决策协同和统筹协调。譬如，国家能源委员会是由国家发改委、财政部、商务部、外交部、交通运输部、水利部、科技部、工业和信息化部等部委高层组成的能源领域的最高决策和议事协调机构。然而，对于承担执行职责的基层政府而言，部门与部门之间横向沟通协调不畅的问题依然未得到有效的解决。基于工作需求的跨部门交流往往依赖制度化的正式公函，费时长，信息传递不及时，再加上缺乏垂直层级的职权影响，以及部门化的利益思考和行为，对其他部门的信息和知识需求未能及时有效地做出回应。这直接影响到跨部门信息和知识获取的及时性与完整性。因此,调研表明,横向沟通协调机制不健全被认为是导致跨部门知识共享不足的第一大原因。

二 对政府知识具有的公共性属性认知不足

调查结果显示,512位受访公务员认为"对政府知识具有的公共性属性认识不足"是造成知识共享不足的主要原因,隶属度值为0.843493,在所有选项中排在第二位。

政府是典型的由多部门、多层级所构成的知识密集型公共组织。政府知识资源是在长期的行政管理实践中累积形成的,其产生于并嵌入具有不同职能的各部门之中,需要其投入一定的物力、人力、财力进行信息的收集和加工,进而形成富有逻辑的知识体系和各类数据库。尽管知识资源的获取和使用具有碎片化和分散化特征,但除了涉及保密的知识外,政府部门拥有的知识资源具有十分鲜明的公共属性。一方面,政府部门生产、创造知识资源的经费来源于公共财政拨款,公共财政的支持是部门知识资源生产得以顺利实现的重要保障;另一方面,政府知识资源也明显具备公共物品的基本特征,即消费的非竞争性和受益的非排他性。知识资源并不像实物资源那样表现为占有和消耗,而是可以重复使用,同时只有得到更多、更广泛的应用,知识资源的潜能和价值才能被最大限度地开发出来。政府某个部门的知识资源被生产出来之后,其他部门对其的使用并不会额外增加生产成本,也不会影响本部门使用该知识资源的数量和质量。因此,政府部门知识资源具备消费上的非竞争性。政府各部门间知识资源通过共享和整合可提高政策制定的科学性,优化政策执行方案和公共服务供给质量,从而提升整体的政府治理能力,实行排他则会造成效率上的损失。因此,政府知识资源没有必要也不应该排他。政府知识资源是具备公共属性的准公共物品,在不涉及个人隐私和保密的条件下,应鼓励其向社会公开和在政府内部充分共享。

对于复杂而庞大的政府组织而言,各部门是政府整体不可分割的构成部分，部门是政府整体利益的代理人，但在日复一日的实际运行过程中，部门目标会超越政府整体目标，部门利益也会凌驾于政府整体利益之上。由于知识资源的生产和获取割裂于各个不同的政府部门，受长期形成的部门利益至上的惯性驱动，某一部门知识和信息往往容易被视为部门独有的"资产"和利益的重要来源，而不是具有公共属性的准公共产品。那些越是具有知识和信息优势的部门，越倾向于独自占有和垄断知识和信息，缺乏动力进行知识的跨部门共享，从而阻碍知识在政府内部流动和扩散。这不利于知识整合价值的发挥。因此，对政府知识具有的公共性属性认知不足被认为是导致跨部门知识共享不足的第二大原因。

三 有关数据与信息安全和保密的法规政策不完善

调查结果显示，507位受访公务员认为"有关数据与信息安全和保密的法规政策不完善"是造成知识共享不足的主要原因，隶属度值为0.835255，在所有选项中排在第三位。

进入21世纪，中国对政府信息公开和内部的信息共享日趋重视。早在"十一五"时期，中国便将电子政务建设的目标定位为形成综合性的信息和知识共享网络。2008年5月国务院颁布实施《中华人民共和国信息公开条例》（以下简称《信息公开条例》），2015年9月国务院发布《促进大数据发展行动纲要》，2016年9月国务院印发《政务信息资源共享管理暂行办法》，这些文件成为指导和推进政府政务信息跨部门共享的重要政策。然而，由于政府面临着个人隐私保护、信息安全和公众参与等多元价值的挑战，数据和信息安全及保密法规的不完善仍然制约着知识和信息的跨部门扩散和转移。具体而言，一方面，目前仍然缺少规范政府知识共享过程涉及的数据和信息安全的法规和政策，这极容易导致政府部门在知识共享过程中面临巨大的法律责任和政策风险。同时，中国尚缺乏一部关于政府信息公开与共享的全国性法律，法律位阶不足，导致政府信息和知识共享缺乏更权威的法律保障和监督。

另一方面，当前不同法规与政策存在相互矛盾和冲突的地方。特别是《信息公开条例》属于政府法规，必须从属于其上位法《保守国家秘密法》。从立法指导思想来看，《保守国家秘密法》以"不公开"为原则，而《信息公开条例》则以"公开为原则，不公开为例外"。但是，由于前者的法律位阶高于后者，一旦发生冲突，后者必须让位于前者。在政府实践中，政府部门为了规避可能产生的隐私泄露和数据安全风险，往往以知识和信息涉及国家秘密为由不予公开，也不予共享，这导致各类法规政策的执行力度较弱。调研表明，"有关数据与信息安全和保密的法规政策不完善"是造成跨部门知识共享不足的第三个重要原因。

四 跨部门知识共享顶层设计与战略规划缺失

调查结果显示，503位受访公务员认为"缺乏跨部门知识共享的顶层设计和战略规划"是造成跨部门知识共享不足的主要原因，隶属度值为0.828666，在所有选项中排在第四位。

政府组织体系庞大而复杂，纵向层级节制，横向部门林立。信息和知识能否以及在什么层次和多大范围内进行系统化的编码、存储、运用，在很大程度上影响着跨部门知识共享的广度和深度。知识管理战略规划正是对组织内外信息和知识资源进行系统化管理的一系列战略、策略、方法和工具的集合，通过战略规划及其一系列制度安排，它能够有效地将公共治理不同环节涉及的信息和知识进行系统化的编码、存储、共享和运用，提升不同政府层次部门人员获取和利用信息与知识的能力。调研显示，目前基于业务协同的基层政府知识共享更多地依托两种载体开展：一是依托组织内部的信息系统建设促进信息和知识在其内部的交流和共享，主要是政府OA系统的建设；二是依托各类政府网站实现各类政务信息、业务审批事项和政策传递的公开化、透明化，以此促进政府和社会主体之间知识的互动和传递。调研显示，围绕复杂的公共治理问题，政府不同部门之间能够展开一定的信息和知识交流，但自发性和主动性的跨组织知识共享明显不足，知识共享的频次也处于一般水平。因此，要从根本上改善基层政府跨部门知识共享不足的现状，有必要立足组织全局视角，在综合考虑复杂的职能、制度和技术因素的基础上建构整体性政府知识管理系统。作为一个整体性的有机系统，它应包括政府部门自身的知识管理系统建设、政府部门之间的知识共享和传播、政府与社会主体之间的知识互动与传递、制定中长期的跨部门知识管理和共享战略、促进不同政府机构之间的统筹协调和协同规划。因而，政府高层对于知识共享的支持以及 IT 策略在其中的应用对战略规划来说显得至关重要（Pai，2012）。

五 政府公职人员知识管理和共享理念缺乏

调查结果显示，498 位受访公务员认为"部门主要负责人知识管理与共享理念淡薄"是造成政府跨部门知识共享不足的主要原因，隶属度值为 0.820428，在所有选项中排在第五位。

知识管理是全球化、知识化和信息化背景下网络新经济时代新兴的管理理念与方法，它强调通过对信息和知识的获取、分享、整合、存取和创新等过程，达到推动组织知识持续创新的最终目的，提高组织的综合竞争力。政府公职人员知识管理理念的匮乏，意味着不能充分理解向其他部门获取信息和知识确保决策有效的必要性；也不了解是否有必要或何时与其他部门共享自身所拥有的信息和知识，无法充分获悉知识共享与管理可能为组织带来的收益；也缺乏必要的知识管理机制来确保知识的获取、分享、整合和创新。在实践中，这通常会导致一些重大事项决策方案未经调研论证，或情况不明、论证讨论不充分而引发的决策失误；或者对跨部门任务执行过程中缺乏有效协作，疏于对问题的总结、分析、调整而出现执行低效的现象。当前，中国正处于剧烈的社会转型期，公共事务的治理日趋复杂而多变，单一政府部门普遍缺乏加强有效治理所必需的多维知识和能力结构，因此，逐步树立知识管理和共享的理念，加强政府内部以及和其他公共组织间的跨部门知识共享和协作将是全面提升政府公共治理能力的必由之路。

六 综合信息系统网络的共享平台建设不足

调查结果显示,490位受访公务员认为"综合信息系统网络的共享平台建设不足"是造成跨部门知识共享不足的主要原因,隶属度值为0.807249,在所有选项中排在第六位。

信息技术的快速发展和互联网技术的广泛应用,使得信息的收集、整理、加工、分析和传输变得更为便利。促进部门之间的信息和知识共享以挖掘信息和知识资源的价值成为全世界范围内政府管理创新的重要工具。在席卷世界的信息化和知识化浪潮下,中国各级政府充分利用信息技术发展的契机,加大资源投入力度,加快建设和发展电子政务,促进不同政府部门之间的数据共享和信息交流,实现业务协同和服务融合,在电子政务建设领域取得了较大的进展。然而,实践中,地方政府电子政务系统建设各自为政和信息孤岛问题依然存在,不同政府部门在其业务活动中采用不同的硬件、软件、数据标准和信息系统(龚立群、高琳,2012),信息平台架构不同,兼容性不高,信息难以有效整合。调研发现,目前许多政府部门的IT业务往往采用外包的形式,外包服务商可能没有很好地编写和保存信息系统的设计规范细节,也会导致后期信息系统整合困难。因此,有必要进一步健全以电子政务公共平台为主体的信息网络共享平台。

七 跨部门知识共享激励机制缺失

调查结果显示,485位受访公务员认为"跨部门知识共享的激励机制缺失"是造成知识共享不足的主要原因,隶属度值为0.799012,在所有选项中排在第七位。

跨部门合作中的知识共享活动最终依赖部门参与者个体的动机和行为。参与者知识共享动机越强烈,在知识共享过程中越倾向于表现积极主动的知识共享行为,反之,知识共享行为越被动消极。根据社会认知理论,组织层面上影响参与者知识共享动机的因素是多方面的,如组织氛围和组织激励等，其中，实施跨部门知识共享激励显然是激发个体参与知识共享动机和行为的主要因素（吴迪，2012）。中国政府现有的绩效考核制度以横向的各个部门作为被考核对象，以各部门职能目标为基础，依据其年度关键任务目标的完成和岗位主要职责的履行程度予以考核，并实施相应的物质激励和荣誉激励。而在参与复杂公共事务治理需要的跨部门合作中，由于缺乏刚性的考核机制和考核业绩目标的约束，部门领导及其成员往往缺乏有效的激励，跨部门知识共享动力不足。随着越来越多的跨部门公共治理事务的开展，有必要建立跨部门知识共享的公共监察和绩效评价机制，以此考核成绩作为部门领导晋升的重要参考依据。

第五章
政府跨部门知识共享绩效评价指标体系的构建

建构一套科学而客观的跨部门知识共享绩效评价指标是推进知识跨部门边界共享和整合的一项基础性管理工作，但当前针对政府跨部门知识共享绩效评价指标体系的系统性研究却极为薄弱。本书根据跨部门知识共享绩效评价指标体系构建的原则和相关文献，结合其内涵，通过理论分析和实证筛选构建了一套较为系统有效且具可操作性的跨部门知识共享绩效评价指标体系。

第一节　政府跨部门知识共享绩效的 IPO 模型及其评价意义

迈向知识经济时代的进程中，知识日益成为政府政策制定和公共服务供给中的关键因素，对知识的积累、共享和利用能力对提升政府能力极为关键，被视为政府社会治理能力的重要构成部分。作为政府跨部门协同和整体性治理模式建设的关键环节，跨部门知识共享旨在通过信息和知识在不同部门之间的流动，消除不同政策之间的矛盾和紧张，提高公共政策制定的有效性，促进思想交流和合作，产生更具创新性的工作方法和公共服务供给方式。然而，实践中信息或知识孤岛现象却较为严重，部门林立使得知识难以跨越"部门墙"进行有效的交换和分享，导致跨部门协同效率低下和治理能力不足，迫切需要通过开展跨部门知识共享绩效评价来推进整体性政府的建设。2017年5月颁布的《政务信息系统整合共享实施方案》明确提出，"加强政务信息资源共享评价"是实施监控的重点工作之一。可见，实践层面上，国家已日益重视跨部门知识共享的评价工作。

已有研究主要探讨组织知识共享评价工作。胡平波（2009）从效率评价的视角构建了网络组织知识共享效率评价指标体系；廖开际和闫健峻（2011）则从共享态度、共享能力、共享效果和共享代价四个维度测量分析知识型组织中的个人知识共享绩效；陈丹等（2015）从主体、客体、环境和技术四个维度对企业知识共享成熟度的评价体系进行了研究。尽管评价指标的逻辑框架和评价层次不同，但均以企业、高校以及虚拟社区等组织为对象展开研究。政府组织体制的独特性以及跨部门知识共享的复杂性和风险性决定了政府跨部门知识共享无法简单复制照搬以往的研究成果，必须基于政府组织特征进行跨部门知识共享绩效评价体系的研究。政府知识共享绩效评价文献研究的滞后状态进一步凸显了该领域研究的重要性。在此背景下，加强政府跨部门知识共享绩效评价指标体系的研究显得尤为迫切。

一 政府跨部门知识共享绩效的"输入—处理—输出"（IPO）模型

公共事务治理的复杂性使得政府部门之间的活动存在很强的彼此依赖性，要求部门间通过知识共享、资源支持等建立协同联系，从而提升政策制定和公共服务供给的有效性。跨部门知识共享正是衔接组织活动所固有的组织依赖性的过程（Christensen，2007），是知识跨越部门边界实现从一方到另一方转移的过程。

"输入—处理—输出"（input-process-output）的逻辑框架是组织

活动绩效评价的经典理论框架,它强调从输入到处理再到输出的系统性过程。根据政府跨部门知识共享活动特点,在这一经典的评价框架指导下,课题组构建了政府跨部门知识共享的 IPO 模型,如图 5-1 所示。

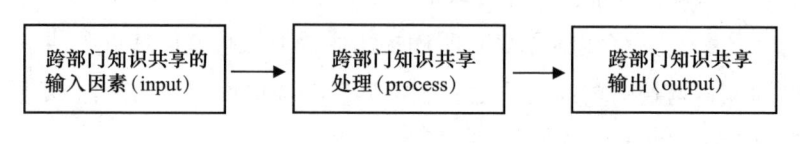

```
┌─────────────┐      ┌─────────────┐      ┌─────────────┐
│ 跨部门知识共享的│  →   │ 跨部门知识共享 │  →   │ 跨部门知识共享 │
│ 输入因素(input)│      │ 处理(process)│      │ 输出(output)│
└─────────────┘      └─────────────┘      └─────────────┘
```

图 5-1　跨部门知识共享的 IPO 模型

跨部门知识共享的促成因素是输入性指标,反映那些能够促进和推动知识在部门间交流和共享的组织情境因素,如部门间的协同关系质量、组织支持环境和组织知识管理水平等;跨部门知识共享过程则指部门及其成员如何与其他部门及其成员进行知识互动和沟通,包括存在于部门间的正式机制和非正式机制运用、员工自身的知识共享能力等。跨部门知识共享产出反映知识的跨部门扩散和转移所带来的不同层面的影响。该模型反映了跨部门知识共享从输入到处理进而到输出的系统性过程。因此,政府跨部门知识共享绩效呈现出多维结构,是政府对知识跨部门交换和分享过程中的输入因素、处理过程和输出表现的综合衡量,具有形成的多因性、发生的多层次性、产出的系统性和衡量的动态性等特征。跨部门知识共享的输入因素、跨部门知识共享处理过程及输出效果等方面共同反映和决定了政府跨部门知识共享绩效水平。

二　政府跨部门知识共享绩效评价的意义

政府跨部门知识共享绩效评价能够为跨部门知识共享工作提供评估功能,有助于加强对政府跨部门知识共享工作的了解。对跨部门知识共享绩效评价指标进行理论遴选和实证筛选,可形成一套科学而合理的跨部门知识共享绩效评价指标体系,譬如,跨部门知识共享目标

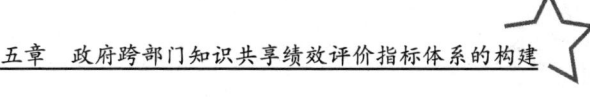

的实现程度、知识共享行为与目标的协调一致、跨部门协同关系质量和组织管理制度的健全程度等；进而进行实际测量，帮助我们把握和了解不同部门间知识共享的推进因素、部门间互动机制和个人能力情况以及不同层面上的效果体现，对部门间知识共享绩效进行全面的评估和衡量。

政府跨部门知识共享绩效评价能够为跨部门知识共享工作提供反馈和改进。对政府跨部门知识共享绩效状况进行评价判断并非最终目的，应在此基础上，根据对多个要素的评估分析阻碍跨部门知识共享的原因，继而提出改进组织跨部门知识共享绩效的针对性措施。换言之，应充分发挥绩效评估所具有的反馈和改进功能，对现有的跨部门知识共享活动的发生环境和行为模式进行有效的优化和协调，推动跨部门知识共享有效实现，从而提升跨部门知识共享整体绩效水平。

第二节 政府跨部门知识共享绩效评价指标体系的理论构建

一 政府跨部门知识共享绩效评价指标构建原则

构建科学而客观的政府跨部门知识共享绩效评价指标体系，是准确评价与有效反映政府部门知识共享绩效的关键环节。构建政府跨部门知识共享评价指标体系时，既应遵循知识共享绩效评价指标体系构建的一般原则，也应反映政府跨部门知识共享所具有的独特性。

（一）系统性原则

跨部门知识共享绩效的形成具有多因性、动态性、系统性和多层次性特征。根据组织逻辑系统模型，跨部门知识共享绩效必然受到共享主体、客体和共享的政府组织特征和技术环境等多维因素的影响，通过部门间以及个人层面的知识互动和交换，最终实现知识质量、跨部门协同和政府整体绩效等多个维度上的跨部门知识共享绩效产出。政府跨部门知识共享绩效评价呈现出清晰的多维结构特点，它是由促成因素、知识共享行为和知识共享效果等子系统综合构成的，各子系统之间存在着相互依赖、相互影响的关系，共同构成一个不可分割的系统。因而，评价指标体系的选择应能充分反映跨部门知识共享的系统性特征，还要依据一定的逻辑原则科学而合理地将整个评价指标体系划分为目标层、领域层与指标层等若干层次，使得对跨部门知识共享评价能够分层次、有步骤地进行。

（二）有效性原则

效度经常用来表示评价体系的有效性。所谓效度，也就是评价指标体系在多大程度上能够真正测量到想要测量的特质，反映了测量的有效程度。有效性原则，意味着所构建的政府跨部门知识共享绩效评价指标体系必须与所测量的政府跨部门知识共享绩效的内涵和结构相吻合。这就要求评价指标体系既能反映跨部门知识共享绩效的共性特征，也应结合政府组织、技术运用和知识管理的特点，真正反映出政府跨部门知识共享的现实状况和绩效的真实水平。

（三）可操作性原则

构建政府跨部门知识共享指标体系，其主要目的在于实际测度政府跨部门知识共享绩效并予以评价，进而发现其存在的问题并加以改进。这要求避免构建理论上完美但体系庞大和层次复杂的评价指标体系，可能因缺乏可操作性而无法进行实际测度。为了使之具有可操作性和可行性，一方面，力求指标数据可量化，定性指标可转化为定量数据，能够借助现有各类统计年鉴或通过调查问卷等获得，易于采集，评价过程简单易行；另一方面，评价指标体系尽量做到少而精，这样可以在保证测量结果真实、有效的前提下利于掌握和操作。

（四）导向性原则

开展政府跨部门知识共享绩效评估的根本目的在于掌握政府跨部门知识共享活动推进现状方面的信息，寻求与理想状况之间的差距，发现其存在的问题，进而加以完善和改进，促进政府跨部门知识共享和扩散，提升公共事务治理过程中的跨部门协同治理能力。因而，评价指标体系的构建应服务于政府跨部门知识共享绩效评价的目的，即分析和选取那些能客观反映现阶段跨部门知识共享工作的测量指标，并能前瞻性地对影响绩效的关键因素和核心环节予以关注。

二 政府跨部门知识共享绩效评价指标体系的理论构建

基于组织逻辑系统论的"输入—处理—输出"的逻辑框架是组织活动绩效评价的经典理论框架，它强调从输入到处理再到输出的系统性过程。本书根据绩效评价指标体系的构建原则，运用这一经典的评价框架，在借鉴国内外知识共享绩效评价理论文献的基础上，结合跨部门知识共享的内涵和特点，从跨部门知识共享的促成因素、跨部门知识共享行为和跨部门知识共享效果三个维度构建政府跨部门知识共享绩效评价指标体系。在确定指标体系层次结构后，从一级指标拓展延伸到二级指标，进而逐步细化完善三级指标。在这一过程中，通过自我检验、专家访谈和调查的方法，课题组不断修正以上指标体系，最终形成了初步的政府跨部门知识共享评价指标体系，共包括3个一级指标、8个二级指标以及37个三级指标，如表5-1所示。

（一）输入指标

跨部门知识共享的输入指标反映了政府组织情境下推动跨部门知识共享行为得以发生的现实条件。政府是多部门构成的知识集合体，不同领域和不同类型的知识嵌入在部门政务活动及其人员工作之中，知识互动和共享一般难以自动地发生，除非创造有利于知识共享的协同关系和组织环境。因而，笔者选取的跨部门知识共享输入指标包括跨部门协同关系、组织支持以及组织知识管理指标。基于利益分析视角和社会资本理论，跨部门协同关系质量指标最终细化为跨部门协同利益的互补性、跨部门协同结构的明确性、部门间的信任水平和对知识共享效益的预期等指标来予以衡量。政府组织所面临的安全与保密、隐私、公众参与等多元价值观也给其活动造成更多不确定性（Kam et al., 2007），

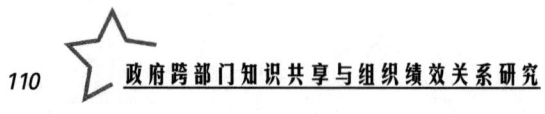

表5-1　政府跨部门知识共享绩效初始评价指标体系

目标	一级指标	二级指标	三级指标
政府跨部门知识共享绩效评价指标体系 A	输入指标 B_1	跨部门协同关系质量 C_1	跨部门协同利益的互补性 D_1
			跨部门协同结构的明确性 D_2
			部门间的信任水平 D_3
			对知识共享效益的预期 D_4
		组织支持程度 C_2	跨部门知识共享评估制度的健全程度 D_5
			跨部门知识共享问责制度的健全程度 D_6
			跨部门知识共享的安全保障水平 D_7
			领导支持 D_8
		组织知识管理水平 C_3	知识管理战略的明确性 D_9
			知识管理工具运用的统一性 D_{10}
			知识管理系统建设的标准性 D_{11}
			知识管理系统建设的持续性 D_{12}
	处理指标 B_2	部门间互动性指标 C_4	跨部门知识共享正式机制的权威性 D_{13}
			跨部门知识共享正式机制的明确性 D_{14}
			跨部门知识共享正式机制的清晰性 D_{15}
			跨部门知识共享正式机制的稳定性 D_{16}
			跨部门知识共享正式机制运行的顺畅性 D_{17}
			运用正式程序进行知识互动的经常性 D_{18}
			运用社会网络进行知识互动的经常性 D_{19}
			跨部门知识共享方式的多样性 D_{20}
		个人能力 C_5	员工的沟通能力 D_{21}
			员工信息通信技术运用的熟练性 D_{22}
			员工通过内网、信息管理系统等信息通信设施获取知识的经常性 D_{23}
			员工持续学习的能力 D_{24}
	输出指标 B_3	共享知识的质量 C_6	共享知识的精准性 D_{25}
			共享知识的完整性 D_{26}
			共享知识的可靠性 D_{27}
			共享知识的及时性 D_{28}
		跨部门协同质量 C_7	协同治理目标的可达成性 D_{29}
			协同治理手段的可行性 D_{30}
			协同治理手段的有效性 D_{31}
			协同治理举措的可借鉴性 D_{32}
			协同治理效果的有效性 D_{33}
			协同治理效果的持续性 D_{34}
		政府整体绩效改进 C_8	组织运作成本的降低 D_{35}
			组织运行效率的提升 D_{36}
			公共服务质量的改善 D_{37}

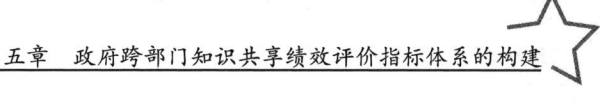

因此，较之于企业，政策或法规是推动政府组织跨部门知识共享活动的一项重要因素。组织领导支持通常被视为预测组织知识共享的重要变量（Wang & Noe，2010），因而，组织支持程度最终细分为跨部门知识共享评估制度的健全程度、跨部门知识共享问责制度的健全程度、跨部门知识共享的安全保障和领导支持程度等指标。组织知识管理是组织内部对于知识的收集、整理、存储、共享、学习与创新的系统管理过程（王德禄，2003），涵盖多种管理要素，战略层面的制度设计、知识管理工具的运用和知识管理系统的标准化等都将直接影响跨部门知识共享活动的实施。因而，组织知识管理水平又细分为知识管理战略的明确性、知识管理工具运用的统一性和知识管理系统建设的标准性以及知识管理系统建设的持续性等指标。

（二）处理指标

跨部门知识共享处理指标反映了部门及其成员之间进行知识共享活动的正式和非正式机制，是跨部门知识共享活动在行为层面上的具体体现。基于部门间政务活动存在的相互依赖性，部门之间产生了不同类型的知识需求，因而要求有与之相适应的知识共享和交换机制，以实现单一部门所无法完成的目标。易于编码的显性知识共享主要通过部门间的正式机制得以实现，而嵌入个人头脑中的隐性知识共享则更依赖于人际沟通网络和沟通能力。因此，课题组选取的跨部门知识共享处理指标包括部门间互动性和个人行为两个层面的指标。根据组织理论，部门间互动性指标被细分为跨部门知识共享正式机制的权威性、跨部门知识共享正式机制的明确性、跨部门知识共享正式机制的清晰性、跨部门知识共享正式机制的稳定性、跨部门知识共享正式机制运行的顺畅性、运用正式程序进行知识互动的经常性、运用社会网络进行知识互动的经常性以及跨部门知识共享方式的多样性等指标；个人行为细分为员工的沟通能力、员工信息通信技术运用的熟练性、员工通过内网和信息管理系统等信息通信设施获取知识的经常性以及员工持续学习的能力等指标。

（三）输出指标

跨部门知识共享输出指标反映了跨部门知识共享活动对共享知识的

质量、跨部门协同质量和政府整体绩效所产生的系统性影响,是跨部门知识共享环境优化和过程建设的最终指向。共享知识的质量是指共享方在参与跨部门的知识共享过程中所贡献或获取的知识是否完整、准确、客观和时效性等,对知识共享效果会产生重要影响。知识的跨部门共享能够有助于实现单一部门无法达成的协同治理目标,产生更优化的解决问题的方式方法,提升公共服务质量,对组织整体运行效率的提升和运行成本降低会产生重要影响。因此,衡量跨部门知识共享产出的指标包括共享知识的质量、跨部门协同质量和政府整体绩效改进三个指标。选取的共享知识的质量指标可细分为共享知识的精准性、共享知识的完整性、共享知识的可靠性和共享知识的及时性等;跨部门协同质量指标则细分为协同治理目标的可达成性、协同治理手段的可行性、协同治理手段的有效性、协同治理举措的可借鉴性、协同治理效果的有效性和协同治理效果的持续性等指标;政府整体绩效改进指标则包括组织运作成本的降低、组织运行效率的提升、公共服务质量的改善等指标。

第三节 政府跨部门知识共享绩效评价指标的实证筛选

政府跨部门知识共享绩效评价指标体系的理论建构,主要是在对相关文献进行梳理的基础上形成的,具有一定的主观性。因此,课题组进一步运用自我检验法、专家检验法和隶属度分析法优化最初构建的指标体系,以避免指标的烦琐和信息的冗余,提升跨部门知识共享绩效评价的科学性和精准性。此外,利用层次分析法来确定各评价指标的权重,从而提高评价指标体系的合理性与科学性。

一 政府跨部门知识共享绩效评价指标的隶属度分析

政府跨部门知识共享绩效评价指标体系的理论建构,难免具有一定的主观色彩，本书进一步运用自我检验法、专家检验法和隶属度分析法优化最初构建的指标体系，以避免指标的烦琐和信息的冗余，提升跨部门知识共享绩效评价的科学性和精准性。其中，隶属度分析法是针对受多种因素影响的事物进行评价的一种多因素决策方法，属于模糊综合评价。某个元素对于某个集合（概念）来说，不能说是否属于，只能说在多大程度上属于。该元素属于某个集合的程度称为隶属度。通过隶属度分析，综合专家意见，课题组可以更为科学地判断每个评价指标对于跨部门知识共享绩效评价的相对重要性程度，剔除隶属度低的指标，找到并保留重要的绩效评价指标体系。在此将政府跨部门知识共享绩效评价体系 $\{X\}$ 作为一个模糊集合，把每个评估指标视为组成元素，对每个评估指标进行隶属度分析。在此假设专家咨询表的有效份数为 Y，在第 i 个评估指标 X_i 上，专家选择的总次数为 M_i，即总共有 M_i 位专家认为 X_i 是评价政府跨部门知识共享绩效的理想指标，那么该指标的隶属度为：$R_i = M_i/Y$。若 R_i 值越接近1，表明该评价指标属于模糊集合的程度越高，可以在绩效评价体系中保留下来；反之，则表明该评价指标属于模糊集合的程度越低，该指标应予以删除。

  根据指标体系构建的原则，结合跨部门知识共享绩效的特点和理论文献，本书初步构建了政府跨部门知识共享绩效评价指标体系。在确定指标体系层次结构后，从一级指标拓展延伸到二级指标，进而逐步细化完善三级指标。经过自我检验和专家检验，本书运用调查问卷法采集专家对指标体系模糊集合进行综合判断的数据，共发放专家咨询问卷100份，回收86份，其中有效咨询问卷78份。以有效的78份专家咨询问卷为基础，课题组对政府跨部门知识共享绩效评价指标进行隶属度分析。课题组确定筛选临界值，删除隶属度低于0.56的20个评估指标，保留了其中的17个指标，进而形成结构合理的递阶指标体系结构。它包括3个一级指标、8个二级指标和17个三级指标。这些指标全部属于正向指标，即指标值越高，政府跨部门知识共享绩效就越高，如表5-2所示。

表5-2　隶属度分析后的政府跨部门知识共享绩效评价指标体系

目标层	一级指标	二级指标	三级指标
政府跨部门知识共享绩效评价指标体系 A	输入指标 B_1	跨部门协同关系质量 C_1	跨部门协同利益的互补性 D_1
			部门间的信任水平 D_2
		组织支持程度 C_2	跨部门知识共享评估制度的健全程度 D_3
			跨部门知识共享问责制度的健全程度 D_4
			领导支持 D_5
		组织知识管理水平 C_3	知识管理工具运用的统一性 D_6
			知识管理系统建设的标准性 D_7
	处理指标 B_2	部门间互动性指标 C_4	跨部门知识共享正式机制的权威性 D_8
			跨部门知识共享正式机制的明确性 D_9
			运用正式程序进行知识互动的经常性 D_{10}
		个人能力 C_5	员工的沟通能力 D_{11}
	输出指标 B_3	共享知识的质量 C_6	共享知识的精准性 D_{12}
			共享知识的及时性 D_{13}
		跨部门协同质量 C_7	协同治理目标的可达成性 D_{14}
			协同治理手段的有效性 D_{15}
		政府整体绩效改进 C_8	组织运行效率的提升 D_{16}
			公共服务质量的改善 D_{17}

二　政府跨部门知识共享指标权重的确定

在现有的评价指标体系中，不同指标对于政府跨部门知识共享绩效的影响程度是不一样的，有强弱之分。为了区分影响的差异性，必须给予指标适当的权重。课题组运用层次分析法来确定不同层次指标相对于政府跨部门知识共享绩效的重要性程度。

（一）层次分析法的基本流程

层次分析法（analytic hierarchy process，AHP）是由美国运筹学家马斯·塞蒂（T. L. Saaty）于20世纪70年代提出的一种在处理复杂的评价、决策等问题中进行方案比较排序的方法。它是一种典型的定性与定量相结合的评价方法，是系统化、层次化的分析方法（范柏乃、段忠贤，2012）。层次分析法的基本思想是将复杂的问题结构化处理，把对多个指标权重的整体判断转化为指标之间的两两比较，然后再进行指标总排序的综合判断，由此确立指标权重。具体流程如图5-2所示。

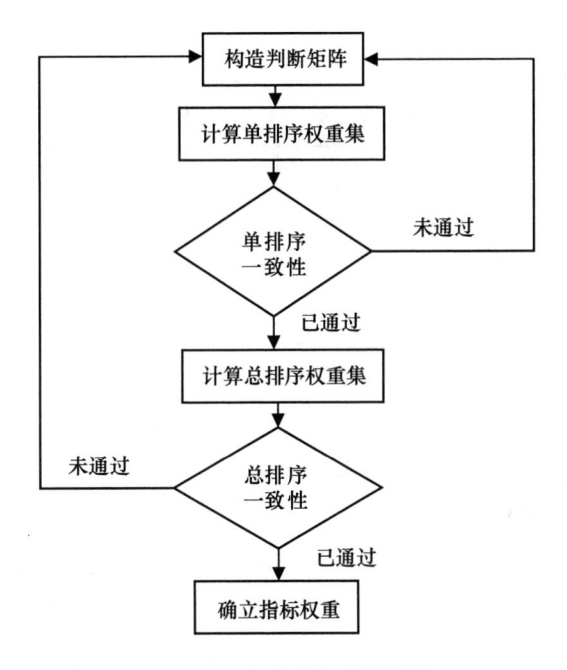

图 5-2 层次分析法的流程

1. 把研究问题层次化、条理化，构建一个各层次要素相互联结的递阶层次结构模型。本书将政府跨部门知识共享绩效的若干衡量指标按属性划分为 A 目标层（政府跨部门知识共享绩效）、若干准则层（第一层包括 B_1 输入指标、B_2 处理指标和 B_3 输出指标；第二层包括从 C_1 到 C_8 共 8 个指标）和指标层（包括从 D_1 到 D_{17} 共 17 个具体评价指标）。

2. 构造两两比较的判断矩阵。根据层次分析法的原理，如果要比较 n 个因素 B_1、B_2、B_3、…、B_n 对某因素 A 的影响大小，通常采用对因素两两比较的方法，建立判断矩阵。然后请各位专家针对各指标相对于上一级指标的相对重要性采用1—9标度法两两比较打分。通过两两比较的形式，专家对同一层次指标的相对重要性程度用数值形式给出判断 b_{ij}，构成判断矩阵。矩阵 b_{ij} 表示相当于 A_k 而言 B_i 和 B_j 的相对重要性，通常用1、2、3、…、9及它们的倒数作为标度，如表5-3和表5-4所示。

表5-3　　　　　　　　指标间相对重要性的判断矩阵

A_k	B_1	B_2	B_3
B_1	b_{11}	b_{12}	b_{13}
B_2	b_{21}	b_{22}	b_{23}
B_3	b_{31}	b_{32}	b_{33}

说明：b_{ij} 反映 B_i 相对 B_j 的重要性程度得分，b_{ji} 反映 B_j 相对 B_i 的重要性程度得分，b_{ij} 与 b_{ji} 互为倒数。

表5-4　　　　　　　　　标度的具体含义

标度	含义
1	两指标相比，具有同等重要的程度
3	两指标相比，一个指标比另一个指标稍微重要
5	两指标相比，一个指标比另一个指标明显重要
7	两指标相比，一个指标比另一个指标非常重要
9	两指标相比，一个指标比另一个指标极端重要
2、4、6、8	取上述两相邻判断的中间值
以上数值之倒数	以上对应含义的相反情况

3. 运用 Yaahp 10.5 软件计算矩阵的最大特征根 λ_{max} 和特征向量 W，并将特征向量进行归一化处理，即可获得多位专家同准则下判断矩阵群的权重向量。

4. 进行层次单排序和总排序的一致性检验。由于每位专家的思维方式和专业知识存在差异，在对判断矩阵进行两两评分的时候会产生主观性和不一致，因此要对得出的权重向量进行一致性检验，一般使用一

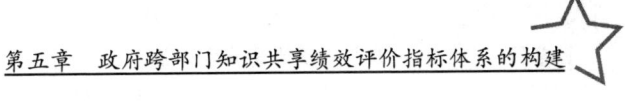

致性指标 CI 和平均随机一致性指标 RI 来判断一致性。一致性指标 CI = $(\lambda_{max} - n)/(n-1)$，一致性比例 $CR = CI/RI$，当 $CR < 0.1$ 时，认为判断矩阵具有满意的一致性。否则，就应对判断矩阵进行反馈调整，直到满足一致性检验标准。平均随机一致性指标如表 5 – 5 所示。

表 5 – 5　　　　　　　　　平均随机一致性指标

n	1	2	3	4	5	6	7	8	9
RI	0	0	0.58	0.90	1.12	1.24	1.32	1.41	1.45

注：n 代表构建矩阵的阶数。如 n = 2，代表二阶矩阵，依此类推。

利用同一层次中所有层次单排序的结果，能够计算出每一层指标相对于目标层的合成权重，这个过程即为层次总排序。层次总排序需要从上到下逐层进行，一级指标的层次单排序即为总排序结果。对所有指标权重的层次总排序计算结果也需要进行一致性检验，计算方法与层次单排序的检验类似。

层次总排序的一致性指标计算公式如式 5 – 1 所示：

$$CR = \sum_{i=1}^{n} a_i CI_i / \sum_{i=1}^{n} a_i RI_i \qquad (式5-1)$$

其中，CI_i 为 C_k 对于 B_i 单排序的一致性指标，RI_i 为相应的平均随机一致性指标。

（二）数据来源与处理

根据层次分析法原理，笔者邀请了 20 位来自高校和政府管理部门的专家根据其专业经验运用两两比较的形式对每一层次各指标之间的相对重要性用数值形式给出判断，形成判断矩阵。运用软件计算判断矩阵的特征根和特征向量，可获得多位专家同准则下判断矩阵群的权重向量。层次单排序和总排序的一致性检验结果表明，评价指标权重的单排序和总排序结果均具有满意的一致性。政府跨部门知识共享绩效指标权重结果如表 5 – 6 所示。

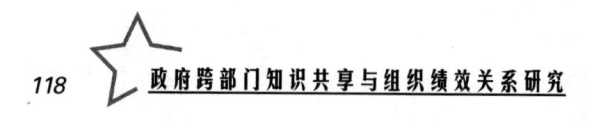

表 5-6　　政府跨部门知识共享绩效指标权重结果

目标层	一级指标	权重	二级指标	权重	三级指标	权重
政府跨部门知识共享绩效评价指标体系 A	输入指标 B_1	0.5584	跨部门协同关系质量 C_1 (0.1728)	0.1442	跨部门协同利益的互补性 D_1 (0.1083)	0.1202
					部门间的信任水平 D_2 (0.0396)	0.0240
			组织支持程度 C_2 (0.2308)	0.3557	跨部门知识共享评估制度的健全程度 D_3 (0.0226)	0.0256
					跨部门知识共享问责制度的健全程度 D_4 (0.0993)	0.0992
					领导支持 D_5 (0.1323)	0.2308
			组织知识管理水平 C_3 (0.0688)	0.0585	知识管理工具运用的统一性 D_6 (0.0314)	0.0146
					知识管理系统建设的标准性 D_7 (0.0390)	0.0439
	处理指标 B_2	0.1220	部门间互动性指标 C_4 (0.0998)	0.1017	跨部门知识共享正式机制的权威性 D_8 (0.0396)	0.0090
					跨部门知识共享正式机制的明确性 D_9 (0.0449)	0.0329
					运用正式程序进行知识互动的经常性 D_{10} (0.0398)	0.0598
			个人能力 C_5 (0.0774)	0.0203	员工的沟通能力 D_{11} (0.0529)	0.0203
	输出指标 B_3	0.3196	共享知识的质量 C_6 (0.1038)	0.0230	共享知识的精准性 D_{12} (0.0618)	0.0077
					共享知识的及时性 D_{13} (0.0463)	0.0153
			跨部门协同质量 C_7 (0.0961)	0.0892	协同治理目标的可达成性 D_{14} (0.0375)	0.0669
					协同治理手段的有效性 D_{15} (0.0444)	0.0223
			政府整体绩效改进 C_8 (0.1505)	0.2075	组织运行效率的提升 D_{16} (0.0608)	0.0519
					公共服务质量的改善 D_{17} (0.0996)	0.1556

以 A-B 判断矩阵为例说明，构造两两判断矩阵。

$\lambda_{max} = 3.0154 \quad CI = 3.0154 \quad RI = 0.58 \quad CR = 0.013 < 0.1$

运用方根法计算一级指标之间的相对重要性程度，计算公式如式 5-2 所示。

$$\overline{W}_i = \sqrt[3]{\prod_{i,j=1}^{3} b_{ij}} \quad \text{（式 5-2）}$$

b_{ij} 表示一级指标中 b_i 相对于 b_j 的重要性程度。

对 W_i 进行归一化处理，得到权重系数 $w_i = \dfrac{\overline{w}_i}{\sum\limits_{i=1}^{3} \overline{w}_i}$。

一级指标层面各指标权重系数结果见表 5-7。

表 5-7　　一级指标之间权重评判结果

A_k	B_1	B_2	B_3	$\overline{W}$	W
B_1	1	4	2	2	0.5584
B_2	1/4	1	1/3	0.4368	0.1220
B_3	1/2	3	1	1.1447	0.3196

之后，进行层次单排序的一致性检验。

$$\lambda_{max} = \frac{1}{n}\left(\frac{\sum\limits_{i,j=1}^{3} k_{1j}w_i}{w_1} + \frac{\sum\limits_{i,j=1}^{3} k_{2j}w_i}{w_2} + \frac{\sum\limits_{i,j=1}^{3} k_{3j}w_i}{w_3} \right)$$

（n=3，为表 5-7 对应的判断矩阵的阶数）

一致性指标 CI 的计算公式为：$CI = \dfrac{\lambda_{max} - n}{n-1}$，将以上数据代入，可得 $CI = 3.0154$。

根据表 5-5 平均随机性一致性指标，可得 $RI = 0.58$。

$CR = CI/RI = 0.013 < 0.1$，表明判断矩阵通过了一致性检验，权重的判断结果可以接受。

同理可得二级指标和三级指标层面上各指标相对于目标层的权重分

配结果，见表5-6。

在此基础上，进行层次总排序的一致性检验。

根据层次总排序一致性指标的计算公式，检验结果为：

CR = （0.5584 * 0.0215 + 0.1220 * 0 + 0.3196 * 0.0362）/ (0.5584 * 0.58 + 0.1220 * 0 + 0.3196 * 0.58) = 0.046 < 0.10

表明层次总排序的结果具有满意的一致性。

综上，政府跨部门知识共享绩效评价指标的层次单排序和层次总排序均具有满意的一致性。

第六章
政府跨部门知识共享影响因素研究

不同理论视角的深入剖析为理解政府跨部门知识共享议题提供了系统而深入地思考这一问题的理论框架。在此基础上，本章尝试建构政府跨部门知识共享行为影响因素的理论模型，运用实证研究方法探讨多维因素对政府跨部门知识共享行为的影响方向和影响程度，为实践中管理策略的优化运用以实质性地促进政府跨部门知识共享活动提供必要的理论依据。目前，国内外学术界对政府跨部门知识共享影响因素的实证研究尚处于起步阶段，也有少量文献散见于政府信息共享的研究之中。针对以往研究的不足，本章基于文献回顾建构了不同维度的因素与跨部门知识共享行为之间关系的研究模型，并运用多元回归分析实证研究不同影响因素对中国地方政府跨部门知识共享的影响效应，在此基础上，运用结构方程模型重点探讨组织协同、部门间信任对跨部门知识共享行为的影响机制。

第一节 政府跨部门知识共享影响因素的理论建构

本节将组织协同和政策因素、组织因素和信息技术因素纳入地方政府跨部门知识共享影响因素的整体性分析框架，较全面地考察了共享政策因素、组织因素以及信息技术因素对地方政府跨部门知识共享的影响，提出研究假设，建构理论模型，结合国内外成熟量表选取变量的测度指标，进而综合运用问卷调查和多元线性回归分析探究影响地方政府跨部门知识共享的主要因素及其效应，实证检验提出的理论模型，为促进地方政府跨部门知识共享提供理论依据。

一 共享政策因素与跨部门知识共享

组织政策及其规则被视为影响和塑造个体和部门知识共享行为的重要力量，是塑造部门间关系的核心要素。知识共享实践总是发生在一定的制度环境中，组织的政策和规则通过制定共享与合作的原则、明确成员间的权利和义务、规定信息技术使用的方式而影响组织部门间的关系和组织环境，进而对知识共享行为产生影响（Jarrahi & Sawer, 2014）。这从制度理论的视角提供了组织内部制度规则影响知识共享行为的具体路径。制度规则可以通过改变组织环境、管理体系，影响组织部门的活动和互动形式，进而对组织成员的认知和行为产生重要影响。其后的实证结果也显示出，制度规则能够显著影响个体的知识共享能力以及组织内部的知识共享水平（Wang et al., 2014）。不同于私营部门的知识共享活动，公共组织跨部门的知识共享活动面临更大的不确定性、更高的风险、更复杂的利益关系，组织政策和规则具有计划性、稳定性和强制性，其所具有的指导和规制作用有助于形成预期的部门协调关系，对跨部门知识共享行为影响更为重要。组织政策和规则对部门权责清晰的划分、对隐私的保护以及对泄密的防范，有助于消除部门"搭便车"的行为，减少共享知识的风险，增进部门间的信任，深化部门间的合作（Yang & Wu, 2014）。基于上述分析，做出如下假设：

假设1：共享政策显著正向影响跨部门知识共享。

二 组织因素与跨部门知识共享

政府是典型的多层次、多部门的知识集合体，协调组织中不同部门所拥有的多样化知识对于提升政府社会治理能力极为重要。这些多样化的知识被嵌入不同的组织部门中，不同类型的协同机制决定了不同部门如何建立联系，如何发生相互作用，它将组织不同的部门整合或联结起来。不同的协调方式必然会对部门之间的知识共享活动产生影响（Grant，1996）。马奇和奥尔森认为，纵向等级制和横向协商制是政府内不同部门协同的两种类型（March & Olsen，1983）。此外，组织管理文献的研究表明组织内存在大量的非正式结构，如各类跨部门的社交网络等，也提供了协调不同部门的重要机制。

（一）纵向协同机制与跨部门知识共享

正式的纵向协调被认为是政府组织体系内协调不同部门的重要方式，它强调组织运用正式的等级结构、体制和流程等协调部门的行为（Willem & Buelens，2007）。正式化水平高的组织协调主要依赖纵向的等级权威进行。对于政府部门而言，正式结构规定了知识在组织中流动的过程和渠道。譬如，知识共享和交换须通过更高层的政府部门或主管领导集中进行，导致部门自身行为缺乏一定的灵活性，这会影响组织内部的交流和知识的转移（Pee & Kankanhalli，2016）。尽管正式的结构能够提供制度和程序的保证，决定信息和知识交换的类型与频次（Willem & Buelens，2009），被认为是低成本的协调方式，但由于强调运用正式的组织流程和渠道进行知识共享，降低了部门参与跨部门知识共享的动力（Tsai，2002），也限制了更多的进行知识跨部门分享的可能性（Grant，1996）。正式体制本身具有一定程度的稳定性和计划性，但这种特性却难以满足跨部门知识共享所需要的灵活性（Tsai，2002）。此外，大量知识被嵌入各部门人员头脑中，这类隐性和黏性知识也很难通过正式机构与其他部门共享（Grant，1996）。弱化的正式机构更倾向于促进成员与其他部门人员的交流和互动以促进知识产生（Jarvenpaa & Staples，2000）。因此，在正式化水平较高的政府组织中，部门不会有兴趣为其他部门提供信息和知识，除非他们被更高的领导层甚至中央政府要求必须这样做。基于此，提出如下假设：

假设2：纵向协同机制对跨部门知识共享具有显著负向影响。

（二）横向协同机制与跨部门知识共享

水平协调机制同样是正式的，但它是为协调水平不同部门之间的事务而进行的某类结构性安排。经合组织把政府跨部门协调机制分为两大类：结构性协调机制和程序性协调机制（孙迎春，2014）。其中，结构性协调机制侧重协调的组织载体，即为实现跨部门协调而设计的结构性安排，如部际委员会、联席会议、项目团队、专项任务小组等。由于组织的大部分活动并不遵循纵向的等级结构，在当今协同治理的背景下，大量公共治理事务需要跨越政府部门边界进行协调时，水平关系变得越来越重要。

通过这些水平协调机制，水平的协调行为频繁发生，加速了同级不同部门之间的互动和合作（Grandori，1997）；频繁的交互作用又模糊了原有的组织边界，有助于共同利益的形成；同时，也增进了部门信任，反过来，这又促进了新的合作关系的形成（Tsai，1998；Tsai，2002）。这些结构性安排通过提供不同平台和机会，如提供不同议题的论坛、跨部门团队和会议，使不同想法和意见借此充分沟通交流。这有利于具有黏性的隐性知识的共享，也因此扩大了知识在不同部门之间的转移。学习型组织的文献强调，由于水平协调机制具有灵活性、自主性和非中心性特点（Willem et al.，2006；Amayah，2013），其能够胜任复杂的工作任务，创造更多知识共享的机会，增加组织成员之间的交往，提升组织成员参与的积极性和主动性，更有利于提高那些非编码化的并受环境影响的"复杂性知识"（complex knowledge）共享的可能性（Willem et al.，2006）。这对于组织学习和知识共享极为重要，有助于部门间知识的扩散与交换。通过跨部门的结构性安排，组织各部门获得了更多的分享知识的渠道和机会，也进一步促进了知识在组织内不同部门间的流动和扩散。基于此，提出如下假设：

假设3：横向协同机制对跨部门知识共享具有显著正向影响。

（三）非正式人际网络与跨部门知识共享

组织中也存在大量的非正式结构，是政府正规体制外的制度形式，包含志愿性和网络化的协调方式，依靠人员间和组织间的信任关系，在达成共识的基础上开展跨部门协作。当不同部门及其人员之间的非正式且社会化的互动交往自然而然发生时，它将会推动部门之间更为紧密的沟通合作和知识共享。

这些跨部门非正式的网络结构富有弹性，支持横向关系的发展，还能够满足跨部门知识共享所需要的灵活性，是共享知识的重要媒介（Amayah，2013）。非正式的人际网络的互动，不仅有助于提升知识转移的效率，提高信息接收的质量（Cross，2004），而且使人们有更多的时间、机会和动机发展各自的友谊，构建人际间的信任，从而促进信息的交流和知识的交换。基姆和李认为，作为组织文化的一部分，社交网络通过内部的交流和互动，推动知识共享的相关活动，搭建新的沟通交流平台，对提升组织成员间或团队间知识共享的能力极为关键（Kim & Lee，2006）。严秀芳等学者发现，组织成员"关系"的提升会带来信任的增加，不断提升的信任会导致共享意愿的增强，而持续增强的意愿最终导致共享行为的改变（Yan et al.，2014）。同时，知识管理理论文献已发现，知识的社会属性决定了那些嵌入群体实践或社会关系中的"软"知识无法依靠技术工具实现共享和管理，只有通过人际交往和面对面沟通，隐性的知识才有可能实现有效共享。可见，非正式的社会网络是不同部门成员间交流意见、思想和经验的重要媒介，对知识共享行为的改善具有积极作用。基于此，提出以下假设：

假设4：非正式协同机制对跨部门知识共享具有显著正向影响。

（四）部门间信任与跨部门知识共享

信任是包含有情感成分的理性决策，被认为是知识共享行为具有预测和解释力的重要变量。人际信任对组织知识共享具有显著正向影响（Sharratt & Usoro，2003）。在人际信任的基础上，信任概念被延伸到了组织之间和跨部门关系中，尼尔扎德和佑霍尔认为，组织信任建立在个人信任的基础上，而跨组织的信任源自合作伙伴一方认为另一方采取的行动将会产生双赢的结果，不会采取出乎意料的行动损害对方利益

(Neergard & Ulhøi, 2006)。该认知隐含着这样的假设，即在实现共同目标的过程中，双方都信赖对方的行为。部门间信任是跨部门协调关系的一个重要构成要素，它建立在部门之间彼此稳定而可靠的行为的基础之上，如遵守书面协议或口头承诺等。

部门间信任是塑造部门间协调关系的核心要素。政府部门面临个人隐私保护、信息安全与保密、社会监督等多元化价值观产生的影响，部门间的信任关系可减少部门之间互动交往的不确定性，降低跨部门协调的成本，更易于获取其他部门的知识，也提高了向其他部门分享知识的意愿。因而，构建良好的信任氛围对于公共部门的知识共享极为必要（Seba & Rowley, 2012）。胡平等实证研究了政府部门间的信任对跨部门信息共享的影响效果，结果证实部门间信任对政府部门之间信息共享具有显著正向影响（胡平等，2009）。鲁坦等学者将信任划分成高低两组，实证探究了不同水平的信任与知识共享之间的关系，研究发现高水平的信任导致高水平的知识共享，较低水平的信任则会导致低水平的知识共享（Rutten et al., 2016）。高水平的信任关系来源于部门间持续而稳定的行为互动，这种信赖关系又进一步促进了部门之间更为紧密的沟通与合作，从而为分享知识提供了更多的机会。部门间信任是以人际信任为基础，有利于部门之间基于信任的社交网络的形成，不同部门之间成员的交流互动得到加强和促进，更有利于隐性知识在不同部门之间的转移。此外，信任是社会资本的核心构成要素，社会资本文献业已证明信任对组织知识共享的重要性（Willem & Buelens, 2007）。基于以上分析，本书提出以下假设：

假设5：部门间信任对跨部门知识共享具有显著正向影响。

三 信息技术环境因素与跨部门知识共享

信息技术本身虽不能有效支持知识共享行为，但是通过技术提供的能力，技术因素成为知识共享活动的关键，被视为与个体因素、组织因素并列影响组织知识共享的重要性因素（Riege, 2005）。研究者们已经反复强调 IT 基础设施的重要性和在组织信息与知识集成方面的应用（Alavi & Leidner，2001；Grant，1996；Teece，1998）。

信息技术能够打破不同主体之间信息与知识交流的时空限制，拉近组织成员之间的距离，增进组织成员对组织的认同，对个体的知识共享行为具有显著的影响（Hooff & Ridder，2004）。实现跨时空交流的 IT 技术平台有很多形式，譬如政府内网、政府外部网站、电子公告牌、知识社区、电子数据库系统、信息管理系统和知识管理系统等。金素熙和李亨秀对韩国公共部门雇员的研究发现，员工运用信息技术的水平与雇员的知识共享水平之间存在正向的显著性影响（Kim & Lee，2006）。崔玉珍通过对美国联邦机构的实证调研，证实了信息技术是影响政府知识共享行为的重要因素，认为鼓励使用信息技术或通过培训促进信息技术的使用是提升部门中知识共享的有效策略（Choi，2016）。信息技术的"超时空性"为知识跨越部门边界进行扩散和转移提供了可能，而影响部门知识共享能力的一个关键因素则在于员工对各类政府内网、门户网站、数据库、信息管理系统、知识网络社区等信息技术的利用水平。可见，员工对 IT 技术的应用水平对跨部门知识共享产生了重要的影响。

对于跨部门知识共享而言，部门之间信息化建设的统一性也是一项重要的 IT 因素。如果部门之间信息技术基础设施建设不均衡，水平不一，数据库、信息系统、知识管理系统等 IT 技术应用系统标准不统一，难以与其他部门的应用系统进行有效兼容，必然会阻碍知识的跨部门流动和扩散。换言之，无论是 IT 技术硬件设施，还是应用系统，部门间 IT 技术运用的异质性和不均衡性，创造了不利于知识跨越部门边界分享的技术环境，使得结构化知识和非结构化知识的传递与扩散都变得非常困难，也就更难以分享。相反，如果部门之间的信息化建设具有统一性，那么，IT 技术环境更有利于知识的跨部门分享。杨东谋和吴怡融以台湾公共部门为案例研究对象，发现信息系统的异质性和信息化的不对称都显著影响组织跨部门知识共享活动的开展（Yang & Wu，2014）。

部门间信息化建设的统一性会对跨部门知识共享产生影响。

基于上述分析，本书提出如下假设：

假设6：员工信息技术的应用水平正向显著影响跨部门知识共享。

假设7：部门间信息化建设的统一性显著正向影响跨部门知识共享。

综上，本书构建了政府跨部门知识共享影响因素的理论模型，见图6-1。

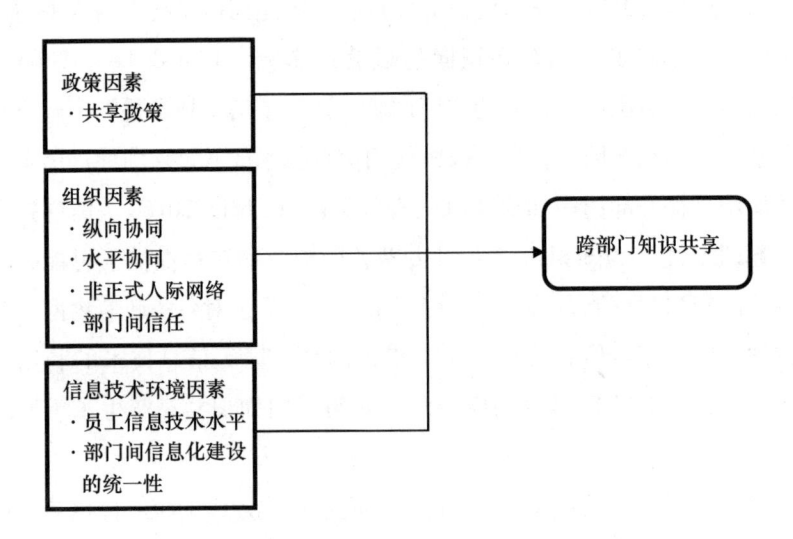

图6-1 政府跨部门知识共享影响因素的理论模型

第二节　政府跨部门知识共享影响因素的研究设计

一　量表设计

（一）量表设计方法

在管理学领域，很多构念无法直接测量，而以问卷方式进行间接测量则能得到很好实现（范柏乃、蓝志勇，2008）。问卷设计的严谨性，良好的信度和效度，直接关系到后文实证研究的结果。根据所构建的研究假设和理论模型，本次实证研究测量的变量主要包括八个，分别是共享政策、纵向协同机制、横向协同机制、非正式人际网络、部门间信任、员工利用IT技术的水平、部门间信息化建设的统一性和跨部门知识共享行为。其中，跨部门知识共享行为是结果变量，其他变量均属于前因变量。

借鉴以往实证研究中的成熟量表被认为是问卷设计的一种有效方式，也被认为是一种好的做法（Remler and Van Ryzin, 2015），但同时需要进行量表的本土化改编。因而，本书的调查问卷设计分为两个阶段：第一阶段，组织课题组成员翻译国外本领域研究中得到广泛应用的、比较成熟的变量测量量表，并针对有歧义的翻译词汇反复比较，形成被课题组成员共同认可的测量量表；第二阶段，访谈来自中国地方政府不同部门的10名富有经验的公务员，邀请他们根据具体的工作情境对量表题项提出修正和优化意见，使得测量量表的内容更加符合中国本土情境特征。

所有测量量表严格按照社会调查量表编制的理论、方法与程序，采用李克特（Likert）五点计分法予以测量，即要求被调查者根据所在部门和自身工作中的实际认知按照从1到5的顺序对每一个测量题项描述的认同程度做出判断，其中"1"表示"非常不符合"，"2"表示"比较不符合"，"3"表示"一般"，"4"表示"比较符合"，"5"表示"非常符合"。

本书的调研问卷包括三个部分：第一部分为引导语，主要包括知识的概念、研究实施的背景、目的与意义以及实施单位；第二部分为个人基本资料部分，共设计了8个问题，用以采集被调查者的性别、年龄、工作年限、教育程度、行政级别、工作性质、工作单位所在层级和所在单位等基本信息；第三部分为主体调查部分，共包括8个变量：共享政策、纵向协同机制、横向协同机制、非正式人际网络、部门间信任、员工利用IT技术的水平、部门间信息化建设的统一性和跨部门知识共享行为。

(二) 地方政府跨部门知识共享影响因素量表的编制

地方政府跨部门知识共享影响因素的测量量表包括7个变量,分别是共享政策、纵向协同机制、横向协同机制、非正式人际网络、部门间信任、员工利用IT技术的水平、部门间信息化建设的统一性。

1. 共享政策量表的编制

共享政策指组织内部一些必须遵守的成文政策或指导性原则。本书参考借鉴Yang和Wu (2014) 测量题项,结合中国政府的政策实践,完成了共享政策量表的本土化编制,形成3个测量题项,分别是"政策文件规定了部门之间合作与共享的准则""政策文件规定了部门参与跨部门数据、信息和知识共享的权责""政策文件确保了跨部门共享数据、信息和知识的安全与隐私性"。

2. 组织因素的测量

组织因素众多,根据前述的跨部门知识共享影响因素的理论模型,在此重点考察纵向协同机制、横向协同机制、非正式人际网络和部门间信任对跨部门知识共享的影响。

测量组织正式协同机制,主要运用纵向协同机制、横向协同机制加以测量。本书借鉴Willem和Buelens对上述两种机制的定义,纵向协同机制指政府部门按照自上而下的结构层次有计划性地建立起来的一种正式系统,包括正式的程序、流程等形式;横向协同机制则指政府部门在处置公共事务过程中基于项目或任务执行需求而建立起来的一种水平合作机制,具体表现形式包括工作团队、项目组等。因此,本书以Willem和Buelens (2007) 的纵向和水平协同机制量表为基础完成了量表的本土化改编。其中,纵向协同机制包括5个测量题项,分别是"行政工作流程决定应如何与其他部门之间开展协同工作""部门之间主要通过报告和正式文件实现知识交流""一般而言,部门工作会受到规章制度的限制""部门领导在很大程度上决定应该如何完成工作任务""不同部门之间的信息和知识交流主要通过行政领导来实现";水平协同机制包括 5 个测量题项,分别是"设立跨部门委员会可以让不同部门参与到共同决策中来""设立项目组可促进特定项目的跨部门合作""安排专人扮演协调角色以负责协调不同部门的工作""设定专门流程以促进项目中不同部门间的知识和信息交流""信息和经验经常在跨部门会议或团队工作中分享"。

非正式人际网络则指正式合作机制之外推动跨部门协同的所有非正式结构网络的统称。本书以 Willem 和 Buelens(2007)的非正式协同量表为基础完成了量表的本土化改编,形成 3 个测量题项,分别是"不同部门有自己的朋友关系网很重要""人际关系网有助于分享信息和相互学习""工作中遇到困难时,行政部门的朋友可以提供建议和帮助"。

参考已有文献,部门间信任指合作部门间坚信合作双方不会利用另一方的弱点去谋取利益,坚信对方会自觉做出对己方有利的事情,双方的信任关系具有强联系性和持续互惠性。因而,本书参考并借鉴了胡平等(2009)对部门间信任的测量,形成 5 个测量题项,分别是"我了解合作部门的基本工作状况""我相信合作部门对知识共享持开放态度""我与合作部门的相关人员比较熟悉""我相信合作部门成员为达成跨部门目标所做出的努力""我相信合作部门能够合理地运用本部门所提供的信息和知识"。

3. 信息技术因素的测量

信息技术因素的测量,借鉴以往文献,重点考察员工对信息技术的运用水平和部门间信息化建设的统一性对跨部门知识共享的影响。

员工对信息技术运用水平变量的测量主要参考借鉴 Kim 和 Lee(2006)开发的量表,最终形成 3 条测量语句,分别是"经常运用网络、电子邮件和电子布告栏与其他部门进行工作交流""经常运用组织内网进行跨部门信息和知识分享""经常运用组织数据库和电子数据管理系统进行业务协同"。

部门间信息化建设的统一性变量的测量参考借鉴 Yang 和 Wu

(2014) 开发的量表,最终形成 3 条测量题项,分别是:各部门知识管理系统是基于兼容性的技术标准而建设、各部门信息技术硬件设施是完备的、各部门都拥有丰富的专业化信息人才。

纵向协同机制、横向协同机制、共享政策、非正式人际网络、部门间信任、员工利用 IT 技术的运用水平、部门间信息化建设的统一性 7 个影响变量的测量题项和参考来源如表 6-1 所示。

表 6-1　跨部门知识共享影响变量的测量题项和参考来源

影响变量	测量题项	参考来源
共享政策	政策文件规定了部门之间合作与共享的准则	Yang & Wu (2014)
	政策文件规定了部门参与跨部门数据、信息和知识共享的权责	
	政策文件确保了跨部门共享数据、信息和知识的安全与隐私性	
纵向协同机制	行政工作流程决定应如何与其他部门之间跨部门知识共享	Willem & Buelens (2007)
	部门之间主要通过报告和正式文件实现知识交流	
	一般而言,部门工作会受到规章制度的限制	
	部门领导在很大程度上决定应该如何完成任务	
	不同部门之间的知识和信息交流主要通过行政领导来实现	
横向协同机制	设立跨部门委员会可以让不同部门参与到共同决策中来	Willem & Buelens (2007)
	设立项目组可促进特定项目的跨部门合作	
	安排专人扮演协调角色以负责协调不同部门的工作	
	设定专门流程以促进项目中不同部门间的知识和信息交流	
	信息和经验经常在跨部门会议或团队工作中分享	

续表

影响变量	测量题项	参考来源
非正式人际网络	不同部门有自己的朋友关系网很重要	Willem & Buelens (2007)
	人际关系网有助于分享信息和相互学习	
	工作中遇到困难时，行政部门的朋友可以提供建议和帮助	
部门间信任	我了解合作部门的基本工作状况	胡平（2009）
	我相信合作部门对知识共享持开放态度	
	我与合作部门的相关人员比较熟悉	
	我相信合作部门成员为达成跨部门目标所做出的努力	
	我相信合作部门能合理地运用本部门所提供的信息和知识	
员工IT技术的运用水平	经常运用网络、电子邮件和电子布告栏与其他部门进行工作交流	Kim & Lee（2006）
	经常运用组织内网进行跨部门信息和知识分享	
	经常运用组织数据库和电子数据管理系统进行业务协同	
部门信息化建设的统一性	各部门知识管理系统是基于兼容性的技术标准而建设	Yang & Wu（2014）
	各部门信息技术硬件设施建设都是完备的	
	各部门都拥有丰富的专业化信息人才	

（三）跨部门知识共享量表的编制

知识共享概念的内涵和外延相当丰富，已有文献形成了知识属性、知识共享过程、知识共享绩效、层次与范围等不同的理论认识。为区别于一般知识共享行为的测量，凸显出政府知识共享的跨部门属性，本书参考并借鉴 Hooff 和 Ridder（2004）以及 Lin（2007）关于知识共享行为测量的研究成果，经本土化调整最终形成了跨部门知识共享量表，具体包含知识奉献和知识获取两个维度。跨部门知识奉献维度测量向其他部门的同事分享自身所拥有知识的奉献行为。跨部门知识获取维度测量向其他部门的同事寻求知识的获取行为。共包括4个测量题项，分别是

"学习到新知识时,我乐意与合作部门的同事分享我所了解的知识""同事有需求时,我很乐意与合作部门同事分享我所掌握的知识""向同事请教时,其他部门的同事乐意分享他们所掌握的知识""其他部门同事学习到新知识时,他们乐意分享他们所掌握的"。跨部门知识共享测量题项与参考来源见表6-2。

表6-2　　　　　跨部门知识共享测量题项与参考来源

变量名称	测量题项	参考来源
跨部门知识共享	学习到新知识时,我乐意与合作部门的同事分享我所了解的知识	Hooff & Ridder (2004)、Lin (2007)
	同事有需求时,我很乐意与合作部门同事分享我所掌握的知识	
	向同事请教时,其他部门的同事乐意分享他们所掌握的知识	
	其他部门同事学习到新知识时,他们乐意分享他们所掌握的	

二　数据采集

本书通过问卷调查的方式采集数据。问卷初稿来源于国外相对成熟的测量量表,再经专家咨询、问卷修正、初始问卷形成、预调研、问卷再修正阶段,形成最终调研问卷,力求保证问卷设计的科学性和可靠性。为了尽可能确保样本具有一定的代表性,课题组选取湖北省和浙江省下辖的11个县市区进行调研,涉及的调研部门范围也比较广泛,包括教育局、科技局、国土规划局、环保局、工商局、质监局、商务局、民政局等。课题组通过面对面、电子邮件和电子问卷相结合的方式发放问卷,在2016年9—12月共发放870份,回收678份,样本回收率是77.9%。问卷在回收后对不符合要求的进行了有效剔除。问卷剔除的标准主要有5个方面:(1)将问卷中的空白问卷和填写不完整问卷(有5处以上缺答题项,且为连续性缺答)视为无

第六章 政府跨部门知识共享影响因素研究

效问卷；(2) 对雷同问卷进行有机筛选，对于雷同问卷仅保留一份；(3) 检查答题者是否认真填写问卷，若所选题项呈现明显的规律性特征，如"Z"形排列、倒"Z"形排列，则将此问卷视为无效问卷，予以剔除；(4) 对缺答题项数超过5项的问卷予以剔除；(5) 对连续选择同一题项超过20项，如"完全符合"或"比较符合"予以剔除。剔除填答不完整问卷或固定反应的71份无效问卷后，最终得到有效问卷607份，有效问卷的回收率为69.8%，能够有效满足数据分析的要求。

本书运用SPSS 22.0统计分析软件，在对相关数据进行编码并录入的基础上，对问卷的基本背景资料进行了描述性统计分析。被调查对象的基本特征如表6-3所示。

表6-3　　　　　样本的基本特征分布

变量	类别	N	占比/%	变量	类别	N	占比/%
性别	男	364	60.0	行政级别	办事员	87	14.2
	女	243	40.0		科员	182	30.0
年龄	30岁及以下	133	21.9		副科级	176	29.0
	31—40岁	254	41.8		科级	103	17.0
	41—50岁	167	27.5		副处级	35	5.8
	50岁以上	53	8.7		正处及以上	24	4.0
教育程度	大专及以下	45	7.4	工作年限	5年及以下	109	18.0
	本科	448	73.8		6—10年	184	30.3
	硕士研究生	107	17.6		11—15年	106	17.5
	博士研究生	7	1.2		16年及以上	208	34.3
工作性质	综合管理类	458	75.4	政府层级	乡镇	153	25.2
	专业技术类	86	14.2		县（区）	333	54.9
	行政执法类	63	10.4		地级市	121	19.9

注：综合管理的人员占比实际为75.45%，考虑到整体比率，此处不采取四舍五入，直接取值75.4%。

表6-3样本的基本特征分布数据显示，此次问卷调查的样本具有较好的代表性。第一，从性别看，调查样本中男性公务员为364人，占比为60.0%，女性占40.0%，男性公务员比例略高于女性公务员。第二，年龄分布比较合理。31—40岁和41—50岁之间的被调查者最多，分别为41.8%和27.5%，其次是30岁及以下的被调查者，占比21.9%，50岁以上的被调查者最少，占比8.7%。这种年龄分布表明调查对象覆盖了各个年龄段的人群，而且相对集中在31—50岁富有丰富跨部门合作经验的被调查者。第三，学历分布符合当前政府公务员学历布局现状。从教育程度来看，本次调查对象中大学学历的被调查者最多，占比为73.6%；拥有硕士研究生学历比例也较大，占比为17.6%，表明调研部门被调查对象整体知识层次较高，他们往往在工作中表现出更多的知识需求、分享和学习等行为。第四，工作性质分布符合当前公务员职位分类的整体安排。被调查对象中，综合管理类公务员最多，占比为75.6%，其次是专业技术类公务员，占比14.2%。工作性质分布基本反映了中国公务员职位分类的实际状况。第五，工作年限分布比较均衡。被调查者中，5年及以下、6—10年、11—15年和16年及以上占比分别为18.0%、30.3%、17.5%、34.3%。相对而言，工作年限为16年及以上人员，其跨部门协同工作经验更为丰富。此外，被调查对象的政府层级主要集中于县区级，占比54.9%，相应地，行政级别中科级及以下基层公务员占比为90.2%，副处级以上占比为9.8%，基本与中国目前公务员行政级别分布的实际情况相吻合。

三 量表分析

对于共享政策、纵向协同机制、横向协同机制、非正式协同机制、部门间信任、员工信息技术的运用水平、部门信息化建设的统一性和跨部门知识共享等研究变量的测量，均参考借鉴国内外相对成熟的研究量表。量表普遍经过国外学者的反复运用，信度和效度都得到了检验，故本书没有对研究变量的测量量表进行预分析，而是直接进行正式测量。为了保证量表测量的可靠性和有效性，本书首先随机选取一半的样本数据对测量量表进行条目总相关系数（CITC）分析和探索性因子分析，然后运用整体样本进行信度和效度分析。

（一）CITC 分析和探索性因子分析

本书首先对量表进行 CITC 分析，以净化量表中可能包含的垃圾测量题项。一般认为，如果 CITC 小于 0.4，通常需要删除该题项。因此，本书将 0.4 作为净化测量题项的标准。同时运用 Cronbach's Alpha 系数（下文简称 α）分析测量题项的内部一致性系数，进行信度评价。在测量题项净化前后，一般都要计算 α 系数。α 系数值介于 0 和 1 之间，当测量题项的 α 在 0.6 以上时，表示信度符合要求。

测量题项净化后，再对其进行探索性因子分析。首先，对样本进行 KMO 检验和 Bartlett 球形度检验，以判断是否适合做因子分析。KMO 值用以考察变量间的偏相关性，取值在 0—1 之间。本书借鉴马庆国（2002）给出的判断标准，即 KMO 在 0.9 以上表示非常适合做因子分析，0.8—0.9 表示很适合，0.7—0.8 表示适合，0.6—0.7 表示不太适合，0.5—0.6 表示很勉强，0.5 以下表示不适合；Bartlett 球形度检验的统计值显著性概率小于或等于显著性水平时，可以做因子分析。本书采用主成分分析法，按照特征值大于 1 的原则和最大方差变异旋转抽取因子。大多数统计学者也认为，若测量题项的因子载荷大于 0.5，而且累计解释方差比例（cumulative % of variance）大于 50%，则表示测量符合要求。

1. 共享政策量表的 CITC 分析和探索性因子分析

根据以上分析原理和标准，对共享政策的测量量表进行 CITC 分析和探索性因子分析，其分析结果分别见表 6 – 4 和表 6 – 5。由表 6 – 4 可知，跨部门知识共享 4 个测量题项的 CITC 值均大于或等于 0.5，符合检验标准，删除题项后的 α 系数均小于未改动前的该量表整体的 α 系数 0.790，说明该量表符合测量要求。

表6-4　　共享政策量表的CITC分析和信度统计

测量题项	CITC	删除题项后的α系数	Cronbach's α
SP1	0.841	0.939	
SP2	0.910	0.885	0.940
SP3	0.880	0.911	

由表6-5可知，共享政策测量量表的KMO测试值为0.751，大于0.7；Bartlett球形度检验的显著性概率为0.000，满足小于0.05的检验标准，表明适合做因子分析。因子分析抽取出一个特征值大于1的因子，其特征值分别为2.681；该因子累计解释的方差比例是89.369%，超过了50%的检验标准；3个测量题项的因子载荷都超过0.5，表明各测量题项测量了同一概念，能较好地反映对应的测量变量。

表6-5　　共享政策量表的探索性因子分析

测量题项	因子载荷
SP1	0.928
SP2	0.961
SP3	0.947
KMO值	0.751
Bartlett球形度检验卡方值	790.966
Sig.	0.000
特征值	2.681
累计解释方差变异/%	89.369

2. 组织因素量表的CITC分析和探索性因子分析

根据以上分析原理和标准，对纵向协同机制、横向协同机制、非正式人际网络、部门间信任的测量量表进行CITC分析和探索性因子分析，其分析结果分别见表6-6和表6-7。由表6-6可知，纵向协同机制5个测量题项的CITC值均大于0.5，符合检验标准，删除题项后

的 α 系数均小于未改动前的该量表整体的 α 系数 0.826，说明该量表符合测量要求。横向协同机制 5 个测量题项的 CITC 值均大于或等于 0.5，符合检验标准，删除题项后的 α 系数均小于未改动前的该量表整体的 α 系数 0.916，说明该量表符合测量要求。非正式人际网络 3 个测量题项的 CITC 值均大于或等于 0.5，符合检验标准，删除题项后的 α 系数均小于未改动前的该量表整体的 α 系数 0.814，说明该量表符合测量要求。部门间信任的 5 个测量题项的 CITC 值均大于或等于 0.5，符合检验标准，删除题项后的 α 系数均小于未改动前的该量表整体的 α 系数 0.940，说明该量表符合测量要求。

表 6-6　　组织因素测量量表的 CITC 分析和信度统计

测量题项	CITC	删除题项后的 α 系数	Cronbach's α
VC1	0.766	0.811	0.826
VC2	0.729	0.776	
VC3	0.680	0.695	
VC4	0.692	0.733	
VC5	0.732	0.809	
HC1	0.778	0.901	0.916
HC2	0.856	0.882	
HC3	0.776	0.899	
HC4	0.780	0.900	
HC5	0.757	0.903	
IS1	0.766	0.649	0.814
IS2	0.637	0.799	
IS3	0.622	0.789	
DT1	0.866	0.921	0.940
DT2	0.850	0.925	
DT3	0.799	0.933	
DT4	0.875	0.920	
DT5	0.813	0.931	

由表6-7可知，组织因素整体量表的KMO测试值为0.891，大于0.7；Bartlett球形度检验的显著性概率为0.000，满足小于0.05的检验标准，表明适合做因子分析。运用主成分分析法对18个测量题项进行因子分析，使用最大方差法进行因子旋转，抽取出三个特征值大于1的因子，其特征值分别为4.122、3.773、2.333和2.244；四个因子累计解释的方差比例是73.366%，超过了50%的检验标准；18个测量题项对应各自因子的因子载荷都超过0.5，且不存在跨因子载荷问题，表明各测量题项分别测量了同一概念，能较好地反映对应的测量变量。

表6-7　　　　组织因素测量量表的探索性因子分析

测量题项	因子载荷			
	因子1	因子2	因子3	因子4
VC1	0.197	0.165	0.716	0.199
VC2	0.083	0.291	0.701	0.052
VC3	0.138	0.043	0.704	0.117
VC4	0.176	0.132	0.753	0.079
VC5	0.013	0.232	0.689	0.157
HC1	0.024	0.875	0.142	0.053
HC2	0.138	0.872	0.229	0.086
HC3	0.240	0.806	0.167	0.098
HC4	0.274	0.759	0.230	0.203
HC5	0.179	0.754	0.162	0.335
IS1	0.209	0.310	0.203	0.808
IS2	0.254	0.023	0.126	0.823
IS3	0.182	0.229	0.221	0.725
DT1	0.880	0.128	0.185	0.154
DT2	0.884	0.078	0.092	0.182
DT3	0.843	0.161	0.082	0.119
DT4	0.872	0.152	0.151	0.211

续表

测量题项	因子载荷			
	因子1	因子2	因子3	因子4
*DT*5	0.840	0.249	0.027	0.141
KMO 值	0.891			
Bartlett 球形度检验卡方值	3337.579			
Sig.	0.000			
特征值	4.122	3.773	2.333	2.244
解释方差变异/%	24.248	22.192	13.725	13.201
累计解释方差变异/%	24.248	46.440	60.165	73.366

3. 信息技术因素的 CITC 分析和探索性因子分析

根据以上分析原理和标准，对员工运用信息技术的水平和部门信息化建设统一性的测量量表进行 CITC 分析和探索性因子分析，其分析结果分别见表 6-8 和表 6-9。由表 6-8 可知，员工运用信息技术的水平 3 个测量题项的 CITC 值均大于 0.5，符合检验标准，删除题项后的 α 系数均小于未改动前的该量表整体的 α 系数 0.920，说明该量表符合测量要求。部门信息化建设统一性 3 个测量题项的 CITC 值均大于或等于 0.5，符合检验标准，删除题项后的 α 系数均小于未改动前的该量表整体的 α 系数 0.895，说明该量表符合测量要求。

表6-8　　信息技术因素测量量表的 CITC 分析和信度统计

测量题项	CITC	删除题项后的 α 系数	Cronbach's α
*IC*1	0.801	0.915	
*IC*2	0.890	0.841	0.920
*IC*3	0.827	0.894	
*DU*1	0.796	0.849	
*DU*2	0.826	0.823	0.895
*DU*3	0.763	0.878	

由表 6-9 可知,信息技术因素整体量表的 KMO 测试值为 0.750,大于 0.7;Bartlett 球形度检验的显著性概率为 0.000,满足小于 0.05 的检验标准,表明适合做因子分析。运用主成分分析法对 6 个测量题项进行因子分析,使用最大方差法进行因子旋转,抽取出两个特征值大于 1 的因子,其特征值分别为 2.588 和 2.485;两个因子累计解释的方差比例是 84.547%,超过了 50% 的检验标准;6 个测量题项对应各自因子的因子载荷都超过 0.5,且不存在跨因子载荷问题,表明各测量题项分别测量了同一概念,能较好地反映对应的测量变量。

表 6-9　　信息技术因素测量量表的探索性因子分析

测量题项	因子载荷	
	因子 1	因子 2
IC1	0.896	0.150
IC2	0.950	0.097
IC3	0.918	0.108
DU1	0.137	0.899
DU2	0.123	0.917
DU3	0.089	0.890
KMO 值	0.750	
Bartlett 球形度检验卡方值	1202.006	
Sig.	0.000	
特征值	2.588	2.485
解释方差变异/%	43.129	41.418
累计解释方差变异/%	43.129	84.547

4. 跨部门知识共享的 CITC 和探索性因子分析

根据上述分析原则,对跨部门知识共享行为进行 CITC 分析和探索性因子分析,其分析结果见表 6-10 和表 6-11。由表 6-10 可知,跨部门知识共享变量 4 个测量题项的 CITC 值均大于 0.5,删除题项后的 α 系数均小于未改动前该变量的 α 系数 0.790,数据在合理范围内,表明该测量量表符合测量要求。

表6-10　跨部门知识共享量表的 CITC 和信度统计分析

测量题项	CITC	删除题项后的 α 系数	Cronbach's α
KS1	0.679	0.784	0.790
KS2	0.667	0.702	
KS3	0.650	0.711	
KS4	0.587	0.744	

由表6-11可知，跨部门知识共享量表的 KMO 测试值为0.677，Bartlett 球形度检验的显著性概率为0.000，满足小于0.05的检验标准，表明适合做因子分析。因子分析抽取出一个特征值大于1的因子，因子累计解释的方差比例是63.181%，超过50%，且4个测量题项的因子载荷都超过0.5，表明4个测量题项分别测量了同一概念，能较好地反映对应的测量变量。

表6-11　跨部门知识共享变量的探索性因子分析

测量题项	因子载荷
KS1	0.783
KS2	0.816
KS3	0.840
KS4	0.736
KMO 值	0.677
Bartlett 球形度检验卡方值	468.785
Sig.	0.000
特征值	2.527
累计解释方差变异/%	63.181

（二）量表信度分析

信度也叫可靠性，指测量结果的可信程度，反映了测量结果的稳定性、一致性和再现性,也可以视为测量结果受随机误差影响的程度。量表的信度越高,表明测量结果越可靠。本书采用 Cronbach's α 系数指标进行各量表的内部一致性系数检验,其中,α 系数值介于 0 和 1 之间,当信度系数值在 0.7 以上时,表示量表的信度较好,处于可以接受的范围。

表 6-12 是基于全部样本数据对纵向协同机制、横向协同机制、非正式人际网络、部门间信任、领导支持、共享规则、员工 IT 技术的运用水平、部门信息化建设的统一性和跨部门知识共享进行的信度分析结果统计。由表 6-12 可知,共享政策量表的 Cronbach's α 系数为 0.943,纵向协同机制量表的 Cronbach's α 系数为 0.721,横向协同机制量表的 Cronbach's α 系数为 0.907,非正式人际网络量表的 Cronbach's α 系数为 0.814,部门间信任量表的 Cronbach's α 系数为 0.935,员工 IT 技术的运用水平量表的 Cronbach's α 系数为 0.905,部门信息化建设的统一性量表的 Cronbach's α 系数为 0.897,跨部门知识共享量表的 Cronbach's α 系数为 0.794。所有变量测量量表的 Cronbach's α 信度系数都在 0.70 以上,说明测量变量在使用的样本数据中呈现出较好的内部一致性特征,达到可靠测量对量表信度的要求。

表 6-12　　　　　测量量表的 Cronbach's α 系数统计

研究变量	Cronbach's α 系数
共享政策	0.943
纵向协同机制	0.721
横向协同机制	0.907
非正式人际网络	0.814
部门间信任	0.935
员工 IT 技术的运用水平	0.905
部门信息化建设的统一性	0.897
跨部门知识共享	0.794

（三）量表的收敛效度检验

效度是指测量结果在多大程度反映潜在特质的真实特性，收敛效度指同一构念的不同测量指标之间应该具有显著的相关性，换言之，测量相同潜在特质（构念）的测验指标会落在同一共同因素上。测量量表的收敛效度通过对量表的验证性因子分析予以检验。基于全部正式测量数据，本书运用 AMOS 26.0 版本软件对纵向协同机制、横向协同机制、共享政策、非正式人际网络、部门间信任、员工 IT 技术的运用水平、部门信息化建设的统一性和跨部门知识共享进行验证性因子分析。

很多统计指标可用来评价模型拟合优度，本书选用常用的拟合优度指标来综合衡量模型的拟合优度。由于近似误差均方根（RMSEA）受样本容量影响较小，成为评价模型拟合程度的常用指标。一般来说，RMSEA 小于 0.01，表示模型拟合得非常出色；RMSEA 小于 0.05，表示模型拟合得比较好；0.05 < RMSEA < 0.08，表示模型拟合得不错；0.08 < RMSEA < 0.1，表示模型拟合得可以接受。此外，良性适配指标（GFI）、调整后适配度指数（AGFI）、规准适配度指标（NFI）、比较适配度指标（CFI）、相对适配指数（RFI）、增值适配指数（IFI）、非规准适配指数（TLI）等也是常用的判断模型拟合效果的指标，它们的值都在 0 和 1 之间，数值越大，表明模型的拟合效果越好。通常当上述 6 个指标都大于 0.9 时，表明模型拟合良好。

验证性因子分析中，量表的收敛效度检验通过平均方差抽取量（average variance extracted，AVE）、组合信度（composite reliability，CR）和标准化因子载荷数值进行综合判断。平均方差抽取量评价了观察变量相对于测量误差而言所解释的方差总量，值大于 0.5，表示观测变量能够综合起来解释这个潜变量足够的变异。组合信度，也叫建构信度、组合信度，反映了每个潜变量中所有题目是否一致性地解释该潜变量。当该值高于 0.70 时，表示该潜变量具有较好的建构信度。一般而言，当观察变量的标准化因子载荷量大于 0.5，各潜变量平均方差抽取量均大于0.5，组合信度大于0.8，说明潜变量具有良好的收敛效度。

1. 共享政策因素量表的收敛效度分析

共享政策模型变量验证性因子分析的结果见表6-13。从拟合优度指标来看，χ^2/df为2.370，小于5；RMSEA为0.048，小于0.05；GFI为0.987，AGFI为0.970，CFI为0.994，NFI为0.989，RFI为0.981，IFI为0.994，TLI为0.989，均大于0.9，表明模型拟合效果良好。表6-13同时呈现了各潜变量的收敛效度检验结果。各潜变量对应各观察变量的因子载荷量均大于0.6，表明各个潜变量对应所属题项具有较高代表性，各潜变量平均方差抽取量分别为0.851和0.564，均大于0.5，各潜变量的组合信度分别为0.945和0.835，均大于0.8，表明各潜变量具有良好的收敛效度。

表6-13　　　　　　　　共享政策变量的收敛效度

路 径			标准化因子载荷	AVE	CR
SP1	<- - -	共享政策	0.902		
SP2	<- - -	共享政策	0.954	0.851	0.945
SP3	<- - -	共享政策	0.910		
KS1	<- - -	跨部门知识共享	0.725		
KS2	<- - -	跨部门知识共享	0.715	0.564	0.835
KS3	<- - -	跨部门知识共享	0.920		
KS4	<- - -	跨部门知识共享	0.611		
拟合优度指标值			χ^2/df = 2.370；RMSEA = 0.048；GFI = 0.987；AGFI = 0.970；CFI = 0.994；RFI = 0.981；NFI = 0.989；IFI = 0.994；TLI = 0.989		

2. 组织因素量表的收敛效度分析

组织因素模型变量验证性因子分析的结果见表6-14。从拟合优度指标来看，χ^2/df为2.771，小于5；RMSEA为0.054，小于0.07；GFI

为 0.924，AGFI 为 0.901，CFI 为 0.955，NFI 为 0.932，RFI 为 0.919，IFI 为 0.956，TLI 为 0.946，根据多项指标综合判断，模型拟合效果良好。表 6-14 同时呈现了各潜变量的收敛效度检验结果。各潜变量对应各观察变量的因子载荷量均大于 0.6，表明各个潜变量对应所属题项具有较高代表性，各潜变量平均方差抽取量分别为 0.659、0.652、0.721、0.748 和 0.669，均大于 0.5，各潜变量的组合信度分别为 0.905、0.903、0.885、0.937 和 0.889，均大于 0.8，表明各潜变量具有良好的收敛效度。

表 6-14　　　　　　　　　组织因素变量的收敛效度

路径			标准化因子载荷	AVE	CR
VC1	<---	纵向协同	0.909		
VC2	<---	纵向协同	0.848		
VC3	<---	纵向协同	0.882	0.659	0.905
VC4	<---	纵向协同	0.705		
VC5	<---	纵向协同	0.690		
HC1	<---	横向协同	0.768		
HC2	<---	横向协同	0.941		
HC3	<---	横向协同	0.813	0.652	0.903
HC4	<---	横向协同	0.799		
HC5	<---	横向协同	0.697		
IS1	<---	非正式网络	0.862		
IS2	<---	非正式网络	0.901	0.721	0.885
IS3	<---	非正式网络	0.780		
DT1	<---	部门间信任	0.862		
DT2	<---	部门间信任	0.932		
DT3	<---	部门间信任	0.888	0.748	0.937
DT4	<---	部门间信任	0.844		
DT5	<---	部门间信任	0.792		

续表

路径			标准化因子载荷	AVE	CR
KS1	<---	跨部门知识共享	0.818		
KS2	<---	跨部门知识共享	0.712	0.669	0.889
KS3	<---	跨部门知识共享	0.808		
KS4	<---	跨部门知识共享	0.921		
拟合优度指标值			χ^2/df = 2.771；RMSEA = 0.054；GFI = 0.924，AGFI = 0.901；CFI = 0.955；RFI = 0.919；NFI = 0.932；IFI = 0.956；TLI = 0.946		

3. 信息技术因素量表的收敛效度

信息技术模型变量验证性因子分析的结果见表6-15。从拟合优度指标来看，χ^2/df为1.767，小于3；RMSEA为0.036，小于0.05；GFI为0.983，AGFI为0.969，CFI为0.993，NFI为0.984，RFI为0.976，IFI为0.993，TLI为0.989，根据多项指标综合判断，模型拟合效果良好。表6-15同时呈现了各潜变量的收敛效度检验结果。各潜变量对应各观察变量的因子载荷量均大于0.6，表明各个潜变量对应所属题项具有较高代表性，各潜变量平均方差抽取量分别为0.767、0.748、0.619，均大于0.5，各潜变量的组合信度分别为0.908、0.899和0.866，均大于0.8，表明各潜变量具有良好的收敛效度。

表6-15　　　　　信息技术因素变量的收敛效度

路　径			标准化因子载荷	AVE	CR
IC1	<---	员工运用信息技术水平	.839		
IC2	<---	员工运用信息技术水平	.950	0.767	0.908
IC3	<---	员工运用信息技术水平	.834		
DU1	<---	部门信息化建设的统一性	.821		
DU2	<---	部门信息化建设的统一性	.945	0.748	0.899
DU3	<---	部门信息化建设的统一性	.823		

续表

路径			标准化因子载荷	AVE	CR
KS1	<---	跨部门知识共享	.816		
KS2	<---	跨部门知识共享	.858	0.619	0.866
KS3	<---	跨部门知识共享	.769		
KS4	<---	跨部门知识共享	.695		
拟合优度指标值			$\chi^2/df = 1.767$；RMSEA = 0.036；GFI = 0.983；AGFI = 0.969；CFI = 0.993；RFI = 0.976；NFI = 0.984；IFI = 0.993；TLI = 0.989		

（四）量表的区分效度检验

区分效度，又称判别效度和区别效度，指在应用不同方法测量不同构念时，不同测量项目之间具有差异性，能够加以区分。区分效度通过用比较 AVE 平方根与变量间的相关系数来反映。如果 AVE 平方根大于潜变量之间的相关系数，则说明不同潜变量的测量题项之间具有明显的区分效度。

1. 共享政策量表的区别效度

共享政策模型中，各潜变量的区分效度检验结果见表 6-16，对角线为各潜变量的 AVE 值。共享政策对跨部门知识共享相关系数值为 0.370，说明共享政策与跨部门知识共享之间有显著相关性（$p < 0.001$）。同时，相关性系数小于所对应的 AVE 平方根，说明各潜变量之间有一定的相关性，彼此也有一定的区分度，说明各潜变量量表的区分效度理想。

表 6-16　　　　　　　　共享政策变量的区分效度

	共享政策	跨部门知识共享
共享政策	0.851	
跨部门知识共享	0.370 ***	0.564
AVE 平方根	0.922	0.750

注：* 表示 $p<0.05$，** 表示 $p<0.01$，*** 表示 $p<0.001$。

2. 组织因素量表的区分效度

组织因素模型中，各潜变量的区分效度检验结果见表6-17，对角线为各潜变量的 AVE 值。纵向协同对跨部门知识共享的相关系数值为 0.285，横向协同对跨部门知识共享的相关系数值为 0.269，人际网络对跨部门知识共享的相关系数值为 0.250，部门间信任对跨部门知识共享的相关系数值为 0.448，其他各变量间的相关系数具体见表6-17。这说明纵向协同、横向协同、人际网络、部门间信任和跨部门知识共享之间有显著相关性（$p < 0.001$）。同时，相关性系数均小于所对应的 AVE 平方根，说明各潜变量之间有一定的相关性，彼此也有一定的区分度，说明各潜变量量表的区分效度理想。

表6-17　　　　　　　　　　**组织因素变量的区分效度**

	纵向协同	横向协同	人际网络	部门间信任	跨部门知识共享
纵向协同	0.659				
横向协同	0.594***	0.686			
人际网络	0.532***	0.441***	0.624		
部门间信任	0.292***	0.335***	0.403***	0.745	
跨部门知识共享	0.285***	0.269***	0.250***	0.448***	0.615
AVE 平方根	0.812	0.830	0.790	0.863	0.784

注：* 表示 $p < 0.05$，** 表示 $p < 0.01$，*** 表示 $p < 0.001$。

3. 信息技术因素变量的区分效度分析

信息技术模型中，各潜变量的区分效度检验结果见表6-18，对角线为各潜变量的 AVE 值。员工运用信息技术水平对跨部门知识共享相关系数值为 0.389，部门信息化建设的统一性对跨部门知识共享行为的相关系数值为 0.222，员工运用信息技术水平对部门信息化建设的统一性的相关系数值为 0.231，说明员工运用信息技术水平、部门信息化建设的统一性和跨部门知识共享之间有显著相关性（$p <$

0.001)。同时,相关性系数均小于所对应的 AVE 平方根,说明各潜变量之间有一定的相关性,彼此也有一定的区分度,说明各潜变量量表的区分效度理想。

表6-18　　　　　　　　信息技术因素变量的区分效度

	员工运用信息技术水平	部门信息化建设的统一性	跨部门知识共享
员工运用信息技术水平	0.767		
部门信息化建设的统一性	0.231***	0.748	
跨部门知识共享	0.389***	0.222***	0.619
AVE 平方根	0.876	0.860	0.790

注：* 表示 $p<0.05$，** 表示 $p<0.01$，*** 表示 $p<0.001$。

第三节　政府跨部门知识共享影响因素的实证结果分析

一　主要变量间的相关分析

本书主要运用 SPSS 21.0 软件分析考察纵向协同机制、横向协同机制、共享政策、非正式人际网络、部门间信任、员工信息技术的运用水平、部门信息化建设的统一性和跨部门知识共享等变量之间的相关程度。变量之间的相关系数统计结果见表6-19。

相关性检验结果显示，多维影响因素对跨部门知识共享均具有显著相关影响。具体而言，共享政策与跨部门知识共享显著正相关（$r=0.422$，$p<0.01$），纵向协同机制与跨部门知识共享显著正相关（$r=0.258$，$p<0.01$），水平协同机制与跨部门知识共享显著正相关（$r=0.344$，$p<0.01$），非正式人际网络与跨部门知识共享显著正相关（$r=0.278$，$p<0.01$），部门间信任与跨部门知识共享显著正相关（$r=0.429$，$p<0.01$），员工运用信息技术的水平与跨部门知识共享显著正

相关（$r=0.430$，$p<0.01$），部门间信息系统开发的统一性与跨部门知识共享显著正相关（$r=0.223$，$p<0.01$）。此外，纵向协同机制、水平协同机制、共享政策、非正式人际网络与部门间信任之间也存在显著正相关关系，如表6-19所示。

表6-19　　　　　变量的均值、标准差及相关系数统计

	均值	标准差	KS	SP	VC	HC	IS	DT	IC	DU
KS	3.0972	0.562	1							
SP	3.6782	0.807	0.422	1						
VC	3.7723	0.49	0.258**	0.194**	1					
HC	3.4981	0.718	0.344**	0.284**	0.465**	1				
IS	3.704	0.674	0.278**	0.359**	0.446**	0.388**	1			
DT	3.7542	0.714	0.429**	0.588**	0.259**	0.332**	0.380**	1		
IC	3.6266	0.74	0.430**	0.493**	0.303**	0.355**	0.262**	0.523**	1	
DU	2.5645	0.674	0.223**	0.203**	0.081*	0.072	0.05	0.107**	0.205**	1

注：** 代表在0.01水平（双侧）上显著相关，为双尾检验。

相关矩阵仅仅表明研究变量间的相关关系及其关系的密切程度，通过相关性检验尚不能说明主要研究变量间的因果关系。当然，变量之间存在的显著相关性是进一步分析的重要基础，接下来将通过回归分析进一步检验本书的研究假设。

二　跨部门知识共享影响变量的假设检验

为了检验考虑所有因素的综合效应时各影响因素的独立显著关系是否依然存在，本书采用了稳健的多元线性回归分析方法。与前述的理论模型相一致，模型1、模型2和模型4分别检验共享政策因素、组织因素和信息技术因素的每个变量对跨部门知识共享的影响，进而判断有关理论假设的合理性，验证相关分析得到的结论，而模型3则评估引入组织因素后共享政策产生影响的变化，模型5则用于衡量在单一回归模型

中政策、组织和信息技术等多维因素的影响效应。

表 6-20 展示了运用多元线性回归分析方法得到的 5 个模型的回归分析结果。模型 1 仅纳入共享政策变量；模型 2 在模型 1 的基础上，将纵向协同机制、水平协同机制、非正式人际网络和部门间信任等组织变量纳入进来；模型 3 则评估组织变量和共享政策变量的综合效应；模型 4 则评估信息技术环境变量的影响；模型 5 将共享政策因素、组织因素和信息技术环境因素等所有影响变量都纳入单一回归模型，以考察其综合效应。

表 6-20　　　　对跨部门知识共享回归分析的模型系数

	模型1-政策因素	模型2-组织因素	模型3-组织和政策因素	模型4-技术环境因素	模型5-组织、政策和技术环境的多维因素 B	标准化系数 β
常量	2.016**	1.504**	1.373**	1.685**	1.053**	
SR	0.294**		0.159**		0.102**	0.147**
VC		0.079*	0.061*		0.069*	-0.054*
HC		0.178**	0.164**		0.138**	0.176**
IFC		0.075*	0.043*		0.052*	0.052*
DT		0.262**	0.173**		0.131**	0.166**
EUL				0.306**	0.134**	0.176**
ITU				0.118**	0.106**	0.127**
R^2	0.178	0.237	0.268	0.204	0.308	
$\triangle R^2$	—	0.059	0.033		0.103	
F	131.366	46.854	44.033	77.386	38.092	
Max-VIF	1	1.381	1.648	1.044	1.806	
Durbin-Watson	1.512	1.493	1.530	1.505	1.543	

注：** 代表显著性水平为 1%，* 代表显著性水平为 5%。

表 6-20 中各模型的决定系数值、F 值和 p 值显示，所有模型均在 0.001 的水平上显著。此外，方程的 Durbin-Watson 统计值为 1.543，小

于2，说明方程并不存在严重的自相关性；最大方差膨胀因子为1.806，小于10，说明各模型不存在多重共线性的问题。综上，可判断5个模型的线性关系显著，可以进行后续的讨论分析。

模型1考察了共享政策变量对跨部门知识共享的影响。模型1的回归分析结果表明，共享政策对跨部门知识共享存在显著性影响（$b = 0.294$，$p < 0.01$），是一个显著的预测变量。这说明现有政策中对共享义务和责任界定对员工的跨部门知识共享行为产生了显著的正向影响，可用来预测跨部门的知识共享行为。同时，模型1的R^2为0.178，说明该模型只解释了因变量中17.8%的变化。这个结果清楚地表明，还有其他重要的变量。由于共享政策对员工跨部门知识共享行为的影响符合预期假设，假设通过检验。

模型2评估了纵向协同机制、横向协同机制、非正式人际网络和部门间信任等组织因素对跨部门知识共享的影响。模型2的回归分析结果表明，纵向协同机制对员工的跨部门知识共享行为存在显著性影响（$b = 0.079$，$p < 0.05$），水平协同机制对员工的跨部门知识共享具有显著正向影响（$b = 0.178$，$p < 0.01$），非正式人际网络对员工的跨部门知识共享行为存在显著性影响（$b = 0.075$，$p < 0.05$），部门间信任对员工的跨部门知识共享行为存在显著性影响（$b = 0.262$，$p < 0.05$）。分析结果表明，纵向协同机制、水平协同机制、非正式人际网络和部门间信任可以显著预测和解释员工的跨部门知识共享行为。模型2的R^2为0.237，这说明模型2能够解释因变量23.7%的变化，比模型1更具有解释力。假设3、4和5都通过假设，但假设2的影响方向与原假设相反，未通过假设。

模型3结合了模型1和模型2的所有影响变量，结果显示R^2为0.268，这说明模型3能够解释因变量26.8%的变化，比模型1和2都更具有解释力。模型3也未改变共享政策和组织因素影响的预测方向和显著性。

模型4评估了信息技术因素对于员工跨部门知识共享行为的影响。

分析结果显示,员工运用信息技术的水平正向显著影响员工的跨部门知识共享行为($b=0.306$,$p<0.01$),部门信息化建设的统一性也正向显著影响员工的跨部门知识共享行为($b=0.118$,$p<0.01$),假设4和5通过检验。这些研究结论与之前关于技术因素的研究保持一致,都强调了员工的信息技术水平和不同部门基础设施的统一性对于跨部门知识共享的重要性(Bekkers,2009;Gil-Garcia & Pardo,2005a)。模型4 R^2为0.204,这说明模型4解释了因变量20.4%的变化。

模型5衡量了包括共享政策、组织因素和信息技术因素在内的所有因素对于员工跨部门知识共享行为的影响。分析结果显示,模型5的结果与模型1、模型2和模型4的结果明显一致,没有改变这些因素对跨部门知识共享行为的影响方向和显著性。其中,共享政策($b=0.102$,$p<0.01$)、纵向协同机制($b=0.069$,$p<0.05$)、水平协同机制($b=0.138$,$p<0.01$)、非正式人际网络($b=0.052$,$p<0.05$)、部门间信任($b=0.131$,$p<0.01$)、员工运用信息技术的水平($b=0.134$,$p<0.01$)和部门信息化建设的统一性($b=0.106$,$p<0.01$)对员工的跨部门知识共享行为有显著正向影响,可以作为跨部门知识共享的重要预测因素。此外,为了比较所有变量的相对影响,模型5计算了所有变量的标准化系数,用以比较变量之间的相对影响。根据标准化系数,可以得到对员工跨部门知识共享行为具有显著性的7个预测因素的重要性排序,依次为:横向协同机制与员工运用信息技术的水平($\beta=0.176$)、部门间信任($\beta=0.166$)、共享政策($\beta=0.147$)、部门信息化建设的统一性($\beta=0.127$)、纵向协同机制($\beta=-0.054$)和非正式人际网络($\beta=0.052$)。可见,横向协同机制和员工自身利用信息技术设施的能力对其跨部门知识共享行为影响最大。

综上所述,本节在系统回顾理论文献的基础上,探讨了共享政策、纵向协同机制、水平协同机制、非正式人际网络、部门间信任、员工信息技术的运用水平、部门信息化建设的统一性对跨部门知识共享行为的影响，提出了7项研究假设，通过实证分析，有6项假设通过实证检验，有关理论分析得到证实。

第四节 协同机制对政府跨部门知识共享影响的路径分析

作为知识密集型组织，政府对知识资源的积累、共享和利用能力被视为政府社会治理能力的重要组成内容。但层级节制和条块分割的政府组织特征使其所拥有的知识资源不均衡地分布于不同的层级和部门之中，因而，部门之间需要彼此协作，相互学习，协同合作解决日趋复杂的社会治理难题，如环境治理、综合执法、危机治理等。然而，长期以来形成的权力部门化又使得部门间的知识共享具有潜在的利益冲突。此外，政府还面临信息保密与安全、隐私、公众参与等多元价值观所带来的不确定性。因此，政府试图寻求通过跨部门知识共享来改善管理碎片化和提升社会治理能力，就必须有效回应这些问题所带来的挑战。政府跨部门知识共享所具有的复杂性、风险性、嵌入性凸显出管理实践中跨部门协同结构性机制的重要性。

尽管协同机制对政府跨部门知识共享的统计显著性影响已在上节得到证实，但协同机制影响政府跨部门知识共享的具体路径和机制并不清晰。上节的回归分析虽然指明了不同类型协同机制对跨部门知识共享的影响方向和影响程度，却无法进一步指出这种影响的路径和方式。而路径分析是回归分析的进一步深化和继续，旨在揭示某一自变量对因变量的直接效应和间接效应，在一定程度上可以弥补回归分析的不足。因而，在回归分析的基础上，本节建构了协同机制与跨部门知识共享关系的理论模型，并提出了相应的研究假设，进而运用路径分析的方法深入揭示三类部门间协同机制影响政府跨部门知识共享行为的具体机制。

一 理论模型建构

（一）纵向协同机制、部门间信任与跨部门知识共享

纵向协同机制反映了组织在多大程度上运用正式的等级结构、体制和流程来协同不同部门间的行为，为开展跨部门活动提供了制度和程序的保障，具有规范性、稳定性和计划性。然而，不同于常规的跨部门任务，知识共享活动本质上要求行为的灵活性和自主性。相对于私营部门，更强调运用纵向协同机制的政府组织在一定程度上难以满足知识共享活动的灵活性，同时也降低了部门成员进行跨部门知识共享的自主性意愿和行为。而人际间和部门间的信任关系则产生于行为的互动之中，持续性的、多频次的行为互动有助于产生情感联系，从而使得一方相信对方在互动交往中不会采取有损他方利益的行为。然而，对自上而下的等级结构和体制的依赖会导致组织环境日趋官僚和僵化，必然会降低部门间自主互动行为的频次，不仅使得那些嵌入部门成员头脑中的知识难以与其他部门的成员进行共享，也不利于建立情感联系和培育信任关系。基于此，提出如下假设：

假设1：纵向协同机制对跨部门知识共享具有显著负向影响。

假设2：纵向协同机制对部门间信任具有显著负向影响。

（二）横向协同机制、跨部门信任与跨部门知识共享

横向协同机制是为协调横向不同部门之间的事务而进行的某种结构性安排，具有非中心性和灵活性的特点。横向协同机制的运用有助于构建宽松、和谐的组织氛围，促进同级不同部门间的行为互动，加速彼此合作和交流，拉近双方的情感联系，通过频繁交流和互动培育出良好的信任关系，更进一步推动跨部门协同和成员之间的知识共享行为。横向协同机制提供了不同部门间交流和互动的平台载体，如论坛和会议，想法和意见可以通过这些结构性安排得到充分互动，非常有利于隐性知识的共享和深层次的思想交流，促进了知识在组织不同部门间的流动与扩散，也使得情感互动成为可能，不同部门间的信任关系也得以获得进一步发展的机会。基于此，提出如下假设：

H3：横向协同机制对跨部门知识共享具有显著正向影响。

H4：横向协同机制对部门间信任具有显著正向影响。

（三）非正式人际网络与跨部门信任

组织内还有大量的非正式网络结构在跨部门协同中发挥着作用。这类网络结构富有弹性和自愿性，促进横向关系的发展，能够满足跨部门知识共享所需要的灵活性，是人际交往、共享知识和工作协作的重要媒介。社会实践中，实践社群被认为是灵活、非正式的知识共享网络的最佳范例，它的形成源于部门内或跨部门的人际网络员工自愿围绕某个共同关注的特定主题形成论坛，通过面对面交流或社交网络就相关议题分享思想和经验，从而推动跨部门知识的共享和扩散。同时，非正式的自由交流和行为互动有助于营造更为轻松自如的沟通环境，提供更多的机会和空间发展人际交往，培育信任关系。组织社会资本理论业已证明非正式人际交往对于组织知识共享和信任构建的积极作用。知识管理理论则强调了非正式社会网络所具有的关系结构的灵活性、交流媒介功能很好地契合了知识的社会属性，使得嵌入组织实践中的隐性知识能够有效得以交流和吸收，提升了部门间共享知识的广度和深度，并反过来进一步密切跨部门的人际关系，加强信任与合作。基于此，本书提出以下假设：

H5：非正式人际网络对跨部门知识共享具有显著正向影响。

H6：非正式人际网络对部门间信任具有显著正向影响。

（四）协同机制、部门间信任与跨部门知识共享

部门间信任建构在人际信任的基础之上，是蕴含情感成分的理性决策。组织知识共享本质是跨越边界的协同行为，培育部门及其成员之间的信任关系有利于跨部门基于信任的水平协同关系的形成和增强。不同部门之间成员的交流互动得到加强和促进，不仅确保显性知识交流的顺畅，更有利于隐性知识在不同部门之间的转移。此外，信任是组织情境和社会资本的核心构成要素，组织情境和社会资本文献均证明了信任对

组织内知识共享的重要性。如前所述，不同类型的组织协同对部门间信任和知识共享行为产生了不同的影响。当政府跨部门知识共享更依赖纵向协同机制时，部门间缺乏自主而频繁的互动，部门间信任难以有效建立，降低了进行知识共享意愿，从而弱化了其跨部门知识共享行为；当政府更多运用横向协同机制时，部门间的互动和合作会得到加强，促进信任关系的建立，进而提升跨部门知识共享意愿，扩大部门间基于信任关系的深层次知识共享和交流；当部门间交流更多依靠非正式协同时，它会进一步促进部门间自主和灵活性的互动交流，为部门间信任关系的培育营造更为平等和自由的氛围，跨部门知识共享意愿会提升，跨部门知识共享行为也会得到强化。基于以上分析，提出以下假设：

H7：部门间信任对跨部门知识共享具有显著正向影响。

H8：部门间信任在协同机制与跨部门知识共享的关系间起中介作用。

图6-2展现了本书中所假设的跨部门知识共享与部门间协同的概念框架。

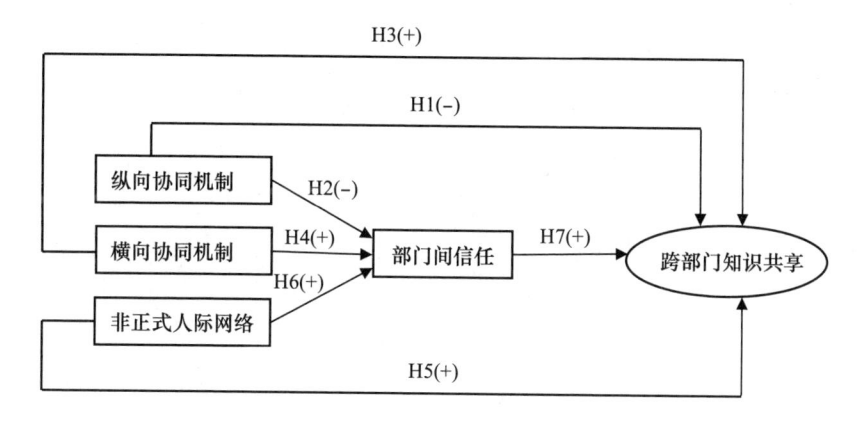

图6-2 部门间协同和信任关系影响跨部门知识共享的理论模型

研究变量测量、数据采集和量表分析在第二节已进行详细阐述，在此不再赘述。

二 变量与测量项目的描述性统计

表 6-21 显示了 22 个测量变量的描述性统计结果。它不仅揭示了研究中各潜变量及其相应的测量指标，还勾勒了当前中国政府跨部门知识共享的实际状况。

表 6-21　测量变量的构成及其描述性统计结果

潜在变量	测量指标	均值	标准差	偏度系数	峰度系数
纵向协同机制	VS1	3.727	0.807	-0.466	0.341
	VS2	3.732	0.817	-0.513	0.461
	VS3	3.692	0.804	-0.362	0.232
	VS4	3.725	0.807	-0.479	0.446
	VS5	3.662	0.820	-0.313	0.257
横向协同机制	HS1	3.729	0.766	-0.601	1.010
	HS2	3.811	0.721	-0.365	0.532
	HS3	3.768	0.800	-0.313	0.004
	HS4	3.700	0.733	-0.147	-0.093
	HS5	3.746	0.750	-0.206	-0.106
非正式人际网络	IS1	3.695	0.805	-0.574	0.624
	IS2	3.573	0.792	-0.222	-0.136
	IS3	3.817	0.778	-0.430	0.077
部门间信任	DT1	3.671	0.806	-0.318	-0.023
	DT2	3.778	0.867	-0.455	0.064
	DT3	3.689	0.817	-0.429	0.306
	DT4	3.858	0.767	-0.328	0.168
	DT5	3.776	0.746	-0.352	0.497
跨部门知识共享行为	KB1	3.715	0.871	-0.436	0.214
	KB2	4.040	0.818	-0.764	0.604
	KB3	3.947	0.877	-0.015	3.478
	KB4	3.809	0.881	-0.156	1.751

在组织协同机制层面,三类协同机制的均值都略高于平均分值,表明三类协同机制在政府跨部门知识共享实践的运用大致处于中等水平。关于纵向协同机制的运用,部门间知识共享更大程度上依赖正式行政程序、正式文件和规章制度进行,而依赖行政领导的指示和参与开展跨部门知识共享活动相对较少。这种状况符合中国跨部门知识共享的实际。现阶段知识的跨部门转移和共享主要依赖自上而下的相关政策和制度的推动,现实中行政领导在推进政府跨部门知识共享中所发挥的作用相对有限,这可能与部门领导知识共享理念不足有关。关于水平协同机制的运用,开展项目的跨部门合作较为普遍,跨部门协调机构中通常有相对稳定的人员承担跨部门协调和联络的责任。相对而言,跨部门合作的运作流程得分最低,一定程度上表明部门间合作流程的明确性和规范性不足,需要进一步健全和完善。关于非正式协同机制,测量指标结果表明政府中存在跨部门的人际关系网络。人际网络的功能之一在于促进跨越部门边界的知识扩散和交流,网络中的成员在工作中能相互促进和帮助。

对于部门间信任,其均值水平略高于平均值,说明政府组织中部门之间具有中等程度的信任关系。相对而言,相信合作部门成员努力程度的得分较高,而对于合作部门工作状况了解程度的得分较低,这既说明了部门间的合作是增进部门间信任的有效手段,也显示了当前跨部门合作中部门间互动和沟通不足的现实。对于领导支持,该变量的均值得分最高。从测量指标结果分析,领导较为认同跨部门知识共享理念,但给予的支持和帮助得分稍低,说明尽管领导者在跨部门合作中扮演着不可或缺的角色,但其理念和实质性支持之间还存在差距,需要进一步通过制度建设为跨部门协同和知识交流提供更为明确的支持。

对于政府跨部门知识共享行为,跨部门知识获取的均值水平要高于知识奉献的均值,说明中国学习型政府的建设取得了一定的成效,公务员努力获取部门外部的相关知识以提升自身的综合能力以及工作水平。

部门间主动进行知识奉献的均值最低,也说明跨部门知识奉献的意愿相对较弱,在一定程度上也反映了韦伯"知识就是权力"的观点——各部门为维持自身的竞争优势,可能存在着"囤积"知识或拒绝共享知识的行为。

在测量变量的正态性评估方面,所有变量的偏度系数均小于3,峰度系数均小于8,说明样本的数据分布符合正态性假设,没有偏离正态分布。

三 模型拟合、修正及实证检验

从前文信度和效度的分析结果来看,模型适合进行结构方程分析。基于前文概念模型,本书运用 Amos 24.0 统计分析软件绘制出相应的结构方程路径分析图。初始结构方程模型包含5个潜变量和22个显变量。其中,纵向协同机制、横向协同机制和非正式人际网络是外因潜变量,分别对应于 $VC1$、$VC2$、$VC3$、$VC4$、$VC5$、$HC1$、$HC2$、$HC3$、$HC4$、$HC5$ 和 $IC1$、$IC2$、$IC3$;部门间信任和跨部门知识共享行为是内因潜变量,对应 $DT1$、$DT2$、$DT3$、$DT4$、$DT5$ 和 $KS1$、$KS2$、$KS3$、$KS4$。除此之外,模型还包含了2个潜变量的残差和22个显变量的残差,结构方程模型的路径如图6-3所示。

将拟合后的初始模型命名为 M_0,表6-22显示了初始模型 M_0 的拟合结果。从绝对适配度指数来看,M_0 的良性适配指标(GFI)为0.813,未达到0.9的最低标准;渐进残差均方和平方根(RMSEA)为0.104,超出了0.80的最高上限。从增值适配度指数来看,M_0 的规准适配度指标(NFI)、增值适配指数(IFI)、比较适配指数(CFI)分别为0.876、0.890和0.890,均未达到0.90的最低标准。从简约适配度指数来看,卡方自由度比值(χ^2/df)为7.523,超出了5.00的最高上限。综上分析,初始模型 M_0 的拟合效果不佳,模型需要修正。

进行数据分析时,模型修正指数 MI 设定为4,根据软件 Amos 21.0 给出的修正建议,从 MI 值最大的路径开始尝试修正,在 MI 建议的两

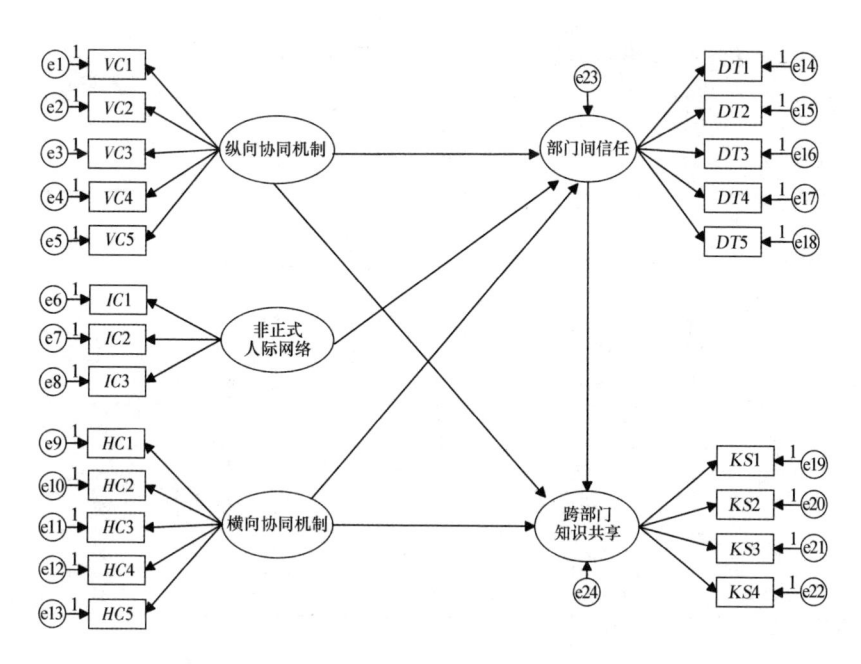

第六章 政府跨部门知识共享影响因素研究　　163

图6-3　协同机制、部门间信任与跨部门知识共享行为关系的模型路径

个误差项之间添加共变关系，所有修正均符合结构方程修正的要求并具备相应的理论支持。最终的修正模型 M_E 拟合结果如表6-22所示。从 M_E 的拟合效果来看，在绝对适配度指数方面，良性适配度指标（GFI）为 0.916，满足大于或等于 0.90 的检验标准；渐进残差均方和平方根（RMSEA）为 0.065，满足小于或等于 0.080 的检验标准；残差均方和平方根（RMR）为 0.024，满足小于或等于 0.050 的检验标准。在增值适配度指数方面，M_E 的规准适配度指标（NFI）、增值适配指数（IFI）和比较适配度指标（CFI）分别为 0.947、0.962、0.962，均满足大于或等于 0.90 的检验标准，卡方自由度比值（χ^2/df）为 3.539，满足小于或等于 5.00 的检验标准。修正模型 M_E 卡方值的显著性检验值（p 值）仍然显著，但卡方值的显著性检验值（p 值）对样本量非常敏感，当样本量增大时，p 值会不断变小。鉴于本书使用的是大样本数据（607 份），应主要结合其他指标对拟合结果进行判断。修正模型 M_E 的各项拟合指标数值均处于检验标准的合理范围之内，这说明修正后的理

论模型整体拟合效果较好，可以进行研究假设的检验。

表6-22　　　　　　　　　模型适配度评价

统计检验量	模型拟合结果 初始模型 M_0 拟合结果	模型拟合结果 修正模型 M_E 拟合结果	适配标准或临界值	模型适配判断
χ^2/df 值	7.523	3.539	≤5.00	是
RMSEA	0.104	0.065	≤0.08	是
GFI	0.813	0.916	≥0.90	是
RMR	0.030	0.024	≤0.05	是
NFI	0.876	0.947	≥0.90	是
IFI	0.890	0.962	≥0.90	是
CFI	0.890	0.962	≥0.90	是

四　路径系数和假设检验

采用最大似然估计得到的理论模型路径系数值以及假设检验如图6-4和表6-23所示。

从结构方程模型的检验结果来看，在纵向协同机制影响关系的假设中，假设1关于纵向协同机制显著负向影响跨部门知识共享的假设未得到支持（$Beta=0.159$，$p<0.001$），影响关系是显著的，但与预测方向不一致；假设2关于纵向协同机制显著负向影响部门间信任的假设未得到支持（$Beta=-0.063$，$p=0.299>0.05$），预测方向是一致的，但影响关系不显著。

在横向协同机制影响关系的假设中，假设3关于横向协同机制显著正向影响政府跨部门知识共享的假设得到支持；假设4关于横向协同机制显著正向影响部门间信任的假设也得到支持；在非正式人际网络影响关系的假设中，假设5关于非正式人际网络显著正向影响政府跨部门知识共享的假设未得到支持（$Beta=0.058$，$p=0.226>0.05$）；假设6关于非正式人际网络显著正向影响部门间信任的假设得到支持（$Beta=$

第六章 政府跨部门知识共享影响因素研究

0.188，$p<0.001$)；假设 7 关于部门间信任显著正向影响政府跨部门知识共享的假设得到实证支持（$Beta=0.326$，$p<0.001$)。总的来说，在 7 种假设关系中，4 种假设关系得到实证支持，通过检验。就三类协同机制而言，横向协同机制对政府跨部门知识共享的总影响效应最强，纵向协同机制的总影响效应次之，非正式人际网络的总影响效应最弱。

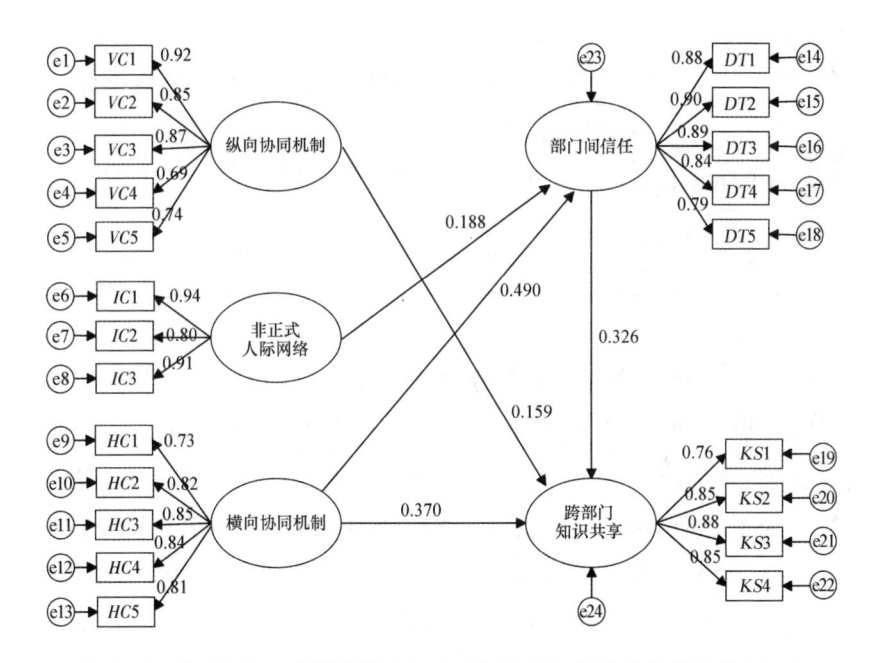

图 6-4 协同机制、部门间信任与跨部门知识共享关系的模型拟合结果

表 6-23　　　　　　　　　　路径系数与假设检验

变量间关系	标准化路径系数	显著性检验	假设验证情况
假设 1：纵向协同机制 - - > 跨部门知识共享	0.159	显著（$p<0.001$）	未得到支持
假设 2：纵向协同机制 - - > 部门间信任	-0.063	不显著（$p=0.299$）	未得到支持

续表

变量间关系	标准化路径系数	显著性检验	假设验证情况
假设3：横向协同机制 – – > 跨部门知识共享	0.370	显著（$p<0.001$）	支持
假设4：横向协同机制 – – > 部门间信任	0.490	显著（$p<0.001$）	支持
假设5：非正式协同机制 – – > 跨部门知识共享	0.058	不显著（$p=0.226$）	未得到支持
假设6：非正式协同机制 – – > 部门间信任	0.188	显著（$p<0.001$）	支持
假设7：部门间信任 – – > 跨部门知识共享	0.326	显著（$p<0.001$）	支持

五 部门间信任的中介效应检验与讨论

根据研究目的，本书将纵向协同机制、横向协同机制和非正式协同机制整合成跨部门协同机制这个单一变量，以进一步检验部门间信任对跨部门协同机制和跨部门知识共享之间的中介效应。本部分利用bootstrap进行中介效应估计和检验，并继续采用最大似然法作为中介效应的估计方法，同时使用偏差矫正的（bias-corrected）bootstrap置信区间估计法进行区间估计。其中，bootstrap抽样数设定为5000次，置信度水平设置为95%。中介效应和检验结果如表6-24所示。

从模型拟合结果来看，各拟合指标均达到了相应的标准，说明模型的整体拟合度较好。基于跨部门协同机制 – – > 部门间信任的标准化直接效应是0.590，在95%置信度下的偏差矫正bootstrap置信区间为[0.506，0.669]；基于部门间信任 – – > 跨部门知识共享的标准化直接效应是0.306，在95%置信度下的偏差矫正bootstrap置信区间为[0.218，0.392]；基于跨部门协同机制 – – > 部门间信任 – – > 跨部门知识共享的间接效应为0.181，在95%置信度下的偏差矫正bootstrap置信区间为[0.121，0.247]。从分析结果可以发现，部门间信任的中介效应值为 0.181，由于跨部门协同机制 - - > 部门间信任 - - > 跨部门知识共享 95% 置信度下的偏差矫正 bootstrap 置信区间不包含零，所以部门间信任对跨部门协同机制和跨部门知识共享的中介效应显著。跨部门协同机制 - - > 跨部门知识共享的标准化直接效应为 0.564，且该影响路径在 0.001 的水平上显著，所以，部门间信任在跨部门协同机制与跨部门知识共享的关系中发挥着部分中介效应，假设 8 得到实证支持，通过检验。

表 6-24　　　　　　　　中介效应估计与检验结果

作用路径	估计值	标准误	BC 95% 置信区间		p 值
			下限	上限	
跨部门协同机制 - - > 部门间信任	0.590	0.042	0.506	0.669	0.000
部门间信任 - - > 跨部门知识共享	0.306	0.044	0.218	0.392	0.000
跨部门协同机制 - - > 部门间信任 - - > 跨部门知识共享	0.181	0.032	0.121	0.247	0.000
跨部门协同机制 - - > 跨部门知识共享	0.564	0.044	0.477	0.648	0.000
拟合度检验	\multicolumn{5}{l}{χ^2/df = 3.911；GFI = 0.904；RMR = 0.028；RMSEA = 0.069；NFI = 0.941；IFI = 0.955；CFI = 0.955}

综上所述，本书进一步深入探讨了纵向协同机制、横向协同机制和非正式人际网络对员工跨部门知识共享行为的影响路径和方式。根据结构方程分析结果和假设检验，本书得到以下结论。

（1）横向协同机制不仅直接正向影响员工的跨部门知识共享行为，而且通过作用于部门间信任进一步提升政府的跨部门知识共享水平。其原因在于政府对水平协同机制的运用有助于改变科层制分工所导致的部门间"封闭分割"的局面，化解信息和知识共享过程中可能存在的各种矛盾和分歧，对增进跨部门间的知识共享有直接影响。与此同时，横向协同机制还提高了不同部门间合作的机会，增加了交流与互动的频率，对破除部门间的"冷漠"与"隔离"、增进部门间的信任具有积极作用，而日趋提升的部门间信任水平，又进一步密切了部门之间的关系，加强合作行为，从而提高了跨部门知识共享水平。

（2）非正式人际网络通过部门间信任对跨部门知识共享的间接影响效应是 0.061。尽管非正式人际网络未对政府跨部门知识共享产生直接影响，但是考虑到它在培育部门间信任中的重要作用，其对政府跨部门知识共享的间接影响力仍值得关注。政府部门中错综复杂的利益关系以及对知识能够维持自身以及部门优势的认知会产生知识"保留"与"囤积"行为，这必然限制了个体以及部门之间的知识共享。非正式的社交网络结构具有弹性和灵活性，有助于创造良好的沟通交流氛围，改善个体之间以及部门之间的关系，增进各参与主体间的信任，对提升知识共享的深度和广度具有重要意义。

（3）纵向协同机制对部门间信任未有显著影响，但是它对跨部门知识共享的影响得到了证实。不同于横向协同机制，纵向协同机制并非在平等自愿的氛围中进行合作，而是在某种程度上依赖上级部门或领导的权威角色。政府部门中知识的分布存在着非均衡性，知识的"生产"和"储存"会存在一定的"成本"，在缺少必要利益补偿机制的条件下，权威的强行介入并重新分配知识资源，会弱化部门间的沟通和交流。这种正式的结构安排无助于提升部门间的信任水平。但是，纵向协同机制能够暂时缓解个体以及部门间的矛盾，其协同中隐含的权威和强制力，能够迫使部门在某种程度上抑制自身的"经济人"动机，重拾"公共人"角色，提升协同意愿和动力，在中国现有国情下对提升知识共享的效率以及质量也能产生一定的积极效应。

第七章

政府跨部门知识共享与组织绩效关系的实证研究

在政府现代化转型的进程中,推进政府组织绩效的持续改善是政府实施各项管理活动所追求的根本目标,在政府组织中开展跨部门知识共享活动也旨在谋求政府组织整体绩效的提升。然而,梳理现有的理论文献发现,针对组织知识共享前因变量的研究成果较为丰富,但聚焦于组织知识共享结果变量的研究文献较少,少量的文献中大部分以私营部门组织为研究对象。学者们普遍认为,组织绩效取决于个体之间、部门之间和组织之间的知识共享(Alavi & Leidner, 2001),提高组织的知识共享水平是提升组织绩效的有效手段(Du et al., 2007; Chow, 2012)。在公共部门,知识业已成为公共政策制定和公共服务供给的核心要素(Blackman & Kennedy et al., 2013; Pee & KanKanhalli, 2016),公共部门知识共享能够衍生更先进的组织知识,并能带动知识层面的创新进而促进公共服务供给体系的改良(Wiig, 2002)。共享和整合政府内不同部门的多样化知识对于公共物品的供给以及公共服务质量的改进具有重要的提升作用(Chen & Hsieh, 2015)。而确保政府雇员之间有效的知识共享已经成为公共管理层面一项重要的挑战(Kim & Lee, 2006)。尽管该领域研究取得了一定的理论成果,但这些理论研究成果尚缺乏来自实践方面的进一步验证,两者之间的关联性亟待更多实证性的支持。

本章立足微观层面的探讨，聚焦员工的跨部门知识共享行为与组织绩效的内在关联性，在对跨部门知识共享与政府组织绩效关系进行理论分析的基础上，构建了跨部门知识共享行为与政府组织绩效关系的结构方程理论模型，运用 Amos 21.0 统计分析软件对采集到的数据进行结构方程分析，经过评价和修正最终形成政府跨部门知识共享与政府组织绩效关系的结构方程模型，从而为进一步推进政府跨部门知识共享提供理论依据。

第一节 跨部门知识共享与组织绩效关系的理论模型构建

如前所述，知识共享与组织绩效关系的研究主要聚焦于私营部门，取得了一定的研究成果。姚艳虹、刘静等（2008）基于显性知识和隐性知识共享维度，探讨了知识共享行为、组织创新与组织绩效之间的关系，显性知识和隐性知识共享对组织绩效的回归系数 Beta 值分别为 0.356 和 0.213，在 Sig. 值为 0.05 水平下显著，它们通过组织创新的中介作用对组织绩效产生显著正向影响。顾琴轩、傅一士等学者（2009）将组织绩效分为知识拓展性绩效和知识探索性绩效两维结构，实证分析了知识共享在人力资源管理实践与知识探索性绩效和知识扩展性绩效之间的关系。研究发现，组织知识共享均显著正向影响知识探索性绩效和知识拓展性绩效，组织绩效的提升离不开组织内部的知识共享活动。王智林和王念新（Wang & Wang, 2012）将组织绩效划分为运转绩效和财务绩效两个维度，探讨知识共享对企业组织绩效的影响。实证结果证实，显性知识共享显著正向影响组织财务绩效，但是对组织运转绩效的影响并不显著；而隐性知识共享对组织运转绩效和财务绩效均具有显著正向影响。李岱素、薛捷（2009）以知识共享为中介变量，探讨了组织文化、组织结构、技术支持与知识共享绩效之间的关系，实证结果证实，知识共享在上述三因素与组织绩效之间具有显著中介效应。综上，私营部门追求的盈利性使得其更关注知识共享与组织创新能力及组织绩效之间的关系。该领域知识共享研究文献充分证明，组织知识共享有助于组织创新能力的提高（Lin，2007；Wang & Wang，2012），是提升组织绩效的有效手段（Du et al.，2007；Chow，2012）。

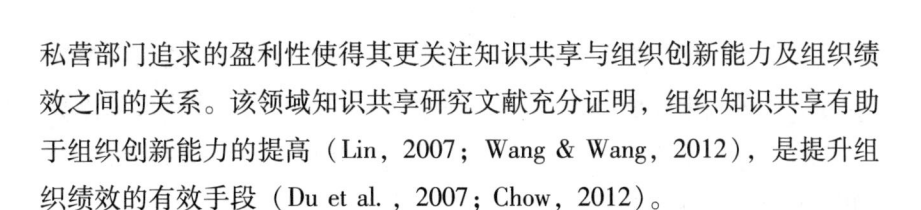

政府组织是基于科层制而形成的垂直型组织架构，是为完成整体性目标而由多层级、多部门构成的条块分割的复杂组织体系。从管理学视角理解绩效的内涵，政府组织绩效体现为不同层次上的有效输出，它是一个多层次的概念，一般包括个人层面的工作绩效和整体性的组织绩效。个体绩效是个体在特定实践范围内，在特定工作职能、活动或行为上生产出的结果记录（Bernardin，Beatty，1984），而组织绩效是指组织在某一时期内任务完成的数量、质量、效率及盈利情况（蔡宁伟等，2014）。个体绩效和组织绩效密切相关，但它们之间并非简单的线性关系。一方面，个人作为社会系统中基本的组成单元，其行为效率是组织绩效的基础（卓越，2011）。组织绩效可以通过个人工作绩效来反映，个体绩效的提高能够显著提升组织绩效。另一方面，组织绩效并不是个体绩效的简单相加，高绩效的个人相加与耦合并不一定带来高的组织绩效（胡宁生，2008）。可见，组织绩效以个人绩效为基础，个人层面的职责履行和目标实现状况理应包含于组织整体绩效评估之中，但个人绩效并不等同于组织绩效。对个人绩效科学而客观地认知与评估，有助于更加系统、科学地评估组织绩效。基于这一逻辑，本书中的政府组织绩效变量从个人绩效和组织整体绩效两个层面予以衡量。

一　跨部门知识共享与个人绩效

学者普遍认为，员工是组织中信息和知识的来源。对公共部门员工而言，吸收并掌握其他主体共享的知识，有助于为工作提供更具创新性地解决问题的思路和方法，可以解决工作中的各项难题，降低工作中的时间损耗和劳动投入，提高工作效率；同时，提升了个人的知识效能，增强了应对未来工作挑战的能力。姜汝珍等（Kang et al.，2008）以韩国中央公共部门雇员为研究对象,探究了知识共享行为与个人工作绩效的关系,实证结果发现,政府部门内部的知识共享行为与个人的工作绩效之间存在着显著正向影响($CR = 5.21$, $p < 0.01$),组织内部及组织间知识共享在提升自身个人绩效中扮演着举足轻重的角色。亨托恩等学者(Henttonen et al., 2016)在针对芬兰公共部门组织的实证研究中,同样证实了组织内部的知识共享行为对雇员的个体工作绩效有显著的提升作用。格塔尔等学者(Gueutal et al., 1984)指出,成功的知识共享行为不仅可以减少工作流程上的时间,而且还能有效提升组织成员的自信水平。同时,工作中持续和重复的知识共享行为,能够有效减少员工工作中的错误,并最终提升个人工作绩效的整体效率和效益,进而通过个人工作绩效的提升带动组织整体绩效的增长。基于知识共享过程论的视角,无论跨部门知识获取,还是跨部门知识奉献,都实质性地带来了知识在部门内外及其人员之间的扩散和流动,从而推进了跨部门协同中不同部门知识的有机融合和利用。因而,不同维度的知识分享行为都有助于跨部门协同工作中的人员消化吸收并掌握其他部门的知识,产生更具创造性的想法,增进其工作能力,由此更好地履行工作职责,提高工作效率,高质量地完成工作任务。基于上述分析,本书提出以下假设:

假设1:跨部门知识共享对个体工作绩效具有显著正向影响。

二 跨部门知识共享与组织绩效

知识经济时代,知识已成为组织中一项不可或缺的重要战略资源。资源基础论指出,组织战略资源具有价值性、稀缺性和难以模仿、难以替代的属性,能够为组织带来竞争优势。与一般的资源相比,知识具有使用上的可重复性,并具有使用过程中边际效用递增的优势(樊治平、孙永洪,2006)。知识的这种独特属性,使得知识更适合共享以不断地进行增值,为组织创造更高的价值。知识共享不仅影响个体的工作效率和效能,还必然对公私部门的组织绩效产生重要影响(Silvi et al., 2006)。在公共部门知识共享与组织绩效关系的研究中,许多学者一致认为，知识已成为公共政策制定和公共服务供给的核心要素（Pee & Kankanhalli, 2016; Willem & Buelens, 2007），确保公共部门内部的知识共享对于公共物品的供给以及公共服务质量的改进具有重要的提升作用（Chen & Hsieh, 2015）。苏哈旺等学者（Vong et al., 2016）以柬埔寨食品安全与信息系统为研究对象探讨知识共享与组织绩效的关系，实证分析结果显示，知识共享对组织绩效产生显著性正向影响；接着将组织类型（政府组织和非政府组织）作为调节变量纳入模型，实证结果也表明，即使在组织类型作为调节变量的情况下，知识共享依然对组织绩效产生正向显著性影响，证实了知识共享对组织绩效的提升具有重要的推动作用。杜陵江和李虹（2012）则选取社区卫生组织为研究对象，探究了社会资本、知识共享与组织绩效三者之间的关系。研究不仅证实了知识共享对组织绩效具有显著正向影响，而且证实了知识共享在结构社会资本、关系社会资本与组织绩效的关系中分别发挥部分中介效应和完全中介效应。柯洪、吴瑞珠（2013）以知识共享为中介变量，探求社会资本与公共项目管理绩效之间的关系。实证得出，知识共享显著影响公共项目管理绩效，部门间高质量的知识共享能够促进资源的转移、消化和利用，在组织整体管理绩效提升方面发挥着重要作用。何瓮和强茂山（2010）以公共项目运作为研究对象，通过实证研究同样发现知识共享显著正向影响组织绩效。员工跨边界的知识共享行为对组织绩效所产生的影响主要表现在：一方面，能够通过知识获取从其他组织或部门中获得本组织运作与发展所需要的知识，从而有效避免组织内部的重复性劳动，降低知识的边际成本；另一方面，能够发挥知识的整合效应，通过知识的共享、整合和利用促进知识创新，提升知识的增量，创造出更大的价值。由此可见，跨部门知识共享行为旨在通过促进信息和知识在不同部门之间的流动，实现碎片化知识的整合、集成和综合利用，消除不同政策之间的矛盾和紧张，提高政策协同性；消除项目之间的重复和矛盾，促进深层次的思想交流，产生更具创新性的工作方法和公共服务供给方式；生产出更为整合的服务，提升公共服务质量，进而持续推进政府整体性绩效的提升。

个体因受益于知识共享行为进而提升个人绩效的同时,也会对组织绩效产生影响。正如韦格(Wiig, 2002)所认为的那样,信息和知识在组织内部的转移与共享主要依靠员工个体的行为才得以实现,个体的职责履行和目标实现是实现组织绩效的基础,组织绩效的改善和优化建立在个体绩效持续提升的基础之上。基于上述分析,本书提出以下假设:

假设2:跨部门知识共享对组织整体绩效具有显著正向影响。

假设3:个人绩效显著正向影响组织整体绩效。

假设4:个人绩效在跨部门知识共享与组织绩效关系中发挥中介作用。

具体如图7-1所示。

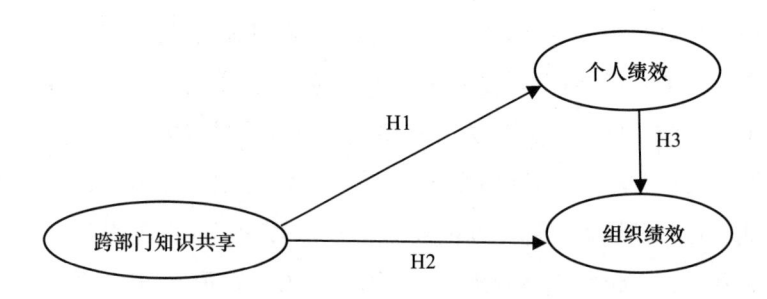

图7-1 跨部门知识共享与组织绩效关系的研究框架

第二节 跨部门知识共享与组织绩效关系模型的实证研究设计

一 量表测量

本章跨部门知识共享量表的编制思路和设计过程与第六章研究变量量表的编制过程基本一致,在此不再赘述。

(一)个人绩效量表设计

与第六章各研究变量量表编制思路一致,个人绩效量表亦在参考和借鉴国内外成熟量表的基础上,形成了个人绩效的初始测量量表(见表7-1)。

表7-1　　　　　个人绩效量表的测量题项与参考来源

测量题项	参考来源
TP1 能充分完成指定任务	Borman & Motowidlo,1997
TP2 达到了工作的正式绩效考核的要求	
TP3 能圆满完成工作描述中规定的要求	
TP4 积极参加能有效影响绩效测评的活动	
TP5 绩效任务符合自己的预期	
TP6 持续以高质量的方式完成工作任务	

学术界普遍认同,个人层面的工作绩效是一个多维度的构念,包括任务绩效和周边绩效,其中,任务绩效是个人工作绩效的重要构成维度。波曼和摩妥威德罗(Borman & Motowidlo,1997)认为,任务绩效是与具体职务的工作内容密切相关的,同时也和个体的能力、完成任务的熟练程度和工作知识密切相关。它主要是指任职者完成本职工作与组织核心任务方面的表现,是员工完成工作任务或履行职务的结果,直接体现了员工对组织的贡献或价值。基于本书的研究目的,本书对个人绩效的衡量参考借鉴 Borman & Motowidlo(1997)关于任务绩效的测量量表,以此为基础编制了个人绩效的测量量表。它共包含6个测量题项,分别是"能充分完成指定任务""达到了工作的正式绩效考核的要求""能圆满完成工作描述中规定的要求""积极参加能有效影响绩效测评的活动""绩效任务符合自己的预期""持续以高质量的方式完成工作任务"。

(二)组织绩效量表的设计

20世纪80年代,英国效率小组在改革财务管理的新方案中,摒弃传统的效率标准,率先设立了"3E"评估方案——经济(economy)、效率（efficiency）、效能（effectiveness）。"3E"绩效标准成为公共组织绩效评估的重要价值准则。但是，随着社会的快速发展以及公共部门职能的转变，在追求经济、效率和效果的"3E"价值标准基础上，质量、公平、责任、回应等要素也日益成为公共部门绩效评估指标设计的主流价值标准。基于本书的"跨部门"研究视角及其研究目的，本书以"经济、效率和效能"（3E）作为组织层面绩效量表设计的价值取向。由于客观上难以获取组织绩效层面的数据，本书选择从主观认知角度来衡量组织绩效，根据其内涵，结合调研和访谈实践编制了政府组织层面的绩效测量量表。它共包含5个测量题项，分别是"组织协同运行流程优化""组织协同运行效率提高""组织政务协同工作高质量完成""组织整体战略目标有效实现""组织的整体绩效提升"。具体见表7-2。

表7-2　　　　　组织绩效量表的测量题项与参考来源

测量题项	参考来源
OP1 组织协同运行流程优化	蔡宁伟、张丽华（2014）
OP2 组织协同运行效率提高	
OP3 组织政务协同工作高质量完成	
OP4 组织整体战略目标有效实现	
OP5 组织的整体绩效提升	

如前所述，本书严格按照社会调查量表编制的理论、方法与程序，采用李克特（Likert）五点计分法对所有变量进行测量，即要求被调查者根据所在部门和自身的真实情况判断对每一个语句描述的认同程度，"1"表示"非常不符合"，"2"表示"比较不符合"，"3"表示"一般"，"4"表示"比较符合"，"5"表示"非常符合"。

二　量表分析

数据采集和样本的描述性统计分析在第六章已加以说明，在此不再

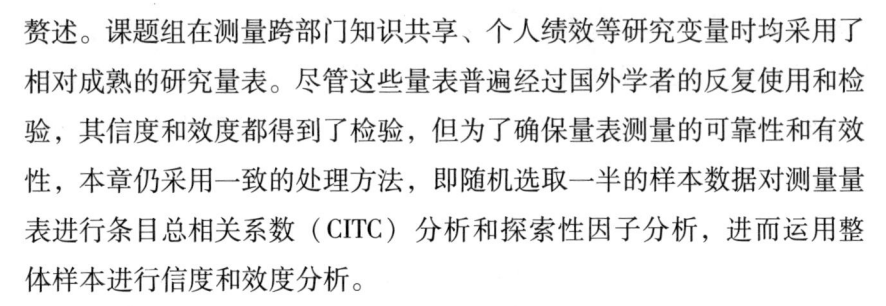

赘述。课题组在测量跨部门知识共享、个人绩效等研究变量时均采用了相对成熟的研究量表。尽管这些量表普遍经过国外学者的反复使用和检验，其信度和效度都得到了检验，但为了确保量表测量的可靠性和有效性，本章仍采用一致的处理方法，即随机选取一半的样本数据对测量量表进行条目总相关系数（CITC）分析和探索性因子分析，进而运用整体样本进行信度和效度分析。

（一）量表的 CITC 分析和探索性因子分析

对量表进行题项总相关系数（CITC）分析旨在净化量表中可能包含的垃圾测量题项。本书将 0.5 作为净化测量题项的标准，同时运用 Cronbach's Alpha 系数（下文简称 α）分析测量题项的内部一致性系数，进行信度评价。在测量题项净化前后，一般都要计算 α 系数。α 系数值介于 0 和 1 之间，当测量题项的 α 在 0.7 以上时，表示信度符合要求。测量题项净化后，同样有必要对其进行探索性因子分析。首先，需对样本进行 KMO 检验和 Bartlett 球形度检验，以判断是否适合做因子分析。一般认为，KMO 值在 0.7 以上，Bartlett 球形度检验的统计值显著性概率小于或等于显著性水平时，表明可以做因子分析。本书采用主成分因子分析法，按照特征值大于 1 的原则和最大方差变异旋转抽取因子。大多数统计学者也认为，若测量题项的因子载荷均大于 0.5，而且累计解释方差比例大于 50%，则表示测量符合要求。

基于上述分析原则，对跨部门知识共享、个人绩效和组织绩效进行 CITC 分析，分析结果见表 7-3。由表 7-3 可以发现，跨部门知识共享 4 个测量题项的 CITC 值均大于或等于 0.5，符合检验标准，删除题项后的 α 系数均小于未改动前该量表整体的 α 系数 0.790，说明该量表符合测量要求。个人绩效 6 个测量题项的 CITC 值均大于 0.5，符合检验标准，删除题项后的 α 系数均小于未改动前该量表整体的 α 系数 0.953，说明该量表符合测量要求。组织绩效的 5 个测量题项中，前 4 项的 CITC 值大于 0.5，删除题项后的 α 系数均小于未改动前该量表整体的 α

系数0.849，符合检验标准；但 OP5 的 CITC 值小于0.5，删除题项后的 α 系数为0.865，大于未改动前该量表整体的 α 系数0.849，根据前述分析原则删除 OP5 测量题项，净化该量表，从而使删除该题项后的量表符合测量要求。

表7-3　　　　　　测量量表的 CITC 分析和信度统计

测量题项	CITC	删除题项后的 α 系数	Cronbach's α
KS1	0.500	0.784	0.790
KS2	0.667	0.702	
KS3	0.650	0.711	
KS4	0.587	0.744	
TP1	0.870	0.943	0.953
TP2	0.864	0.944	
TP3	0.870	0.943	
TP4	0.818	0.949	
TP5	0.859	0.944	
TP6	0.851	0.945	
OP1	0.776	0.783	0.849
OP2	0.776	0.783	
OP3	0.628	0.825	
OP4	0.664	0.816	
OP5	0.456	0.865	

对样本数据进行 KMO 检验和 Bartlett 球形度检验，结果见表7-4。整体量表的 KMO 测试值为0.874，大于0.7；Bartlett 球形度检验的显著性概率为0，满足0.05的检验标准，表明适合做因子分析。运用主成分分析法对14个测量题项进行因子分析，使用最大方差法进行因子旋转，抽取出3个特征值大于1的因子，其特征值分别为4.825、2.936和2.496；3个因子累计解释的方差比是73.261%，超过了50%的检验标准；14个测量题项对应各自因子的因子载荷都超过了0.5，且不存在

跨因子载荷问题，表明各测量题项分别测量了同一概念，能较好地反映对应的测量变量。

表7-4　　　　　　　　测量量表的探索性因子分析

测量题项	因子载荷		
	因子1	因子2	因子3
KS1	0.065	0.006	0.747
KS2	0.288	0.124	0.755
KS3	0.346	0.176	0.708
KS4	0.128	0.056	0.783
TP1	0.867	0.203	0.186
TP2	0.865	0.228	0.164
TP3	0.857	0.224	0.213
TP4	0.818	0.190	0.227
TP5	0.879	0.155	0.160
TP6	0.860	0.189	0.180
OP1	0.270	0.836	0.066
OP2	0.277	0.827	0.136
OP3	0.116	0.793	0.123
OP4	0.152	0.798	0.012
KMO值	0.874		
Bartlett球形度检验卡方值	3048.802		
Sig.	0		
特征值	4.825	2.936	2.496
解释方差变异（%）	34.462	20.974	17.825
累计解释方差变异（%）	34.462	55.436	73.261

（二）量表信度分析

CITC分析和探索性因子分析结果表明，本书所运用的测量量表经净化后具有较好的信度和清晰的内部结构。为了进一步评估所采用的整体样本的数据质量,本书运用整体样本考察变量测量量表的信度,依然采用α系数指标进行各量表的内部一致性系数检验。其中,α系数值介于0和1之间,当信度系数值在0.7以上时,表示量表的信度较好,处于可以接受的范围。表7-5是基于全部样本数据对跨部门知识共享、个人绩效和组织绩效进行的信度分析结果统计。表7-5的数据结果显示,跨部门知识共享、个人绩效、组织绩效等测量变量的α系数均大于0.7的检验标准,说明测量变量在使用的样本数据中呈现出较好的内部一致性特征,达到可靠测量对量表信度的要求。

表7-5 测量量表的Cronbach's α系数统计

测量量表	Cronbach's α 系数
跨部门知识共享	0.805
个人绩效	0.959
组织绩效	0.863

（三）量表的收敛效度

对潜变量验证性因子分析的结果如表7-6所示。从拟合优度指标来看,χ^2/df为3.5,小于5；RMSEA为0.064,小于0.07；GFI为0.943,AGFI为0.917,CFI为0.972,NFI为0.962,RFI为0.952,IFI为0.973,TLI为0.965,均大于0.9,表明模型拟合效果良好。表7-6同时呈现了各潜变量的收敛效度检验结果。各潜变量对应各观察变量的因子载荷量均大于0.6,表明各潜变量对应所属题项具有较好代表性,各潜变量平均方差抽取量AVE分别为0.567、0.791和0.619,均大于0.5,各潜变量的组合信度CR分别为0.838、0.958和0.864,均大于0.8,表明各潜变量具有良好的收敛效度。

第七章 政府跨部门知识共享与组织绩效关系的实证研究

表7-6 变量的收敛效度

路径			标准化因子载荷	AVE	CR
KS1	<---	跨部门知识共享	0.689	0.567	0.838
KS2	<---	跨部门知识共享	0.742		
KS3	<---	跨部门知识共享	0.904		
KS4	<---	跨部门知识共享	0.653		
TP1	<---	个人绩效	0.919	0.791	0.958
TP2	<---	个人绩效	0.913		
TP3	<---	个人绩效	0.909		
TP4	<---	个人绩效	0.858		
TP5	<---	个人绩效	0.861		
TP6	<---	个人绩效	0.874		
OP1	<---	组织绩效	0.89	0.619	0.864
OP2	<---	组织绩效	0.904		
OP3	<---	组织绩效	0.668		
OP4	<---	组织绩效	0.647		
拟合优度指标值			χ^2/df = 3.5；RMSEA = 0.064；GFI = 0.943；AGFI = 0.917；CFI = 0.972；RFI = 0.952；NFI = 0.962；IFI = 0.973；TLI = 0.965		

(四) 量表的区分效度

区分效度，又称判别效度和区别效度，指在应用不同方法测量不同构念时，不同测量项目之间具有差异性，能够加以区分。区分效度通过比较 AVE 平方根与变量间的相关系数来说明。如果 AVE 平方根大于潜变量之间的相关系数，则说明不同潜变量的测量题项之间具有明显的区分效度。

各潜变量的区分效度检验结果见表7-7，对角线为各潜变量的 AVE 值。跨部门知识共享对个人绩效的相关系数值为 0.532，跨部门知识共享行为与组织绩效的相关系数值为 0.315，个人绩效对组织绩效的相关系数值为 0.513，说明跨部门知识共享、个人绩效和组织绩效之间有显著相关性（$p<0.001$）。同时，相关性系数均小于所对应的AVE平方根，说明各潜变量之间有一定的相关性，彼此也有一定的区分度，说明各潜变量量表的区分效度理想。

表7-7　　　　　　　　　　变量的区分效度

	跨部门知识共享	个人绩效	组织绩效
跨部门知识共享	0.567		
个人绩效	0.532***	0.791	
组织绩效	0.315***	0.513***	0.619
AVE平方根	0.753	0.890	0.790

注：*表示$p<0.05$，**表示$p<0.01$，***表示$p<0.001$。

第三节　跨部门知识共享与组织绩效关系的实证结果分析

一　测量题项的描述性统计

该理论模型共包括14个测量题项，在此通过描述性统计分析来了解数据的分布特征，同时借助偏度值和峰度值来判断数据是否符合正态性分布标准。各测量题项的均值、标准差、峰度和偏度值的描述性统计分析结果如表7-8所示。

表7-8　　　　　　测量题项的描述性统计分析结果

测量条款	最小值	最大值	均值	标准差	偏度 统计量	偏度 标准误	峰度 统计量	峰度 标准误
KS1	1.00	5.00	3.715	0.871	-0.436	0.099	0.214	0.198
KS2	1.00	5.00	4.040	0.818	-0.746	0.099	0.604	0.198
KS3	1.00	5.00	3.928	0.829	-0.700	0.099	0.455	0.198
KS4	1.00	5.00	3.799	0.855	-0.507	0.099	0.052	0.198

续表

测量条款	最小值	最大值	均值	标准差	偏度 统计量	偏度 标准误	峰度 统计量	峰度 标准误
TP1	1.00	5.00	4.015	0.714	-0.458	0.099	0.543	0.198
TP2	1.00	5.00	4.048	0.729	-0.510	0.099	0.638	0.198
TP3	1.00	5.00	4.040	0.752	-0.531	0.099	0.492	0.198
TP4	1.00	5.00	4.053	0.769	-0.462	0.099	0.116	0.198
TP5	1.00	5.00	3.993	0.701	-0.337	0.099	0.349	0.198
TP6	1.00	5.00	3.970	0.744	-0.338	0.099	0.054	0.198
OP1	1.00	5.00	4.104	0.778	-0.774	0.099	0.743	0.198
OP2	1.00	5.00	4.020	0.816	-0.511	0.099	0.190	0.198
OP3	1.00	5.00	4.115	0.806	-1.008	0.099	1.583	0.198
OP4	1.00	5.00	4.194	0.778	-1.006	0.099	1.622	0.198

注：KS 代表跨部门知识共享行为；TP 代表个人绩效；OP 代表组织绩效。有效样本量为 607 份。

一般认为，当偏度绝对值小于 3、峰度绝对值小于 10 时，样本基本符合正态性分布（Kline, 1998）。表 7-8 显示，各测量题项偏度和峰度的绝对值都符合相应的检验标准，因此可以判定样本数据基本呈现出正态性分布的特征，完全满足进一步分析对数据的要求。

二 跨部门知识共享与组织绩效关系的结构方程模型检验

基于前文概念模型，本书借助 Amos 24.0 统计分析软件绘制出相应的结构方程路径分析图，并进行初始结构方程模型的拟合。初始结构方程模型共包含 3 个潜变量和 15 个显变量。其中，跨部门知识共享行为是外因潜变量，对应 KS1、KS2、KS3、KS4；个人绩效和组织绩效为内因潜变量，分别对应 TP1、TP2、TP3、TP4、TP5、TP6 和 OP1、OP2、OP3、OP4、OP5。除此之外，模型还包含了 2 个潜变量的残差和 15 个显变量的残差，结构方程模型的路径如图 7-2 所示。

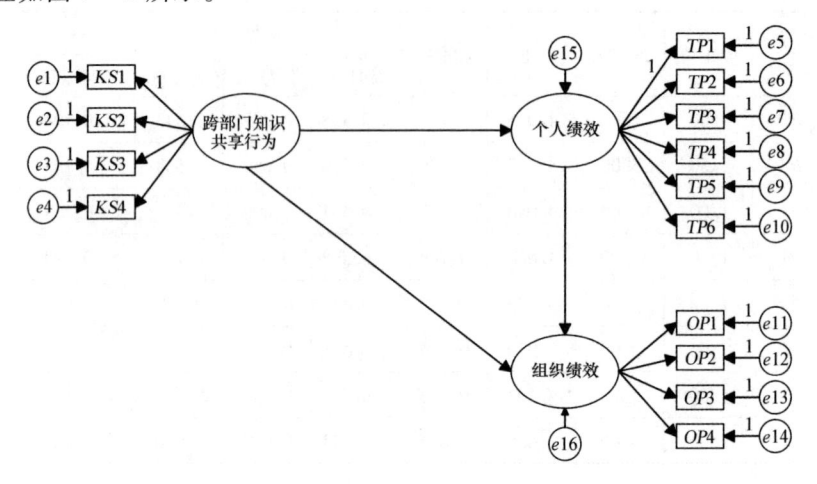

图 7-2 跨部门知识共享行为与组织绩效关系的结构方程模型路径

（一）结构方程模型的拟合

将研究数据导入 Amos 24.0 统计分析软件，初步拟合结构方程模型，初始结构方程模型的拟合效果如图 7-2 所示。尽管绝对适配度指标、相对适配度指标和简约适配度指标中的大多数指数达到了相应的检验标准，但模型检验的几个核心指数，如绝对适配度指标的渐进残差均方和平方根 RMSEA 值为 0.085，未满足小于 0.08 的检验标准；简约适配度指标的卡方自由度比值 χ^2/df，未满足小于 5.0 的检验标准，临界样本量 CN 值为 144，未达到高于 200 的检验标准。因此，综合上述拟合结果进行分析，政府跨部门知识共享行为与组织绩效关系的初始结构方程模型拟合优度有待进一步提升，模型仍有修正的必要。

将 Amos 24.0 统计分析软件中的默认修正指数 4 改为 15，然后进行 Calculate Estimates 计算。基于 Amos 24.0 给出的修正建议进行修正，从 Amos 给出修正建议中修正指标的最大值开始，修正从大到小依次进行，通过在误差项之间添加共变曲线予以修正。全部修正均符合结构方程模型的修正要求，同时具备理论支持。经过 4 次修正，结构方程模型的拟合效果如图 7-3 所示。

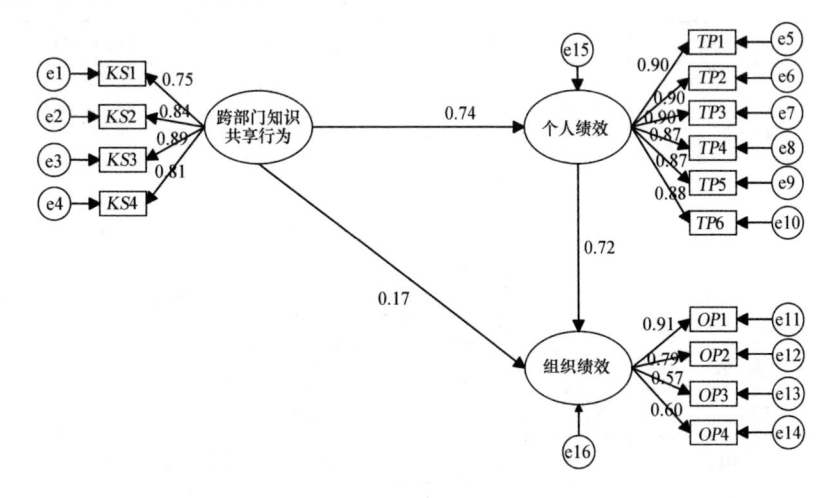

图 7-3 跨部门知识共享行为与组织绩效关系修正结构方程模型拟合结果

表 7-9 是修正后的跨部门知识共享与组织绩效关系结构方程模型的拟合优度指标。可以看出，从绝对适配度指标上看，良性适配指数 GFI 值、调整后良性适配指数 AGFI 值、残差均方和平方根 RMR 值、渐进残差均方和平方根 RMSEA 值分别为 0.953、0.932、0.016 和 0.054，均满足相应的检验标准；从增值适配度指标上看，规准适配指数 NFI 值、相对适配指数 RFI 值、增值适配指数 IFI 值、非规准适配指数 TLI 值、比较适配指数 CFI 值分别为 0.982、0.964、0.982、0.977 和 0.982，均满足高于 0.9 的检验标准；从简约适配度指标上看，模型的卡方自由度比值 χ^2/df 值为 2.778，满足低于 5.0 的检验标准；简约适配度指数 PGFI 值和简约调整后的规准适配指数 PNFI 值分别为 0.659 和 0.768，均满足高于 5.0 的检验标准。此外，临界样本量 CN 值为 277，同样满足大于 200 的检验标准。鉴于绝对适配度指数、增值适配度指数和简约适配度指数中的所有代表性指数均满足各自的检验标准，因而，研究数据与修正后的理论模型拟合较好。

表7-9　　　　　　　　　修正结构方程模型拟合结果

统计检验量	适配标准或临界值	检验结果数据	模型适配判断
绝对适配度指数			
GFI 值	>0.8	0.953	是
AGFI 值	>0.8	0.932	是
RMR 值	<0.05	0.016	是
RMSEA 值	<0.08	0.054	是
增值适配度指数			
NFI 值	>0.9	0.982	是
RFI 值	>0.9	0.964	是
IFI 值	>0.9	0.982	是
TLI 值	>0.9	0.977	是
CFI 值	>0.9	0.982	是
简约适配度指数			
χ^2/df	<5.0	2.778	是
PGFI	>0.5	0.659	是
PNFI	>0.5	0.768	是
CN 值	>200	277	是

表7-10呈现的是结构方程模型指标值。结果显示，跨部门知识共享行为对个体绩效具有显著正向作用，标准化路径系数值为0.740，且在0.001的水平显著，故可判定员工的跨部门知识共享行为会正向影响个体绩效，研究假设1得到支持；跨部门知识共享行为对组织绩效具有显著正向作用，标准化路径系数值为0.166，且在0.001的水平上显著，故可判定员工的跨部门知识共享行为会正向影响组织层面的绩效，研究假设2得到支持；员工的工作绩效对组织绩效具有显著正向影响，标准化路径系数值为0.717，且在0.001的显著水平上，故可判定员工的工作绩效会正向影响组织层面的绩效，研究假设3得到支持。

第七章 政府跨部门知识共享与组织绩效关系的实证研究

表7-10 结构方程模型的各指标值

变量间关系	标准化路径系数	S.E.	C.R.	p	假设验证情况
KS→TP	0.740	0.044	16.772	***	支持
KS→OP	0.166	0.043	3.542	***	支持
TP→OP	0.717	0.050	13.251	***	支持

注：KS 代表跨部门知识共享行为；TP 代表个人绩效；OP 代表组织绩效；* 表示 $p<0.05$，** 表示 $p<0.01$，*** 表示 $p<0.001$，均为双侧检验。

（二）跨部门知识共享行为对组织绩效的中介效应分析

本书参照 Banon 和 Kenny 对中介效应检验的研究成果，通过 Amos 结构方程嵌套模型进行中介效应分析。为证实个体绩效在跨部门知识共享和组织层面绩效之间所发挥的中介效应，本书进行了一系列嵌套模型测试，拟通过模型拟合优度比较来确定最佳模型。其中，模型1是基准模型，目的是检验个人绩效的部分中介效应，影响路径是从跨部门知识共享到个人绩效再到组织层面的绩效，也包含跨部门知识共享到组织层面绩效的直接影响路径。模型2检验的是个人绩效的完全中介效应，影响路径是从跨部门知识共享到个体绩效再到组织层面的绩效。模型3仅检验直接效应，影响路径是从跨部门知识共享行为到组织层面的绩效以及从个体绩效到组织层面的绩效。在修正标准一致（修正指数依旧设置为15）的情况下，三个模型的拟合结果如表7-11所示。

表7-11 嵌套模型检验结果

结构方程模型	χ^2	df	χ^2/df	RMSEA	TLI	CFI	$\triangle\chi^2$ ($\triangle df$)
模型1（部分中介模型）：KS→OP 和 KS→TP→OP	230.579	83	2.788	0.054	0.977	0.982	

续表

结构方程模型	χ^2	df	χ^2/df	RMSEA	TLI	CFI	$\triangle\chi^2$ ($\triangle df$)
模型2（完全中介）：$KS \to TP \to OP$	243.488	84	2.899	0.056	0.975	0.980	12.909 (1)
模型3（直接效应）：$KS \to OP$ 和 $TP \to OP$	608.201	84	7.240	0.101	0.918	0.935	377.622 (1)

注：KS 代表跨部门知识共享；TP 代表任务绩效；OP 代表组织绩效。

模型1的拟合指标卡方值 χ^2 为230.579，自由度值 df 为83，卡方自由度比值 χ^2/df 为2.788，渐进残差平方和均方根 RMSEA 为0.054，非规准适配指数 TLI 值为0.977，比较适配指数 CFI 值为0.982，模型的拟合效果较好。对比模型2和模型3的同类对应拟合指标，模型1的拟合效果显然最佳。此外，表7-11还放置了三个模型卡方值的比较值 $\triangle\chi^2$。其中，模型2的卡方值比模型1大12.909，模型3的卡方值比模型2大377.622，所以，模型1即部分中介模型显然是最佳拟合模型。由此可判定，个体工作绩效在跨部门知识共享行为和组织整体绩效之间发挥着部分中介效应，研究假设4得到支持。

综上分析，员工的跨部门知识共享行为不仅对个体工作绩效和组织整体绩效具有直接的正向影响，跨部门知识共享还通过个体工作绩效进而影响组织整体绩效，即个体工作绩效在跨部门知识共享与组织整体绩效的关系中发挥部分中介效应。

第八章
政府跨部门知识共享的机制建设与推进策略

知识经济时代,知识作为组织中具有战略性的要素受到前所未有的重视,如何充分而有效地利用组织中的知识以创造更大的价值成为不同类型组织共同关注的核心议题。对任何组织而言,实现充分而有效地利用组织知识的关键环节就在于如何最大限度地共享知识,通过知识的扩散、整合和创造来增进组织能力和提升组织价值。由于知识共享活动难以自动地发生,组织必须加强知识共享管理,深入把握那些影响知识共享行为的组织因素,有效地将知识管理和组织管理过程有机结合,充分运用多元化的管理策略才能真正促进知识的共享、整合和利用,实现知识价值的最大化。政府无疑是体系庞大的"知识密集型"组织。尽管很多研究文献论证了跨部门知识共享对于组织不同层面绩效的正向促进作用,甚至荷兰学者凡·布伦和杰士珀在2010年明确了"知识治理"作为科层、市场、网络治理之外的"第四种"治理形式(Van Buuren、Jasper,2010),但知识共享在当前政府组织实践中仍然缺乏足够的重视。2014年的《全球信息技术报告》也明确指出,包括政府在内的公共部门并未充分挖掘出自身产生、所收集数据或外部产生数据的潜在价值。因而,如何采取有效手段促进跨部门知识共享已经成为政府提升其治理能力、应对未来复杂挑战的关键环节（Kim & Lee, 2016），也是推进政府现代化转型的必由之路。这一重要议题在中国推进国家治理体系和治理能力现代化的背景下显得尤其重要。

21世纪以来，为了降低新公共管理运动所带来的治理碎片化倾向，西方国家致力于推进整体性政府和协同政府的建设，并把打破部门阻隔、实现跨部门的知识共享作为重要目标和核心内容，在推进知识的跨部门共享中积累了较为丰富的经验。基于此，本章将通过文献资料分析的方法，重点梳理美国、英国、加拿大和澳大利亚等国为推进政府跨部门知识共享所采取的主要举措及其值得借鉴的共性经验。在此基础上，综合之前章节理论阐释和实证分析的结论，本章提出并分析了地方政府跨部门知识共享的四种机制性建设和具体的推进策略，以期加快推进中国地方政府的跨部门知识共享活动，提升政府治理能力和深化整体性政府建设。

第一节　国外政府跨部门知识共享的经验借鉴

尽管各个国家在政治制度、文化传统、管理手段方面存在着诸多差异，但它们都在致力于建设一个更具整合性和协同性的政府，增进不同政策之间的协同性，为公众提供无缝隙、高质量的公共服务，以更有效的方式协同治理共同面临的社会公共问题。基于知识的公共性和嵌入性特征，跨部门知识共享实践不仅关系到组织知识管理过程，也与跨部门协同治理实践密切联系，深刻地嵌入组织跨部门协同和相互学习的过程中。因而，本节通过对美国、英国、加拿大和澳大利亚政府跨部门知识共享实践活动的系统梳理，总结归纳国外发达国家推行跨部门知识共享活动的共性策略，为推进中国政府跨部门知识共享提供经验借鉴。

一　美国政府跨部门知识共享的实践

美国政府十分注重发挥知识在政策协同、公共服务和公共治理中的

第八章 政府跨部门知识共享的机制建设与推进策略

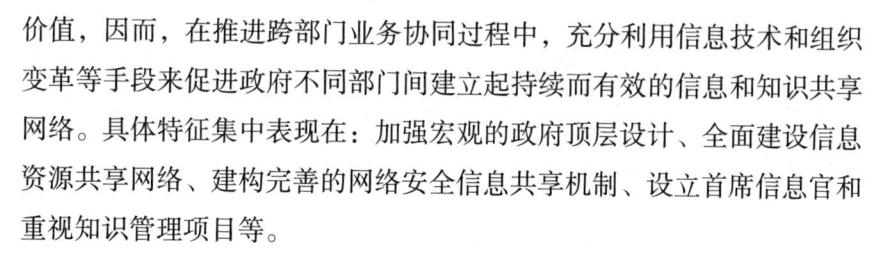

价值，因而，在推进跨部门业务协同过程中，充分利用信息技术和组织变革等手段来促进政府不同部门间建立起持续而有效的信息和知识共享网络。具体特征集中表现在：加强宏观的政府顶层设计、全面建设信息资源共享网络、建构完善的网络安全信息共享机制、设立首席信息官和重视知识管理项目等。

（一）注重跨部门协同的顶层设计

针对需要多部门协同治理的公共事务，美国往往设立专门的跨组织协调机构直接负责协调跨部门协同事务和知识共享活动。美国联邦政府设立了首席信息官委员会和政府间调解办公室：前者是各个行政部门之间以及联邦政府与州政府之间协调的核心委员会；后者则隶属美国总务署，主要职责在于推进各个部门之间的合作。这些机构在引导不同部门之间就信息共享事宜进行协商、协调及合作方面所起的作用很大（陈美，2013）。

以美国海洋政策协同框架为例来具体阐述。美国的海洋、海岸和大湖管理领域也存在纷繁复杂的法律、权限和治理结构碎片化的问题。2009年6月，美国总统奥巴马签署了一个备忘录，责成环境质量委员会主席牵头，成立一个由24个高级行政官员组成的跨部门海洋政策任务小组，研究解决海洋政策领域的跨界协同治理问题。之后，基于任务小组的建议，美国政府在中央层面设立了由27个部委、机构和办公室组成的国家海洋委员会负责制定统一、整合的国家海洋政策。美国的国家海洋委员会是一个"首长—副职"委员会，组成人员包括联邦各部和职能部门的首长以及相关副手，由环境质量委员会主席和科技政策办公室主任担任联合主席，联合主席轮流主持海洋委员会会议。美国海洋政策协调框架，层次分明，涵盖了联合主席、第一层次（部长级）会议、第二层次（副手级）会议和各职能机构等不同层次，跨部门的联席会议成为美国政府不同部门间沟通交流以实现知识共享的重要途径。正如学者Sabatier对这类建立在共享信念基础上的"政策共同体"的认识，在共同体的行动中，知识的积累、分享传播以及学习机制发挥了重要的作用,能够影响共同体成员对于政策问题性质以及因果关系的认知,进而影响其行动策略乃至共同体自身的发展(张海柱,2015)。

在此基础上,美国在2012年成立国家海洋理事会,致力于进一步促进国家海洋、海岸和大湖治理过程中跨部门的协作。作为二元领导的代表级委员会,国家海洋理事会中公职人员包括国务部、国防部、内政部、劳动部和交通部等多部的国务秘书,司法部长,环保署署长和国家航空航天局局长,环境质量理事会、联邦能源监管委员会和参谋长联席会议的主席,管理与预算办公室和国家科学基金等机构的主任,分管国土安全和反恐、国内政策、能源和气候变化的总统助理等(孙迎春,2011)。国家海洋理事会的成立,将政府组织间的正式结构与专家咨询委员会、伙伴关系等非正式结构结合在一起,并将联邦、州和地方三级政府部门、企业和社会组织联系在一起,构成了广泛的跨界协作网络,协同治理海洋生态问题。国家海洋理事会对外可与国家安全理事会、国家经济理事会等机构进行协调,对内确保海洋资源管理跨部门政策委员会和海洋科技跨部门政策委员会的活动,政策上下一致,解决理事会公职人员机构之间的争端并进行专业知识的指导和探讨;同时,还依靠国家信息管理系统、联邦地理数据委员会等完成跨部门的知识管理和服务协同。

(二)全面建设政府信息资源共享网络

早在2001年,时任美国总统布什就设立了预算和管理办公室,由其专门负责美国电子政务和信息化建设工作,实现在宏观层面把握整个国家的信息共享进程。而国家信息管理系统和联邦地理数据委员会则是政府信息资源共享网络建设的直接结果和典型代表。

国家信息管理系统通常以召开专业会议的形式建群,为群内公职人员提供实践案例、文献资料等,并对发现性词汇表进行评估和适时推荐以促进群内互动和知识共享。此外,为了便于用户获得执行空间规划的相关信息,国家信息管理系统都会拥有一个中央入口和地区入口,与所开发的空间规划信息相连接。系统内部的操作系统、信息交换和应用技术相互连接，以便共同开发和实施。

美国联邦地理数据委员会是一个促进美国地理信息数据使用、共享和传播的机构委员会，隶属于美国政府管理预算局。它由农业部、商业部、能源部、内务部、国务院、交通部、环保局、国会图书馆、宇航局、档案局等多个部门组成，并由内务部负责。联邦地理数据委员会则主要负责执行、管理和监督联邦政府的地理空间决策，对州、地方政府的跨部门协调活动提供政策上的咨询与指导。联邦地理数据委员会将来自湿地、植被、地质、国家数字影像计划和海洋海岸空间数据等委员会的历史数据、元数据、标准乃至数据的结构进行整合，对各级政府的法规政策、公文、司法档案、培训、绩效评估和审批的多个系统进行共享，建立了地理空间平台，消除了工作和数据的重复，平衡了地理空间的投入，满足了公民和机构程序开发的需求，提高了公共管理的效率。该平台利用云计算技术提供"一次创建，多次使用"的服务，可跨部门共享联邦政府、企业和社会组织的相关数据及实践应用，使用户最大限度地获得高质量的数据，并使资源得以重复利用，提高了资源的共享率。委员会的各分委会和工作组还在与州、地区、地方、私营企业、非营利组织、学术界以及国际组织不断协商和合作的基础上，研究开发了地理空间数据内容、精度和转换等方面的标准，用以支持美国国家空间数据基础设施（NSDI）的建设。

（三）完善信息共享领域的法律法规

美国围绕网络安全信息共享的范围、参与主体、程序、组织机构、激励与责任保护、隐私保护等法律政策的内容进行不断更新与完善（马民虎等，2016）。1948年后，美国政府通过的《行政程序法案》规定了公众有权获得一些基本的政府信息。进入20世纪60年代，美国政府相继颁布一系列法律，政府信息日益公开。具体情况为：1976年美国政府进一步颁布《在阳光下的政府法》，1980年通过《文书削减法》，1993年国会通过《强化政府出版署（GPO）电子信息获取法案》，1995年4月签署执行12958号总统令《涉密国家安全信息》，

1996年通过《政府印刷改革法案》，同年通过经重大修改后的《信息自由法》（吕先竞等，2004）。基于此，美国已经逐步建立了较为系统、全面和有效的网络安全信息共享机制。美国联邦政府制定的规范化法律法规，为政府跨部门知识共享提供了重要保障，将共享中所涉及的知识内容、要求、标准、各公职人员职能等内容进行规章层面的权威确认，有效减少了协作冲突，彼此相互配合以实现知识共享的目标。

（四）设立首席信息官

美国联邦政府还设立了首席信息官委员会以协调不同层级、不同部门间的信息共享，旨在加强各个行政部门之间以及联邦政府与州政府之间的协调。同时，设立不同级别的首席信息官，以监督各部委执行信息技术事务，并对信息源进行有效管理，开发和维护信息技术结构，评估与考核部门公职人员的信息资源管理能力，还负责协调跨部门信息资源项目，促进信息和技术的共享（吴江等，2010）。

美国首席信息官委员会的主要职责和任务包括：交流信息资源管理经验、思路、成功做法和创新举措；在跨部门项目和应用信息技术以提高政府效能的创新行动中发挥确认、扩展和协调的作用；和国家标准与技术协会、电子政务和信息技术办公室主管一起研究提出关于信息技术标准的建议，包括互联互通的标准和指南、联邦政府电子信息分类标准和指南、与联邦政府计算机系统效率和安全相关的标准和指南；与人事管理办公室合作，分析和解决与信息资源管理有关的雇用、培训、分类和职业开发需求问题；与联邦档案局合作，分析政府信息管理活动怎样有效满足联邦档案法案的要求等（李辉，2012）。

（五）重视知识管理项目的开发

为了建立知识型的政府组织，并解决临退休公职人员数量庞大而年轻公职人员流动性大的人力资源危机，美国政府实施了"知识管理金字塔"战略，即通过正式的知识管理项目促进公职人员共享、创造知识。在项目开发方向上，首先利用政府内部网、实践社区、专业知识定位器等知识管理技术和工具将知识共享与公职人员的日常工作结合在一

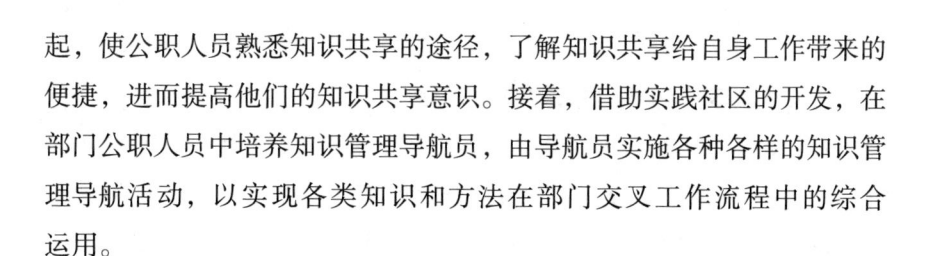

起，使公职人员熟悉知识共享的途径，了解知识共享给自身工作带来的便捷，进而提高他们的知识共享意识。接着，借助实践社区的开发，在部门公职人员中培养知识管理导航员，由导航员实施各种各样的知识管理导航活动，以实现各类知识和方法在部门交叉工作流程中的综合运用。

下面以美国联邦公路管理局（Federal Highway Administration，FHWA）开发的知识管理项目为例加以阐述。美国联邦公路管理局隶属于运输部，其核心任务是建立完善的运输系统，为民众提供安全、舒适、便捷的运输环境及服务，以促进经济活动、提升生活品质、改善生活环境。为减少因车辆冲出路外而发生交通事故，FHWA 以推广齿棱标志带的设置为议题建立了一个基于网络平台的知识社群，以传递相关知识，并将影响力渗透到各个机关（陈泰明，2004）。

这个社群网站的主要功能有：（1）社群知识：说明什么是齿棱标志带、它有哪些类型、尚待解决的问题、相关研究报告、技术问题及成本效益分析等。（2）社群资源：与齿棱标志带议题相关的联结及资源，并提供各地的齿棱标志带工程承包商名单。（3）社群沟通：提供议题讨论及咨询功能，包含讨论区、专家咨询区。为了让社群网站可以触达潜在目标对象，促成广泛的知识交流，FHWA 通过各种营销手法，如网站推广、印制宣传手册及登录搜索引擎等，也在全国最大的交通技术研讨会中进行推广，将有关讯息传达到各州交通运输部门。根据 FHWA 的统计，因为齿棱标志带的推广，各州事故的发生率至少降低了 60%。该社群的成功经验，促动了 FHWA 建立后续的知识分享机制，并拟定相关策略及步骤，解决联邦政府、州政府及地方政府在业务沟通上的藩篱，积极推进了政府知识管理。在齿棱标志带实务社群的前导下，FHWA 后续规划与设立的社群得到了蓬勃发展，如国家环保政策行动实务社群、讯息变换警示灯交流实务社群、道路安全交流实务社群、公路社群交流实务社群、路权交流实务社群、运输资产管理实务社群、工作交流实务社群等。

二 英国政府跨部门知识共享的实践

为了更有效地整合内部资源应对外部环境带来的挑战,英国政府以"提升信息和知识储备价值"作为政府知识共享进程中的价值取向,致力于创造有利于跨部门协同合作和知识共享的组织环境、技术环境和制度环境等。其跨部门知识共享实践特征主要表现在:以政策法规推动知识共享、设立电子政务大臣、建立知识共享交互系统、注重数据共享与链接安全和创建跨部门合作的工作环境。

(一)以政策法规推动知识共享

英国政府注重建设有助于信息和知识共享的制度环境。一方面,通过制订知识管理发展计划(Knowledge Management National Program)促进公共部门间及相关委员会的信任,确保咨询安全、单一资讯窗口的提供,以及支持网络社群来形成政策;另一方面,相继颁布了《政府信息公开条例》《信息自由法》《数据保护法案》《开发服务白皮书》《公共部门信息再利用条例》等一系列有关政府部门信息资源开发利用的法律法规,形成了一套较为完善的政府信息共享法律体系(王佩、孙建文,2015)。这些法律法规和政策规划主要涉及信息公开、政务公开的问责制、开放政府许可、有偿信息开发、电子记录管理和公共数据服务机构的建立等领域,从法律上明确了政府部门的权力和义务,为政府信息和知识共享扫清了障碍。

除了持续完善与信息和知识共享相关的法律法规,近些年,英国政府及其部门也围绕数据处理能力提升、伙伴关系建设和数字化转型等领域颁布了一系列行动计划和策略方案。英国政府在2013年发布了《抓住数据机遇:英国数据能力策略》,强调政府必须优化公民参与方式,改变服务政策和服务方式,改变责任的承担方式,从"技术""基础设施、软件和协作""安全与恰当地共享和链接数据"三个方面提高数据处理能力。英国内阁办公室发布的《2013年至2015年英国开放政府伙伴关系行动计划》从开放数据、诚信缺失、财政透明度、公民赋权、

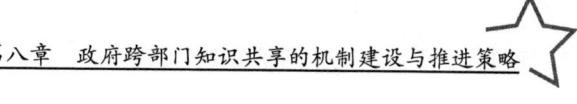

自然资源的透明度五个方面规划了2013年至2015年的行动计划。2014年,英国卫生部颁布的《2014—2015年卫生部数字更新战略手册》强调要通过数字工作方式来节约卫生部的时间与成本,使工作更加开放化、简易化、透明化、主流化与效率化。2015年3月,内阁办公室公布的《国家信息基础设施(National Information Infrastructure,NII)执行文件》进一步强调具有战略意义的数据的再利用。

(二)设立电子政务大臣

英国政府在各部门设立电子政务大臣,全面负责政府知识化的实施过程,以促进政府知识资源共享的发展。在内阁办公室下设电子政务特使办公室,与电子政务大臣一起,定期向首相报告国家信息化的进展情况。同时,设立电子政务大臣委员会为电子政务大臣们提供决策上的保障和支持,还设立了国家信息化协调委员会,由来自联邦政府各部门和地方政府指定的官员组成,以协商、解决政府信息化进程中的矛盾与争端,提高行政效率。

由于将"提升信息和知识储备价值"作为政府现代化进程中的核心内容,英国政府也十分注重培养政府一般公职人员的数据素养和信息素养,也就是数据化和信息化时代应具有的对数据和信息的检索、共享、评价和处理的能力。政府会根据电子政务进程向公职人员提供全面、及时的信息技术应用能力的培训,以满足信息化治理对人员信息技术能力的现实需求。此外,政府也会通过完善教育体系加强人才的储备。

(三)建立知识共享交互系统

英国政府率先实现了政府所有部门和机构共同使用同一个交互系统以进行知识共享与业务协同。该系统将英国各个政府部门联系在一起,为政务合作和信息知识共享提供了一个内部网络,拓展了英国政府信息采集的途径和渠道。该系统采用统一的技术标准对知识资源进行分类,编写了统一标准的知识目录,包括部门职能、工作目标、研究报告、统计信息等,还统一了各部门的协调运作标准,规定每半年就对该系统进行一次更新。知识管理交互系统旨在实现各种信息资源的交换和系统间的交互，它从技术上简化了不同部门间政务协作的工作流程，为政府知识整合和创新奠定了良好的基础，减少了各部门之间知识共享的障碍。同时，政府部门间的安全网络还允许所有的政府部门及其相关机构在网络上进行实时在线交流，共享各自的知识库。

（四）注重数据共享与链接安全

英国政府认为，有效保护数据是挖掘数据潜力的前提之一。然而，哪些数据可以共享和链接，以什么方式实现共享是亟须解决的难题。为此，英国政府对不同内容的数据进行分类，并采取不同手段或措施来确保数据共享与链接安全。例如，2010年对于政府及地方机构整合的公共数据，通过门户网站实现共享；对于行政管理数据，建立管理数据研究网络（Administrative Data Research Network）对这类数量庞大、结构复杂的政府部门数据进行分析，并提供共享与利用；对于文本和数据集的分析，智力资本办公室（The Intellectual Property Office）修订了《1998年专利法案》，以确保使用数据时不侵犯他人版权，并达到利于非商业研究的目的；对于个人隐私数据的保护，英国政府计划建立更强有力的法律框架以实现保护个人隐私与促进创新的平衡，并通过与信息咨询委员会的合作加强对数据使用者责任和义务的监督与管理。

（五）创建跨部门合作的工作环境

英国政府致力于完善跨部门合作的工作环境（Frameworkof Multi-agency Environmental，FAME）来促进持续的跨部门合作伙伴关系的建立。跨部门合作的工作环境可以在全国范围内为地方政府及公共、志愿和社会伙伴提供执行跨部门伙伴关系合作的系列工具，根据跨部门合作的不同服务环境（跨部门、跨服务和跨权限）大面积地改变、使用，以可持续和增量的方式，支持当今和未来致力于提高跨部门合作效率和效力的技术开发。

FAME通用体制框架利用九大核心模块，即范围说明和商业案例开发，合法权利、责任和政策，信息共享，治理，身份管理，内部结构建

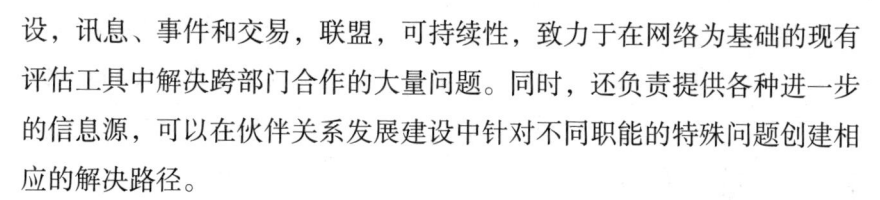

设、讯息、事件和交易，联盟，可持续性，致力于在网络为基础的现有评估工具中解决跨部门合作的大量问题。同时，还负责提供各种进一步的信息源，可以在伙伴关系发展建设中针对不同职能的特殊问题创建相应的解决路径。

在实践中，英国政府于2007年4月建立了跨部门合作的工作环境（FAME）网站，免费向所有地方政府、伙伴机构提供服务。同时，跨部门合作的工作环境（FAME）还嵌入了各种不同类型的实践社群，以此作为政府知识共享和交换平台，让不同部门可以围绕同一项目进行持续对话和沟通交流。此外，通过开发成功的可持续在线社群支持跨部门伙伴合作，受支持的典型社群包括身份管理、信息治理和"东北每一个孩子都重要"的项目实施过程。这些社群是作为"网络的网络"而建立的，目的是支持跨越部门边界的持续对话，拓宽对身份和信息治理领域快速发展变化的认识（孙迎春，2014）。

三 加拿大政府跨部门知识共享的实践

为适应信息化和知识化时代的挑战，加拿大政府将部门间的信息和知识共享视为跨部门业务协同的重要构成内容，注重通过组织正式制度和机制来确保跨部门的业务合作与知识共享。其跨部门知识共享实践的主要特点表现为：建立首席信息官制度、依法规政策管理信息资源和制定行政协议。

（一）建立首席信息官制度

加拿大政府设立首席信息官制度来推进信息技术的协同应用和信息管理工作。首席信息官制度确立了比较健全的组织体系和较为明确的职责分工体系。首席信息官隶属于作为加拿大电子政务建设实施的最高决策机构的总理府财政委员会。总理府财政委员会下设服务战略、安全、支持、组织、公共关系等部门，而由各部门首席信息官组成的首席信息官理事会负责有关信息管理、信息技术、信息服务等方面的协调工作。在规划方面，加拿大政府提出了政府在线的服务战略，并以此为契机推动政府部门业务系统互联互通和信息资源共享。为保障"政府在线"工程的有效推进，保证部门间的政府信息资源共享和业务系统的共享，实现政府信息资源和政务的跨部门整合，财政委员会秘书处还设立了由各部常务副部长组成的联席委员会。

首席信息官的主要职责包括：制定信息管理信息技术和公共服务战略；解决政府在信息服务技术方面跨管辖区协作的问题，促进行政效率的提高；负责制定和实施政府在改进公共服务、信息管理、信息技术、隐私和安全保证等方面的战略政策、标准指南、关键性绩效指标；提高部门和机构内部的信息管理水平，建立共享信息管理基础设施服务；监管信息规划制定和项目实施，以确定项目的战略价值和业绩；管理开发和共享政府信息资源，通过各种方式提高资源使用效率；用现代化手段开发和管理共享信息资源的政府行政服务项目；确保政府各部门、各机构的工作与财政管理委员会的要求一致。

（二）依法规政策管理信息资源

利用法规政策规范和强化信息资源管理也是加拿大政府在推进政府内外部信息公开方面的典型特色。在法律法规方面，加拿大先后颁布了《隐私权法》《信息公开法》《个人信息保护和电子文档法》等一系列法律法规，规定了政府内部信息公开的责任和义务，对政府信息资源开发利用活动进行了有效规范。之后，又发布《政府信息管理政策》，确保在政府的控制下，在信息管理的整个生命周期中，信息有效且高效地被管理和利用。该政策确定了政府信息管理的指导思想，并规定了各级信息管理部门及各类人员的主要职能，为政府各部门机构的信息资源开发、利用提供了政策依据。

2010年9月，信息获取与隐私委员会通过了《开放政府决议》（Open Government Resolution），鼓励各级政府打造开放型政府，积极地以开放格式披露信息。2011年，加拿大国家开放数据的统一门户网站正式上线。作为在开放数据、开放信息、开放对话趋势下建设开放型政府的重要尝试，该数据开放网站旨在协助公众更好地寻找、下载、使用政府数据，以期促进公众参与和创新，并为公众提供更多的社会、经济机会（谭健，2011）。

（三）制定行政协议

为了避免公共事务的碎片化治理，实现有效的政务合作，2011年，加拿大政府部门往往通过签署正式的行政协议来确保不同部门开展知识共享和协同行动。行政协议是一种桥接部门间活动依赖性的正式的制度化契约安排，它建立在政府部门主动、自愿和信任的基础之上，通过明确相关参与主体在协作中的权利和义务，实现部门之间长期而持续性合作，以实现其共同的公共治理目标。在加拿大政府，跨部门协作机构运作都以正式的行政协议文件为前提，它等同于彼此之间的承诺。这意味着，一旦双方或多方部门就协作事务达成协议，就要齐心协力地贯彻执行。例如，在1969年，水资源相关的四个政府参加了比例分配总协议。该协议重组了西部平原省份水资源理事会，建立起跨边界东向河流水资源管理框架。加拿大火灾管理资源是在加拿大跨机构互助资源共享（MARS）协议这样一个正式的基础上共享的；该协议列出了三类资源：设备、人员和飞机（李海峰，2008）。

四 澳大利亚政府跨部门知识共享的实践

澳大利亚致力于建设电子化政府和协同政府，倡导信息化治理，重视信息技术在跨部门合作和信息知识共享中的应用。其跨部门知识共享实践的主要特征表现在：建立完善的政府信息管理体制、注重信息技术的利用、注重法律法规的建设、构建公私信息管理部门的合作机制和推进政府信息资源标准化建设。

（一）构建完善的政府信息管理体制

澳大利亚政府注重信息管理的顶层设计，构建了统一而完善的信息管理体制。澳大利亚政府信息管理有七大机构主体，即信息委员会办公室、政府信息管理办公室、总理内阁部、总检察院、国家档案馆、国家统计机构、国防通讯局。机构职能全面覆盖到政府的信息技术应用、信息的储存与管理、政府信息的保护、再利用以及安全等各个方面，确保澳大利亚政府对信息资源管理全面而有效，覆盖从信息技术应用到信息生命周期的各个环节。

在这些信息管理机构中，澳大利亚信息委员会办公室既是政府信息管理的核心统领部门，也是协调机构，负责为政府信息资源的收集、储存、管理、使用和公开等方面提供政策性建议和实践性指导，并直接确定其他政府信息管理机构的职责；澳大利亚信息管理办公室聚焦信息技术，构建了统一的信息技术采购市场准入机制和供应商管理体系，从而实施了一种整体性信息技术采购政策。这两个机构是澳大利亚政府信息管理体制中的两个重要部门，而其他政府机构则侧重于协助澳大利亚信息委员会办公室制定信息技术投资和信息资源管理政策。信息管理主体明确的职责分工，使政府信息管理具有一致性、协同性、连续性，从而形成完善的政府信息管理体制（陈美，2014）。

（二）注重信息技术的利用

推动信息技术的应用是澳大利亚政府加强电子化政府和协同政府建设的必然选择。为了加强各个部门利用信息技术，澳大利亚政府设立信息通信技术治理秘书委员会，不仅负责信息通信技术政策的宣介，还关注政府信息共享的效率和成本。这个委员会由财政和行政管理部的秘书长领导，其成员不仅包括中央机关、服务供给部门的秘书代表，还包括一些私营部门中能熟练利用信息通信技术的高级经理。

澳大利亚财政与行政管理部部长于 2008 年发布了《澳大利亚政府信息通信技术利用述评》报告，强调通过相关政策来推动信息通信技术的利用，并将澳大利亚政府信息管理办公室的角色定位为"作为促进变革的催化剂以及帮助实现目标、实施政策和战略的代理人"和"澳大利亚公共服务信息通信技术专家团体的职能领导"（陈美，2013）。随着 Web 2.0 技术的兴起，澳大利亚政府开始认识到 Web 2.0 技术在政府与公众、部门与部门互动等方面发挥着重要的作用。近年来，澳大利亚信息管理办公室设立了由澳大利亚信息委员会办公室、财政与行政管理部、公共服务委员会、国家档案馆、国家统计局、宽带通信与数字经济部等成员组成的政府2.0工作小组,主要负责Web 2.0的政府应用。目前,该机构已经创建了一系列政体政府网站。这些网站构成了政府部门之间进行业务协作、知识共享以及公众获得电子化公共服务的基础平台。

(三)注重法律法规的建设

从电子政府到整体性和协同性政府建设,法律法规的日益完善是推动澳大利亚政府持续转型变革的重要驱动因素。从20世纪80年代开始,澳大利亚为促进电子政府的建设,相继出台了《信息自由法》(1982)和《隐私法》(1988)。进入20世纪,随着政府信息化建设步伐的不断加快,澳大利亚又出台了《澳大利亚电子政府战略》(2006)、《跨部门协同信息互通框架》(2006)、《跨部门协同技术互通框架》(2007)、《跨部门服务体制建设原则》(2007)、《国家政府信息共享战略》(2009)、《跨部门国家标准框架》(2009)、《跨部门国家协同框架》(2011)以及《跨部门信息安全手册》(2013)等文件(孙迎春,2014)。这些法律法规和政策框架覆盖电子政府建设、隐私安全、信息保护、跨部门协同和信息共享等多个领域,它们各自独立,又互为补充,为政府开展信息化治理、跨部门协同以及信息和知识共享提供了明确的法律和政策依据。

(四)构建公私信息管理部门的合作机制

构建跨政府部门、企业、公民等内外部主体的合作机制是澳大利亚开展跨部门知识共享实践的一个典型特征。澳大利亚注重推进公私合作,以构建一个容纳政府、企业、公民等主体在内的多中心治理体系。这一治理理念在信息管理领域具体体现在推进公私信息管理部门的合作与整合,即公共部门、私营部门和非营利组织之间进行信息管理合作,以克服信息知识服务的"碎片化"倾向,形成良好的公私伙伴关系。

为了推动这一合作机制的建立,2009年12月22日,澳大利亚政府2.0工作组发布《参与:接触政府2.0》,强调推进利用Web 2.0协作工具形成"负有责任性、回应性、高效率的政府"。这一理念符合整体政府模式的公共性取向。发端于良好的协作文化,澳大利亚开展了公私信息管理机构之间的合作实践。一方面,为了将外部专业知识引入公共部门,澳大利亚构建了一个跨部门组合的信息咨询委员会。其成员不仅包括公共管理人员,还包括那些具有丰富工作经验的非政府机构工作人员。另一方面,针对2008年8月所发布的名为《对澳大利亚政府使用信息通信技术情况的评价》报告的回应,澳大利亚于2009年成立信息技术治理委员会。该委员会由财政和行政管理部领导,成员不仅包括总检察院、宽带通信和数字经济部、国防部、移民与公民事务部、国家档案馆等公共部门的秘书或干事,还包括一些来自私营机构的高级信息技术工作人员。为了固化组织成员之间的合作,该机构要求每年须进行四五次部门会议,而且澳大利亚政府首席信息官必须出席该部门会议(陈美,2014)。

（五）政府信息资源标准化建设

澳大利亚将信息资源标准化视为实现政府不同部门协同和信息知识共享的基础要素,十分重视信息资源标准化建设。首先,为了达到促进跨部门政府信息共享的目的,澳大利亚政府信息管理办公室为政府信息资源制定了国家政府信息共享战略、国家标准治理框架、国家合作框架、澳大利亚政府框架、政府干预指数、国家政府信息许可框架、澳大利亚政府信息互动性框架、业务流程互用性框架、国家电子认证架构、国家职能卡架构、网关公钥基础设施、澳大利亚政府雇员身份认证管理架构等相关标准。其次,澳大利亚政府为了克服政府信息管理办公室缺乏明确授权、职权效力薄弱带来的不良影响,设立在线和通信理事会,专门负责审查和批准澳大利亚政府各行政辖区所采纳的标准。这个理事会由宽带通信和数字经济部部长领导并提供秘书支持,机构的成员包括中央政府一些高级部长和地方部门代表（陈美,2013）。

五 西方国家政府跨部门知识共享管理的经验借鉴

西方国家政府跨部门知识共享实践充分反映了知识共享活动所具有

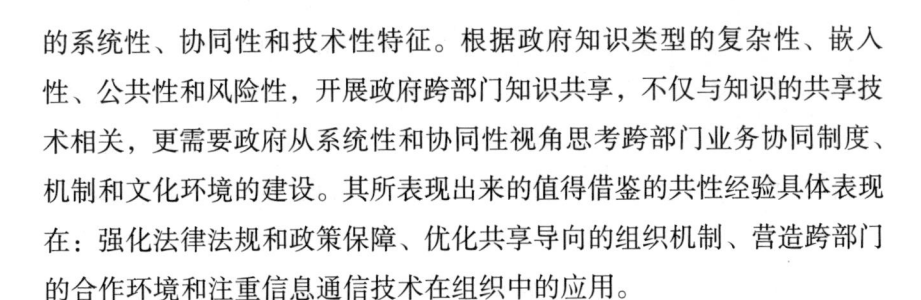

的系统性、协同性和技术性特征。根据政府知识类型的复杂性、嵌入性、公共性和风险性，开展政府跨部门知识共享，不仅与知识的共享技术相关，更需要政府从系统性和协同性视角思考跨部门业务协同制度、机制和文化环境的建设。其所表现出来的值得借鉴的共性经验具体表现在：强化法律法规和政策保障、优化共享导向的组织机制、营造跨部门的合作环境和注重信息通信技术在组织中的应用。

（一）强化知识共享领域的法律法规和政策保障

法律法规和政策体系是确保知识生产、储存、共享和利用活动顺畅进行的基本前提，是政府知识资源得以共享与利用的制度基础。逐步优化政府知识共享和管理的制度环境，成为世界各国政府实施知识管理战略和推进知识共享所采取的重要措施。譬如，美国颁布了《在阳光下的政府法》和《信息自由法》等法规；英国颁布了《政府信息公开条例》《信息自由法》《数据保护法案》《开发服务白皮书》《公共部门信息再利用条例》等法律法规；加拿大先后颁布了《隐私权法》《信息公开法》《个人信息保护和电子文档法》《政府信息管理政策》等一系列法律法规政策；澳大利亚相继颁布《信息自由法》《隐私法》《澳大利亚电子政府战略》《跨部门协同信息互通框架》《跨部门协同技术互通框架》等。这些法规政策明确规定可共享的数据类型、共享方式、政府部门知识共享的权利和责任、隐私保护和信息安全等内容，有效规范了政府信息资源开发利用活动，统一了信息技术基础设施建设和应用系统的一系列技术标准，制定了一组前瞻性强、持续连贯的信息化政府发展规划，为政府开展跨部门知识共享活动奠定了坚实的制度基础。

（二）完善知识共享导向的跨部门组织机制

组织机制是桥接政府不同部门活动内在依赖性的结构性安排，也是开展和实现政府跨部门知识共享和整合的组织载体与重要保障。西方发达国家政府普遍重视有助于跨部门协同和知识共享的组织体系建立，往往成立专门的组织机构并授予相应的权力，分工清晰，协调配合，形成层次分明、责任主体明确的组织机制，作为决策部门、执行部门、协调部门或辅助部门负责管理政府跨部门协同和信息资源管理规划、实施与协调方面的事宜。譬如，美国联邦政府分别设立了首席信息官委员会和政府间调解办公室，用以协调联邦政府行政部门之间和联邦政府与州政府的信息共享事宜。此外，还在专门的政策领域设立跨部门、跨层级的政策协同网络，以形成更具协同性的公共政策。英国则设立了由联邦政府各部门和地方政府公职人员组成的国家信息化协调委员会，以协商和解决政府信息化进程中的矛盾与争端；同时在各部门设立电子政务大臣，全面负责政府知识化实施过程。加拿大政府设立首席信息官制度，政府部门往往通过签署正式的行政协议来确保不同部门开展知识共享和协同行动，以避免公共事务的碎片化治理，实现有效的政务合作。澳大利亚政府设立了信息委员会办公室和政府信息管理办公室，全面负责信息资源管理政策和信息技术投资政策，其职能全面覆盖到政府的信息技术应用、信息的储存与管理、政府信息的保护和再利用以及安全等各个方面。

（三）优化知识共享导向的跨部门合作环境

跨部门合作环境包含信任、合作、持续性沟通等要素，发挥着非正式但潜在的影响力，有助于将不同部门所拥有的多样化知识与跨部门协同任务有机结合，是确保跨部门知识共享活动有效实现的催化剂。知识共享导向的跨部门合作环境则倡导运用政府内部网、实践社区、专业知识定位器等知识管理技术和工具将知识共享与协同业务及公职人员的日常工作有机结合起来，从而熟悉知识共享的途径，认识到知识共享给自身工作带来的便捷和高效。西方发达国家政府普遍致力于跨部门合作环境的开发，并借助信息技术运用各种知识管理工具，努力建设跨部门协同合作的良好环境。譬如，英国开发建立面向所有地方政府、伙伴机构的跨部门合作的工作环境（FAME）网站，嵌入了各种不同类型的实践社群作为政府知识共享和交换平台。美国联邦公路管理局以推广齿棱标志带的设置为议题建立了一个基于网络平台的知识社群，该社群包括各州交通运输部门、相关专家、潜在目标对象。该平台具有很强的影响力和渗透力，突破了联邦政府、州政府及地方政府在业务沟通上的阻碍，实现了相关知识的传播扩散，积极推进了政府知识管理。澳大利亚政府为了能将外部专业知识引入公共部门，构建了一个跨部门组合的信息咨询委员会。其成员不仅包括公共管理人员，还包括那些具有丰富工作经验的非政府机构工作人员。

（四）重视信息技术的应用

信息技术可以突破时间和空间限制，实现不同部门和层级的数据、信息的实时衔接，而且不断发展的信息技术也实质性地推动了跨部门业务协同和知识共享的发展。如 Web 服务技术可使各部门彼此连接和集成；语义网技术能通过语义互操作实现知识交流和共享；语义 Web 服务技术可在实现前台政府门户共享的同时，对后台异构政府业务流程进行集成等（陈美，2013）。可见，信息技术已经成为提升跨部门知识共享效率和效果的重要技术基础。西方发达国家十分重视信息技术在跨部门业务协同和知识共享实践中的应用，不仅加大对信息技术网络基础设施建设的投资，而且按照一次创建、多次使用的原则搭建信息管理系统、数据库、知识交互系统等信息共享互通平台，科学制定信息管理和服务的标准与通用语言，以推进知识的跨部门共享和整合。譬如，美国国家信息管理系统内的操作系统、信息交换和应用技术相互连接，以便于中央和地方部门共同开发和实施；其联邦地理数据委员会整合了湿地、植被、地质、国家数字影像计划和海洋海岸空间数据等委员会的历史数据、元数据、标准乃至数据的结构，并对各级政府的法规政策、公文、司法档案、培训、绩效评估和审批的多个系统进行共享。英国建立了供政府所有部门和机构共同使用的知识交互系统，技术标准统一，从技术上简化协作流程，促进部门间知识共享。澳大利亚政府则重视 Web 2.0 技术在政府与公众、部门与部门互动等方面发挥的重要作用，其信息管理办公室设立了由多部门共同组成的政府 2.0 工作小组来负责推动 Web 2.0 的政府应用，通过创建一系列政体政府网站平台推动政府部门之间的业务协作、知识共享以及让公众获得电子化公共服务。此外，澳大利亚政府的信息管理办公室制定了国家合作框架和政府信息互动性框架等技术标准，确保政府各部门和辖区技术标准的统一。

第二节 推进政府跨部门知识共享机制构建与优化

知识共享的社会困境普遍存在，知识的跨部门共享也成为所有国家政府组织改革发展过程中面临的共性问题。从世界范围来看，在面向整体性政府和知识型政府建设的政府现代化转型的进程中，西方发达国家政府重视知识在政策协同、公共服务协同和公共事务治理等领域的巨大价值，采取多种措施推进跨部门知识共享，提升政府协同治理能力和效果，为中国政府推进跨部门知识共享提供了重要的参考样本。但从根本上解决中国政府跨部门知识共享困境，必须针对中国政府条块分割体制下形成其困境的深层次原因，进而寻求与之相适应的解决对策。

长期以来，机构改革往往被视为改善知识配置碎片化状态和发挥知识共享整合效应的一条可行路径。迄今为止，中国已完整经历了 1982 年、1988 年、1993 年、1998 年、2003 年、2008 年、2013 年 7 次政府机构改革和 2018 年的党和国家机构改革。上述改革的基本思路是通过调整政府内部结构或党政机构合并，即"物理式整合"，将业务联系紧密、职能相近的部门予以合并，优化部门边界，将原来部门间活动变成部门内活动，从而有效实现跨部门业务协同和知识共享，提升政府整体运行效率。从实际效果看，这种"物理式整合"的组织改革在一定程度上实现了预期的改革目标。但与此同时，整合后的大部门也同样面临组织内小部门间的协同整合和共享问题，并非能一蹴而就，难以"毕其功于一役"，因而有必要从政府运行过程角度思考如何进一步构建和完善目前政府的跨部门知识共享机制。作为衔接不同部门活动的重要环节，跨部门知识共享机制不仅关系到不同部门所拥有的多样化知识的分享和整合，而且也构成政府跨部门协同机制的重要组成内容，直接关系到跨部门协同目标和治理效果的实现。结合课题组之前的研究结论，在借鉴国外发达国家政府跨知识共享经验的基础上，本书提出要建构和完善跨部门知识共享机制，即塑造跨部门知识共享文化培育机制、完善政府跨部门知识共享的组织协同机制、构建跨部门知识共享的评估激励和问责机制、加强整体性政府视角下的数据化治理机制，以持续优化跨部门知识共享的生态学运行机制，影响和重塑政府部门知识共享的动机和行为，推动跨部门知识共享活动的顺利开展。

一　强化共享文化培育机制，增进跨部门知识共享动机

文化属于软制度环境的一部分。荷兰管理学者郝夫斯特认为，文化是在一个环境中人们共同的心理程序，它不是一种个体特征，而是具有相同教育和工作生活经验的很多人所共有的心理程序。组织文化对员工和组织的态度与行为有着潜移默化的塑造、影响和促进作用。

组织中的知识具有公共物品属性，即消费或使用上的非竞争性和受益上的非排他性，但组织知识的开发、储存和利用又具有鲜明的部门依赖性、嵌入性和复杂性特征，这就必然导致知识共享的社会困境，也就是知识的跨部门或跨组织共享问题，在条块分割的政府组织体制中体现得更为明显。基于此，建设与知识共享协同相适应的组织文化将有助于重塑部门及其员工的知识共享动机和行为，推动组织跨部门的业务协同和知识共享。当前政府组织中广泛盛行官僚制文化，官僚制文化敬奉等级、稳定、服从和程序，而共享和合作却注重平等、适应性、自由裁量和最终结果，若想转向更新的合作性方式，行动者必须暂时地放下一些官僚作风（尤金·巴达赫，2011）。整体性政府模式发挥作用的关键在于文化和价值，结构调整并不能充分地实现整体性政府倡议的初衷和目标（Christensen & Legreid，2007）。作为构建整体性政府和协同性政府的基本内容，跨部门知识共享旨在改变知识配置的碎片化状态，加强组织的知识治理，增进各部门进行跨部门知识共享的意愿和动机，促进其

知识共享行为。可见，官僚制文化的种种特征与跨部门知识共享所要求的文化要素相悖，并不能形成对跨部门合作和知识共享的有效支持，反而是一种阻碍。在跨部门合作治理愈来愈普遍的背景下，推动官僚制组织文化向共享合作文化转变，塑造包含合作、共享、信任等要素的组织软环境对跨部门知识共享而言就显得极为重要。

（一）培育跨部门合作共享的文化

经合组织区分了"合作文化"和"冲突文化"两种类型。米勒认为，合作文化不仅能修正个人的预期和偏好，使参与者期望组织中其他人的合作行为，同样，合作文化也能修正单个组织的预期和偏好，形成对其他组织合作的行为期望（丹尼尔，1997）。具有凝聚功能的合作文化有助于形成合作行为的预期，团结具有不同利益的个人和组织，塑造共有的价值观和整体性目标，从而消除部门间的矛盾和分歧，在处理事务时能够保持协同一致的行动。相反，具有敌对性的冲突文化容易造成部门间利益的对立，难以理解和支持其他部门和政府的整体性目标，使得部门间信任降低，加剧了跨部门合作的困难。政府部门间的知识共享扎根于部门之间的相互依赖性，是开展跨部门协同的一项重要内容。正是由于存在需要共同解决的系统性公共问题，以及知识的碎片化状态，部门之间的活动具有相互依赖的特性，才产生跨部门知识共享的必要性。因而，跨部门知识共享，首先面临与跨部门协同类似的挑战，那就是如何在保持纵向制度的同时，通过追求更宽泛、更具整体性的政府目标而创建服务领域，支持一种"网络化或横向性的合作文化"（Australian Management Advisory Committee，2004）。这种共享合作文化与传统的官僚制文化有根本区别，它所具备的基本特征表现为：能够跨越机构界限进行思考和行动；有效的跨边界团队合作；具备创新性和创造力；有能力建设战略同盟，进行协作并建立横向信任；能够进行有效的知识管理；具有能够支持整体性政府模式的结构形式；有来自合作委员会和横向组织高层领导的明确而连贯的支持；组织中的人员应该具备跨部门学习的能力。由此可见，培育跨部门合作的文化氛围，重点在于塑造领导者跨部门合作理念和能力，形成跨部门行为模式，建设跨部门合作和联合行动能力。

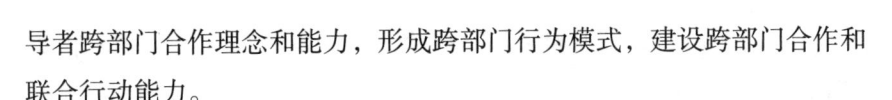

1. 塑造领导者跨部门合作理念和能力

合作文化的形成是一个长期的过程，需要组织所有部门和成员的共同努力。领导者具有的行为示范、资源支持和横向引导作用凸显了其在合作型文化建设过程中所扮演的重要角色。因此，领导者需要转变观念，重塑适应跨部门协同的领导能力，以带动整个组织价值观念的变化。这种领导能力不是具有等级权威的纵向领导力，而是管理跨部门依赖关系的能力，即在缺少正式权力和纵向激励机制中能够沟通和推动多部门的合作成员围绕共同目标前进的能力。这种领导力能够从整体性政府视角重新界定部门关系和政府职能，确保有充分资源支持跨部门合作，推动对于整体性政府建设和运行至关重要的横向活动与纵向责任机制有机结合。提升领导者的横向协同能力可以借鉴国外发达国家经验，建立对领导者的联合培训机制，通过跨部门培训，让领导者之间进行充分而深入沟通，形成跨部门合作共识，探讨如何通过合作加强跨部门政策协同和公共服务协同，解决共同面临的公共问题，并且在实际工作中示范推广跨部门合作的实践经验。

2. 鼓励形成整体政府的理念与跨部门行为模式

条块分割的政府组织体系很容易在实际运行中形成部门各自为政、各行其是的局面，从而导致公共事务的碎片化治理。而在整体政府模式中，与其他部门协同行动成为一种文化理念和行为准则。具体体现在：倡导政府部门在制定政策或提供公共服务事务时采用整体政府的全局观念，而不是仅从部门视角出发；鼓励各部门决策时考虑可能引发的横向性问题，并通过跨部门的委员会协同解决；评估跨部门合作所取得的成果，并明确奖励跨部门合作共享的良好行为；构建跨部门的任务团队，树立跨部门知识共享和政务协同的最佳实践，以其作为跨部门良好合作的典范；保证有充分资源支持和推动整体政府项目中的多部门协同参与。

3. 广泛运用联合培训和交叉培训的方式，加强人员跨部门合作能力的建设

培训活动从来都是转变理念和提升能力的重要方式。但传统培训模式的一个特征是单部门培训为主导，大量的培训活动由各政府部门在组织人事部门指导下自主设计和安排。各部门往往根据自身部门职能目标和关键性任务开展相关业务培训和政策培训，以提高本部门成员的业务能力和政策素养为目的，培训活动与其他部门几乎不发生联系。这种培训模式碎片化特征突出，难以有效应对整体性的公共问题挑战。在整体性政府建设和跨部门协同治理的背景下，如何通过跨部门培训来协助形成联合行动的能力变得日益重要。一方面，通过联合培训提升跨部门协同的理念，建立突破组织、部门和行业的界限来理解不同主体之间伙伴关系的横向合作意识，探讨如何通过横向协同机制促进不同部门及其成员之间的密切合作，同时促进思想、技能、信息和工作方式方法之间的交流和共享；另一方面，利用联合培训进行整合性业务能力和技术能力培训。可以针对各部门共同面临的公共治理难题和服务所需要的能力需求提供跨部门培训项目，譬如信息技术运用技能和沟通能力的开发，通过团队学习模式来培育协同意识和合作能力。此外，为提升参与联合培训的积极性，应将培训评估结果广泛应用于奖励和晋升中。

（二）培育部门间信任的文化

人际信任是理性的决策，但同时也包含有情感成分。有学者对比了不同学科对信任的研究后，认为"信任是一方基于对另一方的意图或行为的积极期望而将自己的脆弱性置于另一方控制下的一种心理状态"（Rousseau et al. , 1998）。之后，学者将信任概念从人际信任拓展到群体、部门或组织间信任，被定义为群体间或部门间的一种共同信念，即相信另一个群体或部门愿意根据承诺付出真诚的行为努力，愿意在根据承诺进行的谈判中表现诚实，愿意即使有机会也不会占另一方便宜（孙迎春，2014）。可见，部门间信任不仅是跨部门合作关系构成的基本要素，更是部门间关系深化发展的催化剂。作为发生于不同部门间的

知识活动，跨部门知识共享必然建立在复杂的部门间关系上。此外，政府知识共享所面临的信息保密与安全、公众隐私保护和社会监督等多元化价值进一步凸显了知识跨边界共享的复杂性和风险性，而部门间的良好信任环境比其他任何组织形式都能够更快地减少复杂性和交易成本（Chiles，1996），降低因不确定性而带来的共享风险，从而有效促进跨部门知识共享。

部门间信任的培育需要投入时间和精力，依靠部门之间持续性地互动和沟通，也有赖于部门之间目标和利益的契合程度。换言之，跨界合作的文化能够有利于促进部门之间的信任关系，部门之间信任关系并不植根于部门文化，而是取决于部门之间业务协同过程中目标的一致性、行为的可靠性和可预测性等，建立在部门知识、能力和透明度的基础之上。具体而言，培育部门间信任可采取以下措施。

1. 对共同愿景和目标做出承诺

对政府组织而言，共同愿景是不同部门及其成员围绕协同业务的合作与发展所共同达成的目标或景象，它以共同价值观为基础，对于跨部门的行为具有凝聚力、感召力和向心力，能缓解和消除部门间潜在的利益冲突，提升部门参与协同事务的动机和意愿，形成对部门间协同关系发展的正向评估与期望。可见，对共同愿景和目标的承诺是培育部门间信任的基本前提。面对跨部门合作项目和协同服务，愿景和目标的一致性将驱动各部门将自身行为和结果纳入整体性治理视角下思考，进而密切多部门间的关系。因此，各级地方政府可采取措施促成共同愿景的形成，譬如，在部门间建立规范化的协同工作机制和框架协议等正式或非正式的组织方式，建立部门间对双方或多方合作的共同愿景和目标的承诺，驱使彼此相信愿意为目标的实现付出真诚的合作和积极的投入，以此作为培育部门间信任的基础。

2. 通过良好反馈的互动行为获得可靠性

在现行的政府组织体制框架下，可靠性是对部门业务协同行为所表现出的符合互动关系正向预期的一致性和持续性的评估。若部门在协同过程中能够表现出信守双方约定承诺的正向一致性行为，互动反馈及时，协同行为有效，且具有可持续性，则表明其是可靠的。可靠性是建构部门间信任的基石，它并非部门单次行为或单方面获得的结果，而产生于双方或多方持续的反复互动之中，要经过一系列简单而具有承诺性的行动逐渐累积而成。因而，通过良好反馈的互动行为建立彼此的可靠性认知对于培育部门间信任至关重要。譬如，信守跨部门政务协同中的承诺，既包括文件协议，也包括口头协定；对于涉及其他政务协同部门的横向性议题进行及时反馈和主动交流等。

3. 进行坦诚而持续的沟通协商

面对跨部门协同治理议题，真诚而持续地沟通能够厘清分歧、缓和矛盾、分享思想、明确共识，无论对于人际信任还是部门间信任，都发挥着基础性但却不可或缺的重要功能。不同于西方市场经济体系的国家，中国是一个重视人际关系的社会，部门间信任也建立在人际信任的基础之上，尤其是各部门关键领导者之间的信任关系。唯有当部门领导者和关键利益相关主体开展坦诚而持续的沟通对话，不仅其人际信任得以维系和不断加强，而且部门间信任关系也会日益密切深化。因而，部门关键领导者之间应就跨部门合作中的重要议题保持持久密切联系，坦诚对话，持续沟通，同时促进部门协作成员进行深入的思想交流和知识共享。这些措施都有助于塑造协同性的部门合作环境，并持续加强部门间信任。

二 完善跨部门的组织协同机制，实现部门间知识的协同利用

客观地说，对于同一治理对象，政府部门间所拥有的知识具有不同程度的互补性和相容性，通过组织协同机制分享和整合政府不同部门所拥有的多样化知识能够以更有效的方式满足协同政务需求，实现政府整体目标，进而提升政府整体的社会治理能力。但正如前文所述，长期以来，中国设置很多跨部门的议事协调机构或建立部门间联席会议机制以推进跨边界事务的协同合作，但其成立往往源于社会问题的发生所引发

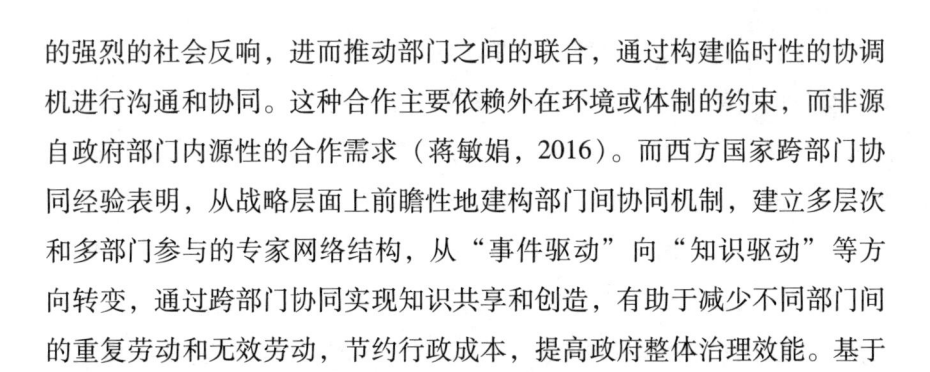

的强烈的社会反响,进而推动部门之间的联合,通过构建临时性的协调机进行沟通和协同。这种合作主要依赖外在环境或体制的约束,而非源自政府部门内源性的合作需求(蒋敏娟,2016)。而西方国家跨部门协同经验表明,从战略层面上前瞻性地建构部门间协同机制,建立多层次和多部门参与的专家网络结构,从"事件驱动"向"知识驱动"等方向转变,通过跨部门协同实现知识共享和创造,有助于减少不同部门间的重复劳动和无效劳动,节约行政成本,提高政府整体治理效能。基于此,本书着重从以下四方面探讨如何优化跨部门知识共享的组织协同机制。

(一) 优化跨部门知识共享的横向协同机制

尽管依靠自上而下的等级权威机制在短时间内的确能迅速化解部门协同中的矛盾和冲突,促进跨部门知识共享,取得立竿见影的效果,然而,从长期来看,它强化了部门对权威等级协调的依赖性,难以衍生出横向思考和协调行动的能力;也并未从根本上解决部门间协同中的各种矛盾冲突,不利于形成整体性思维和部门协同的理念。前述实证分析结果也证明,在三类协同机制中,横向协同机制的运用对知识在部门间的转移、扩散和整合具有关键性影响,不仅对跨部门知识共享具有直接影响,也可通过部门间信任间接影响跨部门知识共享。因而,如何强化横向协同机制建设,充分发挥其整合功能,以更好地促进政府不同部门间的知识沟通、共享和运用,无疑成为组织协同机制建设和完善中的重要挑战。

针对跨界公共事务议题的复杂性和组织活动与资源的相互依赖性,政府不同部门应牢固树立寻求整体性解决问题的理念,坚持部门间沟通协商的原则,多运用横向联系思维和横向协同模式满足部门之间的政务协同需求,从而能够主动和自发地围绕复杂的社会治理问题进行沟通交流和协商合作,达成决策共识。目前,部门间的联席会议制度和部门牵头制度是确保知识横向协同和共享的基本制度,但在实施过程中亟待进一步完善。

首先，应进一步完善部门间联席会议制度。在现有的制度框架下，联席会议的召集人与相关成员单位并非上下级关系，而是平级部门之间的协作关系。尽管设有定期例会制度，但部门之间的相互沟通和互动交流比较松散，沟通频率低，联席会议全体会议原则上开1—2次。而且由于中国部门间联席会议主要在部门的主要决策者之间进行，普通承担工作的人员没有参与协商的机会（蒋敏娟，2016），客观上难以推动持续性的深层次知识互动和交换。因而，进一步的完善措施应着力于两方面：一方面，严格规范跨部门具体工作程序，构建并完善以信息共享、监管政策协调和联合执法为主的工作联系机制，在部门间联席会议制度框架下建立工作信息定期通报制度，围绕政策协同和联合执法等具体领域加强定期和不定期的工作经验交流，促进部门间交流的广度和深度；另一方面，借鉴西方国家联席会议制度经验，参与跨部门沟通协商的人员不仅仅包括各部门负责人，也应确保那些对设定议题拥有充分知识、技能和权限的成员单位的工作人员参与研究和协商。唯有如此，所分享的信息和讨论的议题更能全面反映跨部门协同事务的复杂性和系统性特征，从而实质性地促进跨部门知识的深层次共享和交流，并谋求整体性地解决共同面临的公共治理难题。

其次，完善部门牵头制度。由于政务行为间的相互关联性和依赖性，即使以一个职能部门为主的行政行为也会引发其他相关利益部门的反应，从而有必要建构明确主体责任和协调责任的牵头部门制度。在牵头部门制度框架下，平等协商和共识决策是不同部门间进行横向协同的主要特征。但在中国科层制行政体系中，牵头部门对相关平级机构没有指挥命令权，故而实际运行过程中，主要牵头部门围绕公共事务协调其他平级部门时往往感到"心有余而力不足"。可见，在部门牵头制度框架下，开展部门间的知识共享并建构共同行动的能力需要赋予牵头部门一定的组织协调权限，使其能够有效履行联合监管和政策执行方面的协调责任。一些地方政府为落实和完善部门牵头制度提供了值得借鉴的经验。譬如，肇庆市2018年出台实施了政府工作会商制度，将部门间的

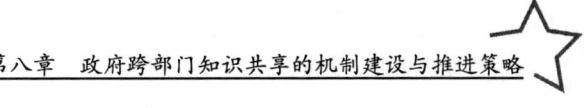

会商工作机制常态化，明确指出会商工作遵循"谁牵头，谁负责，谁协助，谁配合"的联动机制原则，通过面对面的协商、对话和交流，形成跨部门知识共享成果——会商报告。而且，会商事项按"谁牵头，谁落实，谁反馈"原则办理。经会商达成一致意见的，各相关单位必须按照职责分工抓好相关事项的落实，牵头单位负责会商事项的跟踪落实，对执行不力、影响工作进度的开展督查督办，并将会商报告以及后续落实情况列入各地各部门的年度绩效考核范围。

最后，组建以时间优先、问题导向为主要特征的专项任务小组。根据国外横向协同的经验，专项任务小组能够有效整合部门内、部门外在相关领域具有丰富知识的专家资源协同进行创造性工作，在解决跨部门的议题和提供复杂的综合性方案上非常有效。通常由任务小组的组长全面负责跨部门协同的目标和任务安排，根据任务需求吸纳政府部门内外的专家或相关人员参与到任务小组中，由此可以确保相关部门的工作人员能够根据协同目标和部门利益与部门外的专家和人员围绕相关议题开展有效的知识分享和密切沟通，在全面理解议题性质的基础上做出决策。理查德·达夫特（Richard Daft，2003）认为，"任务小组是一种有效的横向联系手段。它是通过直接的横向协调解决问题的，因而可以减少纵向层级链的信息载荷"。

（二）健全跨部门知识共享的等级纵向协同机制

中国政府组织体制呈现出典型的官僚式特征，如条块分割、等级分明、层级节制。为了实现复杂的跨界政策协同，满足跨部门公共事务治理需求，从中央到地方政府往往都优先选择成立领导小组、委员会等议事协调机构。其主要特征是党政一把手领导或者直接负责某项工作的主管领导担任议事协调机构的组长，相关的地方职能部门是不可或缺的参与者，其领导是议事协调机构的重要成员。可见，中国现有的协同机制基本上还是属于等级制的纵向协调，其共同特征是对上级权威的高度依赖，"官本位"色彩浓厚。因而，为了解决跨边界的政务协同问题而进行的各类知识资源共享活动同样高度依赖上级领导或机关具有权威性的行政命令。前述实证分析结果也表明,纵向协同机制对跨部门知识共享有显著的正向影响。

在当前的政府组织体制背景下,上层领导的权威性介入能有效调动下级职能部门及其领导参与解决问题的积极性,增强跨部门知识共享和解决问题的意愿,因而有助于跨界复杂议题政策的制定、执行和多部门协同。但其不足之处也十分明显,即纵向协同机构虽多,但协同机制不健全。从长远看,应呼吁和倡导建立部门间的平等对话与共享的横向协同机制,避免对纵向体制的习惯性依赖而导致部门间平等沟通协商的日益困难。但基于纵向协同在跨部门协同中所处的主导地位,有必要进一步健全纵向协同机制,以促进跨部门知识共享。

首先,完善跨层级、跨部门的多层次网络化的跨部门协同机制,它集中体现在不同政府部门政策制定过程中的协商与协调。利用纵向协同机制,可以充分发挥高层政府所具有的广泛调配知识、信息资源的能力,吸纳不同部门、机构或利益相关主体参与,通过纵向层级和横向部门有机整合,促进跨部门知识共享交流,因而,围绕政策制定和执行完善跨层级、跨部门的多层次网络化机制至关重要。譬如,英国政府为了提高公共政策制定的一致性,成立了一个跨部门的"战略小组",关注跨部门的政策问题,针对政策的关键领域进行长期的战略评价。它采用跨部门的工作模式,与各部委保持合作,促进其战略性思维发展,提高英国政府上下的决策能力。加拿大联邦政府于1997年成立的政策研究院,也是典型的以推进跨部门合作为本质特征的协调机构,由联邦政府所有部门和机构的代表组成。它不仅从联邦政府内获取知识和专家,还从政府外部的利益相关方比如加拿大大学、私人研究机构和国际组织中获取必要的知识和专家。它致力于研究即将产生的跨部门合作问题,设定政策开发与制定能力的建设议程,创建支持跨部门政策研究合作的基础设施。因而,该机构执行的各类项目会涉及不同的议题,项目结果会通过报告、讨论文章等与联邦政策层面实现良好的知识共享(蒋敏娟,2016)。

其次，在跨部门纵向协同治理机构中设立首席知识官。国外跨部门协同的经验表明，首席知识官或首席信息官的角色对于解决跨部门协同问题至关重要，其目的在于从知识治理的视角创造性管理重要协同主体的关系，以便取得更大的知识共享和互动效应。首席知识官角色在某种程度上突破了传统官僚体制中自上而下的等级权威影响，将纵向协同机制纳入知识治理框架下，侧重于考察协同主体的专业知识及其关系，而不是对个人或部门地位，并在政策制定和执行各环节推动各协同主体参与和充分表达意见与看法。这有助于树立协同中更具整体性的知识观或信息观，帮助各部门突破自身所具有的知识局限，培育协同解决问题中进行横向思考的能力和习惯，推动知识的跨部门分享、整合和利用。

（三）创新政府部门间的知识共享协议缔结机制

从世界范围来看，组织或部门间通过缔结框架协议的方式来应对协同需求日益成为各国普遍采用的解决跨部门、跨层级、跨区域的复杂公共治理问题的新选择。为了更高效地实现部门目标和整体目标，提高治理效率，部门之间采用缔结合作框架协议的制度，将原本松散而临时性的合作关系转变为紧密而长期的合作行为，是部门基于政务活动的依赖性而自主自发选择的横向合作模式。为了解决共同面临的跨部门公共事务问题，美国联邦政府行政部门之间也通常运用签订行政协议的方式强化部门之间的协同与合作。譬如，美国农业部、食品与药品管理局、环境保护署、国家海产渔业局4个行政机关就食品安全监管达成71份跨部门合作协议，以解决食品安全监管的职能交叉问题，提高跨部门协同治理能力（高秦伟，2008）。

作为连接部门间活动的重要环节，部门之间的知识沟通和交流是确保部门协同目标和政策实施有效性的重要活动，是支撑部门间协同治理顺畅运行的基本条件。因此，借鉴国外和国内行政协议实践，部门间也可通过自主缔结政府部门间知识共享协议，来满足部门间基于政务活动的依赖性所产生的内在的关联性知识需求，从而推动部门间协同的各类工作议题得以深入探讨和研究。从内容上看，跨部门知识共享协议本是部门之间合作框架协议不可或缺的重要组成部分。

这类协议属于一种非正式制度，不同于国家和地方政府层面的法律、法规和合同等正式规则，它属于政策性文本，而非法律性文本。它是政府部门在长期工作协调实践过程中逐渐形成的，得到部门共同认可的、约定俗成的、共同恪守的行为准则。而知识共享协议则是为推进跨部门合作过程中的知识共享而确立的基本规则和参与方式安排，包含建立共享后的愿景、与跨部门协同任务相关的政策、治理对象性质和问题以及工作方式等跨界知识共享议题的规划安排、程序规则，尤其应说明沟通磋商的时间和方式、知识共享的范围和方式以及让所有参与部门明确自身应发挥的作用和责任。譬如，上海浦东市场监管局和浦东税务局2018年5月举行"共同推进信息共享和协同监管合作备忘录"签约，重点围绕监管信息数据的共享事宜达成共识，具体内容包括通过浦东政务云共享、存量数据一次性拷贝、增量数据每月或每季度更新等方式进行数据交换等。

（四）培育和拓展部门间非正式知识社群

正式的组织协同机制建设对于推进跨部门知识共享至关重要，它们不仅在部门层面上能推动部门间横向关系改善，创造有利于部门知识共享的制度环境和文化氛围，而且，员工层面的技术和知识共享也可以通过引入正式的工作制度和工作方式来实现。譬如，围绕跨部门议题设计更灵活的工作团队、提供给员工更多的跨部门工作机会、开发员工多样化的能力和技能等。这些创新的工作方式能够促进员工在不同部门间流动，有效参与跨部门协同的工作，从而实现跨部门信息、技术、能力和知识的流动。从非正式协同的视角来看，持续性培育跨部门的知识社群也是促进部门间知识共享的一种有效机制。

非正式机构是政府正规体制外的组织形式，没有刚性严格的组织设计原则和规范，强调不同利益相关主体的广泛参与和磋商，依赖的并非正式规范而是组织间和人员间的信任关系，在多部门建构共识的基础上

围绕特定议题开展跨部门合作与知识共享。而对非正式机构的具体选择，譬如，这项协同工作究竟是需要通过持续而频繁的公开性对话协商，还是仅仅通过各类信息和数据的定期交换，则取决于部门之间活动的依赖性及其产生协同工作的性质。

创建基于网络的实践社群来持续分享思想和认识是互联网时代非常具有普遍性意义的非正式协同机构范例，具有很强的弹性和灵活性，它的形成在很大程度上依赖于成员的自主意识和志愿精神。雷夫与温格最早引入"实践社群"这一概念对情境学习进行解释，认为它将学习与工作融为一体，推动了对工作议题的深入而持续交流，从而促进了组织的学习效率和效果，特别是对隐性知识的学习和利用（Lave & Wenger, 1991）。实践中，它有多种类型，既可以是组织内部的实践社群，也可以是跨越不同部门的实践社群和跨组织的实践社群，其构成具有不可或缺的三个要素，即领域、社群和实践。知识领域是实践社群构成的基础要素，围绕特定的知识领域，参与者会投入时间和精力分享信息和知识并相互学习，探讨如何有效地解决跨界的工作议题。成员的集聚及其之间的非正式互动，提供了跨部门协同的基础建设，也创造了个体间建立人际网络联系的机会，成员间逐渐有共同的语言和相同的目标。这种持续沟通互动极大地促进对政策议题或工作实践的知识共享，也会促进实践社群的进一步发展。正是通过这种紧密的共同参与，知识共享才会在社群内来自不同部门的成员中得以发生，信任和关系才能建立。由于成员间自发的、强烈的交互作用，实践社群被公认为促进知识共享和转移的独特的社会结构。非正式的人员互动，更能促进知识分享，尤其是在实践、兴趣与目标相近的实践群体中，其知识的交易、流通更易凸显出效率性，进而为组织创造出更大的价值（Teece, 1998）。作为一种自组织、知识共享和不断学习的社群，实践社群注重挖掘和运用组织内和跨组织的知识资本与社会资本，引导组织知识管理从抽象的知识共享过渡到与工作议题密切相关的社群实践中来，比较有效地应对"知识僵化""知识源分散""共享动机缺乏"的问题（吴丙山等，2012），可被广泛应用于跨部门协同的知识共享活动中。

如前所述，英国中央政府创建了一种跨部门合作的工作环境，目的在于通过在线形成的评估工具，帮助当地政府引领参与服务的各伙伴关系和地区机构，利用整体的服务模式，提高政府服务的可获得性、便捷性、回应性和效益性。在英国跨部门合作的工作环境框架中，还建有各种实践群，作为政府知识共享交换的平台，通过开发成功的可持续在线群支持跨部门伙伴合作。受支持的群落包括身份管理、信息治理和"东北地区每一个孩子都重要"项目的实施过程。这些社群是作为"网络的网络"而建立的，目的是支持持续的对话，拓宽对身份和信息治理领域快速发展变化的认识。

三 构建评估激励和问责机制，保障跨部门知识共享顺畅高效

在重塑跨部门协同文化理念和协同机制的基础上，政府跨部门知识共享还需要构建一套有效的评估激励和责任框架来实现。德鲁克曾指出："在后资本主义社会，构建社会与组织的原理一定是责任。这种组织社会或知识社会，要求组织必须以责任为基础。"（李正志，2009）责任指的是按照所同意的期望展示并承担绩效责任，同时回答问题："谁向谁负责？又负责什么？"西方发达国家整体性政府建设以及政策协同和公共服务整合等改革领域的进展在很大程度上是在目标责任框架和绩效管理的推动下产生的。分享、整合和利用不同部门的多样化知识构成了跨部门业务协同的重要内容，明确跨部门知识共享的整体责任、合作部门各自分担的责任及有效的奖惩措施对于推动相关部门跨部门知识共享目标的实现意义重大。有必要将各部门的内部目标和绩效考评指标体系同整体的跨部门知识共享目标联系起来建立一个责任框架，通过整合评估、激励和问责要素，致力于建立一个鼓励知识共享、创新和学习的责任体系。这会对各部门寻求建立跨部门合作和知识共享产生内在的驱动力，确保跨部门知识共享活动顺利开展和有效运行，并最终提升政府整体治理效能。

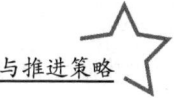

(一) 建构不同层次的跨部门知识共享评估机制，确保跨部门知识共享活动的有效性

西方国家十分注重发挥绩效评估在推动跨部门协同与合作进展方面的积极作用，明确要求各部门应关注自身目标和绩效考评体系与整体的跨部门协同目标之间的关系，并围绕整体的协同目标确定自身的指标评价体系。在这个目标整合和评估过程中，也凸显出跨部门知识共享所具有的重大价值。以英国公交运输系统的公共服务协议为例，1998年，英国政府在《交通运作白皮书》中明确了采取一种跨部门的绩效评价体系。这个体系确立了未来交通运输系统的五个主要指标：环境、安全、经济、获得服务的便利性和整合度。后者不仅包括不同交通运输部门间的整合，也包括交通运输同其他政策领域的整合，涉及环境、土地使用规划、教育、卫生等。在跨部门指标设计过程中，研究者对照指标所涉及的领域，分别比较了环境、安全、经济领域内各指标体系中涉及交通部门的部分，发现交通部门的绩效目标和指标体系中与其他关联部门涉及交通的部分有许多不一致之处。具体而言，环境部门将道路的能源效率和不同交通工具对能源的耗损度列为资源使用的两项重要评价指标，但是在交通系统的指标内，对能源利用和耗损却丝毫没有考虑。由此可见，跨部门的研究者通过部门间的知识共享，发现了部门绩效目标和指标之间的不一致性。为了构建具有协同性的目标和指标体系，研究者通过整合多部门的信息和知识，逐一进行修正，设计出一套结合多部门内部指标的、具有跨部门协同性的交通运输指标体系（Jones，2000），有效避免了不同部门间绩效目标及其相应政策的不协调。跨部门知识共享活动贯穿并嵌入跨部门协同过程中，建构跨部门知识共享评估框架旨在将部门知识共享目标评估与跨部门的知识共享目标和整体性的协同目标相结合，推动部门形成横向思考和整体性协同的思维，提升运用知识协同彼此行为的能力。

对跨部门知识共享有效性的评估，既应反映整体性共享评估，涉及跨部门知识共享环境、结构和效果的整体性评估，也应反映各部门知识共享责任，涉及对部门参与跨部门知识共享活动态度和行为的评估，由此形成层次不同、内容各异的跨部门知识共享评估框架。

第一个层面，评估跨部门知识共享活动。跨部门知识共享活动是部门间业务协同的重要内容，对其活动要素、运行机制和产出结果的综合评估也构成了整体跨部门协同绩效不可分割的重要组成部分。长期以来，中国政府绩效评估建立在各部门职能分工的基础上，注重部门职能目标实现及其相应的绩效评估工作，但对跨部门的整体性目标及其绩效管理重视不足，整体性预算和绩效评估框架的缺失不利于推进跨部门业务协同活动的开展，也难以改善横向部门间的协商与合作。基于此，加强跨部门协同活动的整体性评估意义重大。跨部门知识共享评估可视为跨部门协同绩效评估系统的一个子系统，由跨部门知识共享的组织要素、运行过程和产出效果等内容构成整体性评估。跨部门协同项目的主管部门、上级政府、社会公众等利益相关主体负责对其进行评估。具体而言，评估内容主要包含四个方面：（1）共享知识的范围、类型等特性是否体现了政策整合、公共服务合作等跨部门协同项目的知识需求？（2）是否创建了有利于跨部门知识共享的组织架构、制度环境和共享平台？（3）是否构建了推动跨部门知识共享的不同层次、不同形式的程序性机制？（4）跨部门知识共享的目标、跨部门协同项目的预期目标和产出结果是否有效实现？是否出现了政策内容和执行过程的冲突和矛盾？组织运行效率是否得到提升？公共服务供给是否更高效和便捷？

第二个层面是对部门知识共享的评估。政府各部门业务活动之间具有不同程度的关联性，这种关联性引发了对其他部门互补性信息和知识资源的内在依赖。从组织间关系视角来看，部门知识共享评估对于整体性的政府目标和各部门自身的目标实现而言都有重要的意义。对部门知识共享层面的评价，将侧重于考察部门参与跨部门知识共享的行为及其目标整合情况，着眼于推进各部门履行责任的过程中必要的横向思考和知识共享的态度与行为。因而，对于部门层面，应以评估部门应履行的知识共享责任为依据开展，评估内容将聚焦于部门层面的知识共享过

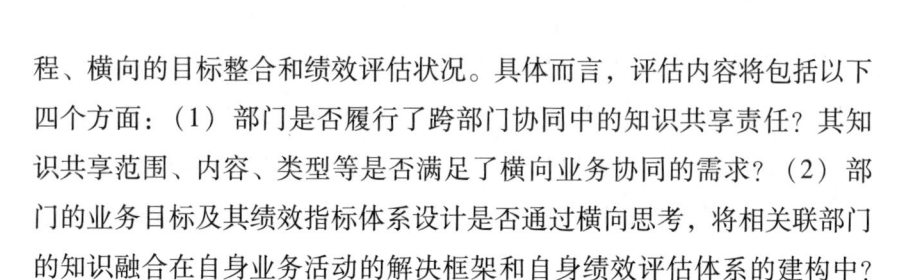

程、横向的目标整合和绩效评估状况。具体而言，评估内容将包括以下四个方面：（1）部门是否履行了跨部门协同中的知识共享责任？其知识共享范围、内容、类型等是否满足了横向业务协同的需求？（2）部门的业务目标及其绩效指标体系设计是否通过横向思考，将相关联部门的知识融合在自身业务活动的解决框架和自身绩效评估体系的建构中？（3）部门绩效目标设计是否与跨部门协同目标和政府整体性目标之间建立了有机联系？（4）部门履责行为与绩效目标的达成是否与其他关联部门的绩效目标存在潜在冲突？

明确内容和细化标准是对不同层面的知识共享进行评估的基础性工作。它不仅为跨部门知识共享评估提供了直接、可靠的依据，同时有助于引导各部门能够从整体性和协同性视角思考跨部门知识共享活动，推动各部门在更为整合性的责任框架内履行自身职责，推进各部门寻求建立跨部门协同和知识共享的内在驱动力。尽管开展跨部门知识共享活动依赖于各部门的积极参与，然而，实践中不可避免地受部门利益影响，非主体责任部门在协同活动中会倾向于采取被动、消极的态度应对跨部门知识共享和政务协同。因此，对部门参与态度、互动行为、履行责任、工作绩效进行评估，为实施部门激励和问责提供了科学依据，它有助于激励各部门积极参与跨部门知识共享活动。

（二）强化跨部门知识共享的激励问责机制，推动跨部门知识共享活动的持续性

评估之后，为激励各部门参与跨部门知识共享，有必要根据跨部门知识共享评估中对部门参与的目标评估结果，建立跨部门知识共享的激励问责机制。问责的目的不仅在于一种事后的责任追究，它更注重工作的过程和效果的监督，其实质是根据评估结果建立相应的激励和约束机制（陈巍，2010）。美国教育部大学生助学金管理局的对开制度值得借鉴。管理局对高层管理者的绩效考核和奖励依据两类标准：一是管理者在自己的职责领域实现目标的程度，二是管理局的整体绩效水平，所占比重各为50%。可见，如果因缺乏跨部门合作而影响管理局整体绩效

水平，管理者个人的绩效考核也会受到影响，即使他在自己的职责领域非常出色（United States General Accounting Office，2002）。当部门知识共享评估结果与相关的激励政策或问责措施紧密挂钩时，部门领导及其成员就会预见到自身态度和行为所带来的预期结果，从而有计划性地调整部门参与知识共享的行为。

根据评估结果，一方面，对积极履行部门知识共享责任并取得良好知识共享合作绩效的部门及其领导应给予激励，激励的形式尽可能多样化，包括口头表扬、发放奖金、部门评先评优和晋升奖励等，以大力鼓励横向思考和整体性解决问题的理念与行为；另一方面，对于因履责不积极和不到位而影响部门间合作绩效的部门及其领导，应予以明确问责。问责形式可采用警告、诫勉谈话、通报批评、取消集体评先评优资格等方式，并与干部提拔、奖金发放等晋升激励制度相结合，使部门整体都能感受到伴随评估结果而来的荣辱感和责任感，从而激发部门参与知识共享的积极性与主动性。

四 加强数据化治理机制，优化跨部门知识共享技术环境

经过十余年政府信息化建设，中国政府电子政务系统建设取得了较快的发展，依托电子政务系统进行的跨部门信息和知识共享也得到了一定程度的促进，尤其是一些基础性信息资源平台开发和共享工作，譬如企业信用数据平台的建设。但从全国整体发展水平来看，中国政府跨部门共享数据库建设和开发还比较滞后，不注重信息归集和更新；信息系统建设各自为政、各成体系，标准、政策和工具不统一，不仅对已有但分散化的部门数据缺乏有效的集成和整合，"碎片化"现象突出，而且很多部门信息和知识也缺乏合理开发和运用。当前政府信息和知识管理理念、政策和工具比较滞后，严重制约了整体性政府建设和公共治理能力的提升。当今社会已步入大数据时代，强化整体性政府视角下的数据化治理机制，提升政府部门知识的数据化存储能力和共享能力，是推动政府跨部门知识共享的必由之路。

(一) 强化政府数据化治理的制度保障

数据化治理通常被视为如何管理不同部门数据的一整套治理结构和制度。它既是加强跨部门知识共享顶层设计的需要，也是实现政策协同制定、执行和公共服务供给的基础保障。建立数据化治理的整体性管理框架就是要从顶层设计上对政府各部门所拥有的各类数据、信息和知识系统等进行协调和整合，以推动知识在部门间的交换、共享、整合和利用。跨部门知识共享旨在满足整体性政府进行决策所需的信息和知识需求，提升不同部门政策的协同性，创造出更高质量地解决问题的方式，是保证各机构完成业务整合和整体政府成功运行的关键，因而，共享知识的管理和知识本身一样重要。过去相当长一段时期，由于缺乏顶层设计，各省、市和县（区）地方政府依托电子政务内网建设各自的部门间数据交换平台，但实际运行过程中，由于缺乏整体性数据管理和服务的政策、政府对跨部门数据共享和利用不够重视，平台运行缺乏稳定性和持续性，各部门上传的数据有限，出现信息系统标准不统一等问题，借助平台实现横向部门数据之间的互联互通远未实现。可见，成功的跨部门知识共享必然要依赖于一种结构性的数据化治理框架。

1. 提高跨部门知识共享相关制度的法规层次，保证其权威性和约束力

近年来，国务院出台了一些促进部门间信息共享和大数据发展的政策法规，如 2015 年出台的《促进大数据发展行动纲要》、2016 年出台的《政务信息资源共享管理暂行办法》和 2017 年出台的《政务信息系统整合共享实施方案》。这些政策在宏观上明确了推动政府部门数据共享的战略导向，同时提出了政务信息资源共享的总体要求、基本原则、重点任务和实施路径。客观来说，密集出台的这些政策法规反映了大数据背景下政府对信息和数据共享工作的高度重视，在一定程度上对部门间的知识共享具有一定的促进作用。但总的来说，出台的这些制度性规定基本都是规范性和政策性文件，在高层次立法领域依然是空白。此外，这些制度性规定一般都偏向原则性表述，可操作性不足，在政策执

行过程中，往往随意性加大，约束力降低，其权威性受到一定影响。因而，提升政府整体性的数据化治理水平，应尽快提升当前跨部门知识共享相关领域法规制度的立法层次，并加强对相关法律规则和规范性文件的协调与整合。这将有助于强化跨部门信息和知识共享的责任意识，对其信息和知识共享行为产生强有力的约束作用。

2. 依法授权实现数据在政府不同层次和不同部门间的有效共享

政府拥有的信息和知识资源涉及国计民生的基础领域，包括个人、社会组织、地理空间、生态环境等。在政府数据化治理过程中，知识扩散和共享中的安全性问题是阻碍跨部门共享的重要因素。跨部门共享应服从于政府的知识安全战略。政府所拥有的知识因其内容不同而具有不同的安全保密等级，相应地，政府不同部门的公职人员因其工作属性的不同也应具有不同的知识操作权限。如何在知识安全框架下有效使用知识是分享多部门知识所面临的严峻挑战。尽管2016年9月国务院颁布实施的《政务信息资源共享管理暂行办法》已规定政务信息资源共享应遵循"以共享为原则、不共享为例外，需求导向、无偿使用，统一标准、统筹建设，建立机制、保障安全"的原则，然而，在信息资源的共享实践中，通常会由于制度规则不够细化和可操作化，难以有效地指导部门信息资源共享活动，出现亟待共享的信息难以共享的情况。要实现知识在政府不同层次和部门中的共享使用，第一，以立法的方式保障知识在不同部门中的授权使用，明确构建对知识非授权使用和外泄行为的问责机制，根据程度轻重及其所造成的影响予以惩罚。授权管理是一个重要的责任问题，授权能够让其他部门依法收集、储存和管理的信息得以合法使用。此外，以授权的方式使用统一且有可靠来源的数据，有助于确保所运用数据的可靠性和流动性，还有助于降低功能相互关联的不同部门之间重复创建数据系统的成本。第二，基于政务活动间日益增长的知识需求，知识使用部门也可借助部门间的正式协议实现共享。这些正式协议应详细而明确说明获得数据的使用条件和基本流程，通常包括：使用权限和监

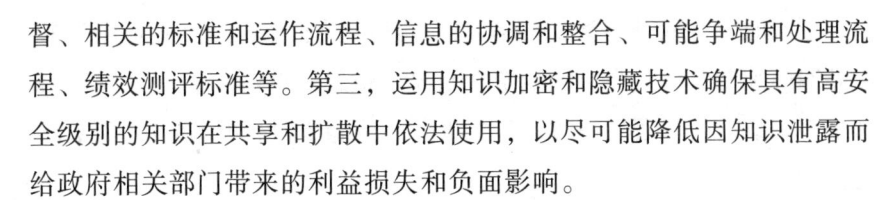

督、相关的标准和运作流程、信息的协调和整合、可能争端和处理流程、绩效测评标准等。第三，运用知识加密和隐藏技术确保具有高安全级别的知识在共享和扩散中依法使用，以尽可能降低因知识泄露而给政府相关部门带来的利益损失和负面影响。

（二）建构和完善统一的数据交换平台

目前，政府信息化建设模式的碎片化特征依然突出，各自为政，纷纷致力于建设各自的业务数据系统。由于缺少统一的元数据标准，各部门间的数据不可避免地会出现兼容性不足的问题，系统之间缺乏能够相互连接的通道，相互之间缺乏应用的关联，数据整合和利用效率低下。2017年12月8日，习近平总书记在中共中央政治局第二次集体学习时对政府数据的开放与共享做出了明确的指示——要"以推行电子政务、建设智慧城市等为抓手，以集中和共享为途径……打通信息壁垒形成覆盖全国、统筹利用、统一接入的数据共享大平台，构建全国信息资源共享体系，实现跨层级、跨地域、跨系统、跨部门、跨业务的系统管理和服务"。可见，国家层面已充分认识到建构和完善统一的、多级互联的数据共享交换大平台的紧迫性和重要性。它可以确保政府不同层级、不同部门采取一种统一有效的方式转移和使用标准化数据，促进数据互通、共享和流动；在提高数据共享和利用效率的同时，能够建立部门之间的信任，实现数据在可靠性基础上重复利用，实现"跨越多个组织和信息技术系统，以一种统一有效方式转换和使用信息的能力"（Australian Government Information Management Office，2006），从而改善政策制定、执行和公共服务流程，提升政府整体性治理能力。大数据、移动互联网和云计算等新兴技术可充分应用于统一的数据共享平台建设中。同时，为确保数据共享平台有效运行，实现与其他资源之间的顺畅链接，政府还有必要加强以下措施。

1. 编制并完善在线目录，形成统一的国家政务数据资源目录体系及其运行技术框架

国家应尽快明确政务信息和知识资源的分类、责任方、格式、属

性、更新时限、共享类型、共享方式、使用要求等内容，将其作为各地各部门编制政务信息或知识资源目录的依据。同时，编制完成后的目录在实践运行过程中出现内容的变化，应遵循动态更新的原则予以完善。

2. 加快构建并完善政务数据共享的标准体系

政务数据资源标准体系涵盖平台建设的多个环节，包含数据采集、数据质量、目录分类与管理、共享交换接口、共享交换服务、多级共享平台对接、平台运行管理、网络安全保障等方面，是确保国家、省、市、县（区）跨层级数据交换平台无缝对接，实现数据共享和业务协同的基础性工作。这些基础建设有助于为处于孤立的信息提供各种协同系统，通过渠道网络共享技术资源，通过"入口"进行信息比较和呈现，保证通过"开关"将安全的信息和知识送达正确的目的地。

（三）加强政府自身知识资源开发和管理

政府在管理和服务社会各项事务的过程中，获取和储存了数量庞大、种类繁多的政务数据和信息，一方面包括人口信息、法人单位信息、自然资源和空间地理信息、电子证照信息等基础信息，另一方面涉及健康保障、社会保障、食品药品安全、安全生产、价格监管、能源安全、信用体系、城乡建设、社区治理、生态环保、应急指挥、治安维稳等不同社会治理领域的业务知识。有些知识来源于运用知识管理技术对已有数据和信息的深度挖掘与分析，有些知识已经以文件、资料、图表和视频等形式存在于组织中，有些知识则主要是以价值理念、专业经验、观点、知识等形式存在于政府工作人员主体意识中。它们都是政府知识体系不可分割的组成部分。如果政府的知识资源离散化、无序化，缺乏关联性和集成性，知识资源质量参差不齐，也难以满足与其他部门进行知识共享和业务协同的需求。换言之，政府部门自身知识资源的分类、开发和利用效率直接决定了其跨部门知识共享的能力。实现知识共享和有效利用的一个前提条件在于政府组织知识能够被有序获取、开发和利用。加强政府内部的知识管理,旨在实现隐性知识显性化、显性知识结构化、个体知识组织化、离散知识集成化(赵越,2011)。这是进行知识跨部门分享和有效利用的前提与基础性工作。具体而言,应着力加强以下两个方面的工作。

1. 运用多种工具加大对政府知识资源的开发和集成

对政府数据、信息和知识资源进行开发,让其形成更为有序和整合的知识,成为跨部门知识资源共享管理的基础和前提。从知识的存在形态分析,政府知识可分为明晰的显性知识和默会的隐性知识。根据其编码化的程度,政府知识又可分为编码化知识和非编码化知识。不同的知识类型要求采取差异化的知识共享手段和方式。政府数据化治理侧重于技术层面上重点关注可编码化知识,也就是针对那些能以特定表示方法实现编码和格式化的显性知识以及得到外显化的隐性知识的获取和开发。对于高度明晰化的显性知识源,如法律法规、政策措施、规章制度、工艺流程等,宜选用合适的知识表示方法经预处理后直接编码,从而转化为能够存储和使用的知识形式。对于政府部门在业务运行实践中积累的大量业务数据和信息,可基于数据挖掘与知识发现技术实现对已有数据和信息的深度分析,从而形成对组织运行和公共治理有价值的知识体系,具体表现为关联知识、聚类知识、分类知识和预测知识等。对具体业务领域的基础知识,如精准扶贫、抗震救灾、群体事件应对和公共卫生突发事件的防控等,可通过知识管理领域的案例表示与推理技术实现对系统的实例学习和知识获取。对于可外显化的隐性知识,可通过类比、隐喻与假设等方式推动隐性知识向显性知识的转化。目前,一些AI技术如人工神经网络、专家系统等也能提供转化辅助。此外,也可通过知识集成寻找孤立、小粒度的零碎显性知识之间的联系,形成可用于解决更为复杂问题的新的知识单元(见图8-1)。

可见,运用多种知识管理技术深化政府知识资源的分类、整理和挖掘工作十分重要而迫切。政府所拥有的大量离散化和无序化的数据、信

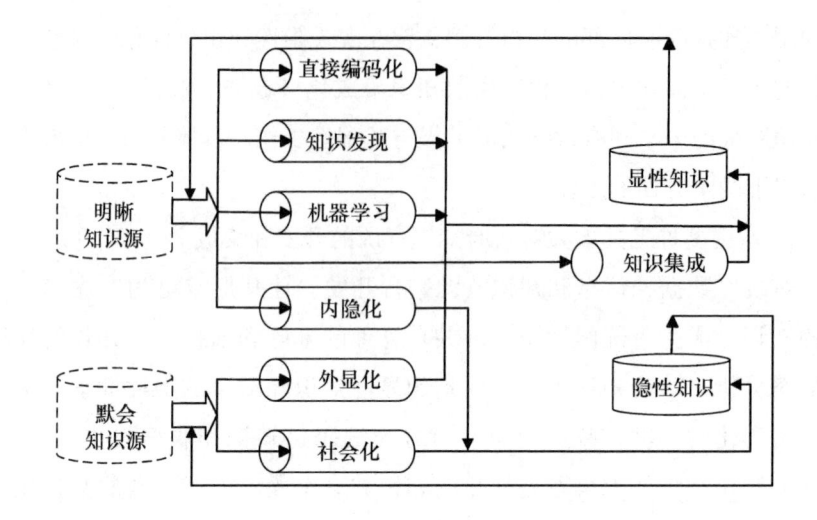

图 8-1 集成化政务知识获取

资料来源：张建华，2010，《电子政务知识管理》，科学出版社。

息和知识唯有经过处理才能更为有序化和集成化，从而形成相互关联和高度集成的知识体系，被归集于不同类型的知识仓库中加以运用。这不仅提高了政府各部门对生产知识的集成利用率，同时，为跨部门知识共享提供了高质量的知识基础，促进其具有更广泛的适用性和应用性，创造更大的知识应用价值，提升政府整体性治理能力。

2. 根据业务活动的依赖性构建跨部门的知识网络

在数据化治理框架下思考政府知识共享管理，另一个重要视角是如何整合不同层次和不同功能的知识应用系统。受条块分割的政府组织体制影响，政府的电子政务系统碎片化特征同样十分明显。以行政执法为例，为处理隶属于工商部门、质量监管部门和物价部门等不同部门的执法案件，很多地方政府分别构建了不同的行政执法处理信息系统，导致处理不同领域的执法案例需要在信息系统间进行切换。这既降低了行政执法的整体效率，也不利于更复杂执法问题的协同解决。造成这种现象的一个重要原因在于缺乏顶层设计和统一规划，各种系统往往只关注某一层级、某一部门或单一领域内的特定问题，寻找对局部特定问题的优

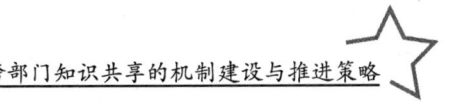

化管理和求解，而不同系统之间则缺乏有效的协同和集成，形成了数据、信息和知识孤岛。这不仅降低了各类政府知识的利用效率，更是削弱了行政管理部门对复杂公共治理事务的整体性解决能力。基于此，在跨部门协同的数据化治理框架下，有必要进一步强化宏观顶层设计和实施规划的统一性。其跨部门知识网络的设计可充分借鉴产业集群知识网络建设的基本原理，即根据不同的宏观政策目标和部门职能活动的关联性建构若干类的治理集群，通过明确治理集群内多部门间的知识依赖关系，将多部门的数据库、信息系统和知识库纳入治理集群的知识框架中，从而建立多层次、跨部门的知识共享网络，通过结构化的数据管理更有效地获取、共享、整合和利用这些差异但相互补充的数据，提升政策制定、市场监管和公共服务的协同性和质量。譬如，围绕当前政府亟待解决的公共治理事务，可划分为污染防治、精准扶贫、食品安全监管、防范系统风险、社会信用体系建设等不同领域的治理集群知识网络。已有的实证研究表明，集群知识共享效果的影响因素包括集群内组织间和个体间的信任程度、知识需求者的学习能力和消化吸收能力、知识结构的互补性、社会环境因素（罗亚非、张勇，2008）。因而，在实践中应关注治理集群知识网络运行机制的建设，以确保治理集群内多主体知识共享的效果。凡属于同一治理集群内的政府各部门，可通过部门间的良好沟通形成共识，共同确认那些可用于共享和整合的不同类型的数据和知识资源，在此基础上，形成为集群内成员一致同意的数据和知识共享框架和协定，从而按照"一次创建，多次使用"的原则在治理集群部门间共享并协同使用，逐步形成跨区域、跨层级和跨部门的治理集群知识网络，进而满足公共事务治理中的各类知识需求。相对明确的治理集群知识范畴，能够推动各部门形成稳定的心理预期和信任关系，为部门间的信息和知识共享创造良好的协同环境。可以预想，在同一个数据集群内运行的各部门，有需要共同遵守的制度规则，其行动必然会受到治理集群共享环境的影响，更能促进各部门形成横向思维，思考问题会考虑整体优化的成果目标，而不是仅仅为了实现各部门自身目标。

第九章
研究结论与展望

本书系统梳理和回顾了公共组织跨部门知识共享的理论文献，将理论研究与实证研究、定量研究与定性研究紧密地结合起来，综合运用文献综述法、深度访谈法、问卷调查法和统计分析法，重点聚焦地方政府跨部门知识共享的运行机制、影响因素分析、绩效激励和实现机制研究。本章将关注本书的主要结论及其研究价值，在此基础上，提出本书存在的局限性和未来的研究方向。

第一节 主要研究结论

面向现代化的转型进程中，政府治理日益面临更复杂、更多元化且增长迅速的社会需求以及由此带来的新的挑战。依靠单一政府部门已经不能在短时间内解决这些复杂的社会问题、提供高质量的制度供给和公共服务。复杂的社会公共事务需要合作和协同的公共管理。换言之，政府部门之间、政府与其他社会组织之间的依赖性逐渐增加，导致在很多依靠单一政府部门无法解决的领域需要更多来自不同部门之间的协调和合作。更多合作性公共管理要求政府寻求与之相适应的方法、技术、工具和战略，以提升其跨部门合作和整合的能力以及公共治理能力。知识经济时代，随着知识日益成为政府组织重要的战略性要素，知识共享也被视为形成和提升组织核心能力与公共治理能力的重要手段。政府组织并不是自然地交换知识信息或寻找相互的解决方案，需要管理策略的有效干预。因此，探讨合作情境下政府跨部门知识共享活动，以建构促进知识跨部门共享的组织架构和管理机制具有重要的理论价值和现实意义。

一 政府跨部门知识共享运行机制及其不足的深层次动因研究

基于已有理论文献，同时考虑到知识自身所具有的分散性、默会性和情境依赖性特征，本书发现，促进政府跨部门知识共享的运行框架包括四个核心要素，分别是法规政策、组织间协调、组织信任和信息技术环境。法律和政策是公共组织跨部门信息、数据和知识共享的重要制度基础，有效规范了跨部门知识共享行为。组织间协调机制是在空间维度上衔接部门间活动的结构性方式，是公共组织跨部门信息、数据和知识共享的组织基础。组织信任被视为网络化情境中一种有效的替代治理机制，是发展跨部门知识共享活动的关系保障。信息技术环境为支持组织间知识共享提供了技术路径，是发展跨部门知识共享活动的技术保证。

基于利益政治学、组织行为学和知识管理理论三个理论视角，本书较为系统而深入地剖析了现阶段地方政府跨部门知识共享不足的理论成因。进一步的实证研究发现，现阶段中国地方政府跨部门知识共享不足的成因主要表现在：横向沟通协调机制不健全、对政府知识具有的公共性属性认知不足、有关数据与信息安全和保密的法规政策不完善、跨部门知识共享顶层设计与战略规划不足、政府公职人员知识管理和共享理念缺乏、综合信息系统网络的共享平台建设不足和跨部门知识共享激励机制缺失等。

二 政府跨部门知识共享绩效评价指标体系的构建研究

根据绩效指标体系构建的科学原则，基于输入—过程—输出的逻辑框架，从跨部门知识共享的促成因素、共享过程和共享产出三个维度，通过理论遴选和实证筛选,本书构建了一套较为科学系统且具可操作性的跨部门知识共享递阶评价指标体系。它共包括8个二级评价指标,即跨部门协同关系质量、组织支持程度、组织知识管理水平、部门间互动性、个人能力、共享知识的质量、跨部门协同质量和政府整体绩效改进,并在3个维度逐步对应细化完善为17个三级指标,即跨部门协同利益的互补性、部门间的信任水平、知识共享评估制度的健全程度、知识共享问责制度的健全程度、领导支持、知识管理工具运用的统一性、知识管理系统建设的标准性、跨部门知识共享正式机制的权威性、跨部门知识共享正式机制的明确性、运用正式程序进行知识互动的经常性、员工的沟通能力、共享知识的精准性、共享知识的及时性、协同治理目标的可达成性、协同治理手段的有效性、组织运行效率的提升和公共服务质量的改善。

三 政府跨部门知识共享影响因素研究

本书从协同的视角,将共享政策、部门间协同机制、协同关系和信息技术环境等多维因素纳入一个整合的框架,构建了多维因素与跨部门知识共享行为关系的理论模型,并提出了相应的研究假设。同时,以问卷调查的数据为基础,运用回归分析和路径分析的方法进行实证检验。实证研究发现:整体而言,横向协同机制和员工自身利用信息技术设施的能力对其跨部门知识共享行为影响最大,对其具有显著的正向影响;其次分别是部门间信任、共享政策和不同部门基础设施建设的统一性,纵向协同机制和非正式人际网络对跨部门知识共享的正向影响相对较弱。进一步的实证分析结果发现,横向协同机制不仅对跨部门知识共享具有直接正向影响,还通过部门间信任对跨部门知识共享产生间接影响;纵向协同机制对跨部门知识共享产生直接正向影响;非正式人际网络通过影响部门间信任而对跨部门的知识共享产生间接影响。

四 政府跨部门知识共享与组织绩效关系的实证研究

基于已有理论文献,以跨部门知识共享为外生潜变量,以个人绩效和组织绩效为内生潜变量，构建了政府员工跨部门知识共享行为与组织绩效关系的结构方程理论模型，并以问卷调研数据为基础，运用 Amos 22.0 统计软件进行结构方程分析，对地方政府跨部门知识共享和政府组织绩效关系的初始结构方程模型进行评价和修正，最终建立了具有较强解释力的政府跨部门知识共享行为与组织绩效关系的结构方程模型。实证结果证实，员工的跨部门知识共享行为不仅对个体工作绩效和组织整体绩效具有直接的正向影响，跨部门知识共享还通过个体工作绩效进而影响组织整体绩效，即个体工作绩效在跨部门知识共享与组织整体绩效的关系中发挥部分中介效应。

五 政府跨部门知识共享的实现机制及其推进策略研究

在前述实证研究结果和国外实践经验梳理的基础上，本书发现共享文化培育机制、组织协同机制、评估激励机制、数据化治理机制是推动地方政府跨部门知识共享的重要机制设计。在此基础上，进一步提出具体的实施策略来推动地方政府跨部门知识共享活动。

本书将公共组织理论、知识管理理论、公共绩效管理理论等统一纳入跨部门知识共享研究的框架体系内，弥补了对协同治理范式下政府跨部门知识共享研究的不足。这不仅丰富了组织知识共享管理理论，也为加强政府知识共享管理和知识型政府的建设提供了理论指导。同时，围绕政府知识共享的微观机制和绩效激励构建理论模型和进行实证检验，弥补了整体性治理理论背景下微观机制研究的不足，补充和丰富了跨部门协同理论和政府绩效管理理论，为进一步促进跨部门协同治理和组织绩效改善提供了必要的理论指导。

第二节 研究局限与展望

对政府跨部门知识共享活动及其影响的探讨是一项具有重要理论和

现实意义的研究课题。本书虽然较系统地考察了政府跨部门知识共享活动的运行机制、影响因素、绩效激励和实现机制及其推进策略，在政府知识共享管理研究领域做出了有益的探索和补充，但受限于文献和资料的不足、个人学术水平以及研究时间和精力，仍存在一定的局限性。

第一，从协同理论视角构建了共享政策、部门间协同机制、协同关系和信息技术环境与员工跨部门知识共享行为关系的理论模型，实证检验了不同协同要素对跨部门知识共享的影响效应，但影响政府员工跨部门知识共享行为的其他组织因素和个人层面的因素并未在理论模型中加以全面考虑，譬如组织氛围、组织政治、公共服务动机和知识的自我效能等。后续研究可以在本书的基础上更系统、更全面地探讨其他组织因素和个人因素对跨部门知识共享行为的作用机制和影响效应。

第二，数据的使用范围相对有限，来源比较单一，缺乏其他数据来源对数据可靠性进行交互验证。这可能存在同源误差偏差问题，会影响数据收集的有效性，也会影响到研究结论的普适性。后续研究可扩大数据来源的范围，同时改善测量方式，改变数据的统一来源，从而避免同源误差的影响。

第三，使用的数据是横截面数据，弱化了研究模型中变量因果关系的解释能力。后续研究可注重纵向研究方法的运用，即从较长的时间里跟踪观察跨部门知识共享发生和发展的过程，深化议题的研究力度，提升研究结论的科学性、可靠性和普适性。

第四，仅考察了政府组织内不同部门间知识共享活动的运行机制、影响因素、绩效激励和实现机制等议题，但未能将政府与其他多元化社会组织之间的知识共享活动纳入研究范畴，不足以体现公共组织知识共享的全貌。后续可将研究范围扩展到政府和社会组织合作中的知识共享，以揭示不同类型的组织合作中如何有效进行知识共享管理和公共事务知识治理。

附 录

政府跨部门知识共享与组织绩效关系研究调查问卷

亲爱的朋友：

您好！为推进政府跨部门工作中知识和信息共享交流以提升政府整体效能，我们着手在全国开展本项调查，希望得到您的支持和帮助！

本课题从广义的实践层面来理解知识，它指以实践为基础的，包含各类数据信息、经验和方法等的知识综合体。本问卷采用匿名调查的方式，所获得的数据仅供研究之用，内容不会涉及您的个人隐私与单位信息。请您充分发表自己的看法，客观填写相关信息并在对应的方框内画"√"。我们将尊重您的观点。再次感谢您在百忙之中协助我们完成本次调查！

政府跨部门知识共享研究调研组

个人基本资料部分

1. 您的性别：□男　　　　□女
2. 您的年龄：□30 岁及以下　□31—40 岁　□41—50 岁　□50 岁以上

3. 您的工作年限：□5年及以下　□6—10年　□11—15年
　　□16年及以上

4. 您的教育程度：□大专及以下　□本科　□硕士研究生
　　□博士研究生

5. 您的行政级别：□办事员　□科员　□副科级　□科级
　　□副处级　□正处级　□副厅及以上

6. 您的工作性质：□综合管理类　□行政执法类　□专业技术类

7. 您单位所在的政府层级：□乡镇　□县（市区）　□地级市
　　□省级

第一部分　跨部门知识共享基本概况

8. 请根据您的实际认知做出选择，在适当的方框中打"√"

推动跨部门知识共享的因素	不重要	一般	比较重要	非常重要	不确定
法规政策的要求					
上级行政命令推动					
公众关注与参与					
领导者的知识分享理念					
公职人员分享知识的意愿					
部门间政务协同的需要					

9. 请根据您的实际认知做出选择，在适当的方框中打"√"

跨部门共享的不同知识类别	不重要	一般	比较重要	非常重要	不确定
工作方法					
工作经验					
工作程序					
政策规定					
工作报告					
数据信息					

10. 请根据您和贵单位的实际情况做出选择，在适当的方框中打"√"

跨部门知识共享的质量	极不符合	较不符合	中等程度	比较符合	非常符合
组织成员交流的知识是易于理解的					
组织成员交流的知识是精准的					
组织成员交流的知识是完整的					
组织成员交流的知识是可靠的					
组织交流的知识是及时的					
组织交流的知识是易于获取的					

11. 请根据您的实际认知做出选择，在适当的方框中打"√"

跨部门知识共享的动机	不重要	一般	比较重要	非常重要	不确定
高效实现工作目标					
赢得同事的尊重					
拓展人际关系网络					
获得物质奖励					
增进公共利益					

12. 请根据贵单位对跨部门知识共享方式实际运用的频率做出选择，在适当的方框中打"√"

跨部门知识共享方式	很少	偶尔	一般	经常	不确定
上级部门或各类领导小组召开的专题会议					
上级政府知识库和数据管理系统					
上下级部门间的正式机制（如培训等）					
横向同层级不同部门间的正式机制（如联席会议、合作项目建设等）					
购买知识成果					

续表

跨部门知识共享方式	很少	偶尔	一般	经常	不确定
互通互享数据与信息资源					
综合性的信息交互平台					
人际关系网络					
自发形成的网络社区（如QQ群、微信群等）					

13. 请根据您的实际认知做出选择，在适当的方框中打"√"

阻碍跨部门知识共享的因素	不重要	一般	比较重要	非常重要	不确定
部门主要负责人知识管理与共享理念淡薄					
对政府知识所具有的公共性属性认识不足					
知识和信息被视为权力的来源					
有关数据与信息安全和保密的法规政策不完善					
缺乏跨部门知识共享的顶层设计和战略规划					
横向协调沟通机制不健全、不完善					
条块分割的组织体制形成的部门化利益					
部门之间缺乏信任					
参与知识共享的部门预期收益较低					
缺乏跨部门知识共享的考核与激励问责机制					
缺乏跨部门的联合培训机制					
跨部门的人员流动机制不健全					
综合信息系统网络的共享平台建设不足					
组织成员沟通能力不足					

第二部分 跨部门知识共享行为、影响因素和组织绩效

14. 请根据您的实际认知做出选择，在适当的方框中打"√"

跨部门知识共享行为	完全不符合	比较不符合	一般	比较符合	完全符合
学习到新知识时，我经常主动与合作部门的同事分享我所了解的知识					

附录　政府跨部门知识共享与组织绩效关系研究调查问卷

续表

跨部门知识共享行为	完全不符合	比较不符合	一般	比较符合	完全符合
同事有需求时，我很乐意与合作部门同事分享我所掌握的知识					
向同事请教时，其他部门的同事乐意分享他们所掌握的知识					
其他部门同事学习到新知识时，他们乐意分享他们所掌握的					

15. 请根据您的实际认知做出选择，在适当的方框中打"√"

信息技术因素	完全不符合	比较不符合	一般	比较符合	完全符合
经常运用网络、电子邮件和电子布告栏进行工作交流					
经常运用组织内网进行跨部门信息和知识分享					
经常运用组织数据库和电子数据管理系统进行业务协同					
各部门知识（信息）管理系统是基于兼容性的技术标准而建设的					
各部门信息技术基础设施建设都是完备的					
各部门都拥有丰富的专业化信息人才					

16. 请根据您的实际认知做出选择，在适当的方框中打"√"

组织因素	完全不符合	比较不符合	一般	比较符合	完全符合
行政工作流程决定应如何与其他部门之间开展协同工作					

续表

组织因素	完全不符合	比较不符合	一般	比较符合	完全符合
部门之间主要通过报告和正式文件实现知识交流					
一般而言,部门工作会受到规章制度的限制					
部门领导在很大程度上决定应该如何完成工作任务					
不同部门之间的信息和知识共享主要通过行政领导来实现					
设立跨部门委员会可以让不同部门参与到共同决策中来					
设立项目组可促进特定项目的跨部门合作					
安排专人扮演协调角色,负责协调不同部门的工作					
设定专门流程以促进项目中不同部门间的知识和信息交流					
信息和经验经常在跨部门会议或团队工作中分享					
不同部门有自己的朋友关系网很重要					
人际关系网有助于分享信息和相互学习					
工作中遇到困难时,行政部门的朋友可以提供建议和帮助					
我了解合作部门的基本工作状况					
我相信合作部门对知识共享持开放态度					
我与合作部门的相关人员比较熟悉					
我相信合作部门成员为达成跨部门目标所做出的努力					
我相信合作部门能够合理地运用本部门所提供的信息和知识					

17. 请根据您的实际认知做出选择，在适当的方框中打"√"

共享政策因素	完全不符合	比较不符合	一般	比较符合	完全符合
政策文件规定了部门之间合作与共享的准则	□	□	□	□	□
政策文件规定了部门参与跨部门数据、信息和知识共享的权责	□	□	□	□	□
政策文件确保了跨部门共享数据、信息和知识的安全与隐私性	□	□	□	□	□

18. 请根据您的实际认知做出选择，在适当的方框中打"√"

个人绩效	完全不符合	比较不符合	一般	比较符合	完全符合
能充分完成指定任务	□	□	□	□	□
达到了工作的正式绩效考核的要求	□	□	□	□	□
能圆满完成工作描述中规定的要求	□	□	□	□	□
积极参加能有效影响绩效测评的活动	□	□	□	□	□
绩效任务符合自己的预期	□	□	□	□	□
持续以高质量的方式完成工作任务	□	□	□	□	□

19. 请根据您的实际认知做出选择，在适当的方框中打"√"

组织绩效	完全不符合	比较不符合	一般	比较符合	完全符合
组织协同运行流程优化	□	□	□	□	□
组织协同运行效率提高	□	□	□	□	□
组织政务协同工作高质量完成	□	□	□	□	□
组织整体战略目标有效实现	□	□	□	□	□
组织的整体绩效提升	□	□	□	□	□

参考文献

中文参考文献

［美］Alavi，Maryam，Dorothy E. Leidner，2012，《知识管理和知识管理系统：概念基础和研究课题》，郑文全译，《管理世界》第5期。

［英］安东尼·吉登斯，1998，《民族—国家与暴力》，生活·读书·新知三联书店。

北京市委市政府机关信息化建设规划课题组，2008，《浅析国外政府信息化建设》，《信息化建设》第8期。

蔡宁伟、张丽华，2014，《最佳人力资源管理实践与组织绩效的关系研究——基于国企的追踪案例》，《中国人力资源开发》第12期。

查先进，2006，《政务信息共享的障碍及对策研究》，《江西社会科学》第7期。

常荔，2018，《公共组织跨部门知识共享研究进展与展望，公共行政评论》第4期。

常荔，2018，《政府跨部门知识共享的协同机制研究》，《情报杂志》第11期。

常荔、李仰涵，2017，《政府跨部门知识共享绩效评价指标体系的构建》，《统计与决策》第24期。

常荔、谢淼，2015，《地方政府跨部门知识共享不足的成因与促进策略研究》，《湖北社会科学》第11期。

参考文献

常荔、谢淼，2016，《人口统计学变量对跨部门知识共享的影响分析》，《江汉论坛》第 12 期。

常涛，2015，《团队性绩效考核对知识共享的影响研究》，经济科学出版社。

陈美，2013，《电子治理环境下政府信息资源共享路径研究》，《图书情报工作》第 57 卷第 5 期。

陈美，2014，《面向整体政府的政府信息管理研究——以澳大利亚为例》，《中国行政管理》第 3 期。

陈丹、陈曲和、朱萌，2015，《产业集群内企业知识共享成熟度评价体系研究》，《情报理论与实践》第 38 卷第 4 期。

陈福集、介静涛，2014，《网络舆情管理中政府隐性知识共享因素分析》，《情报杂志》第 33 卷第 5 期。

陈国权、徐露辉，2004，《论政府的公共性及其实现》，《浙江社会科学》第 4 期。

陈洪澜，2008，《知识分类与知识资源认识论》，人民出版社。

陈兰杰、刘彦麟，2015，《京津冀区域政府信息资源共享推进机制研究》，《情报科学》第 33 卷第 6 期。

陈泰明，2004，《知识管理在政府机关之应用——以行政机关政策形成机制建立为例》，"行政院"研究发展考核委员会。

陈涛、郭俊，2012，《政府部门知识共享行为的实证研究》，《中国行政管理》第 5 期。

陈巍，2010，《完善政府绩效评估行政问责制的基本思路》，《理论界》第 2 期。

［美］戴维·奥斯本、特德·盖布勒，2006，《改革政府：企业家精神如何改革着公共部门》，上海译文出版社。

［美］丹尼尔·A. 雷恩，1997，《管理思想的演变》，中国社会科学出版社。

杜陵江、李虹，2012，《社会资本、知识共享与组织绩效的实证检验——基于社区卫生服务中心的经验证据》,《求索》第 10 期。

樊治平、孙永洪,2006,《知识共享研究综述》,《管理学报》第 3 期。

范柏乃、段忠贤,2012,《政府绩效评估》,中国人民大学出版社。

范柏乃、蓝志勇,2007,《国家中长期科技发展规划解析与思考》,《浙江大学学报》(人文社会科学版)第 37 卷第 2 期。

范静、张朋柱,2007,《基于电子政务环境下的组织间信息共享成功因素模型研究》,《情报科学》第 25 卷第 7 期。

高聪伟,2012,《政府部门间信息资源共享的模式研究》,《情报科学》第 30 卷第 8 期。

高国伟、龚掌立、李永先,2018,《基于区块链的政府基础信息协同共享模式研究》,《电子政务》第 2 期。

高建华,2010,《区域公共管理视域下的整体性治理:跨界治理的一个分析框架》,《中国行政管理》第 11 期。

高洁、罗南,2012,《协同政务知识共享的组织模式及保障因素研究》,《图书情报工作》第 21 期。

高洁、秦萍萍、罗南,2012,《协同政务知识共享体系构建》,《情报资料工作》第 6 期。

高秦伟,2008,《分散抑或合并——论食品安全监管机构的设置》,载傅蔚冈、宋华琳《规制研究》(第 1 辑),上海格致出版社。

高原、周燕,2007,《基于需要理论的知识共享问题研究综述》,《武汉大学学报》(哲学社会科学版)第 60 卷第 4 期。

龚立群、高琳,2012,《跨部门政府信息资源共享影响因素的实证研究》,《情报资料工作》第 33 卷第 4 期。

顾琴轩、傅一士、贺爱民,2009,《知识管理与组织绩效:知识驱动的人力资源管理的实践作用研究》,《南开管理评论》第 2 期。

韩翼、廖建桥、龙立荣,2007,《雇员工作绩效结构模型构建与实证研究》,《管理科学学报》第 14 期。

何签、强茂山,2010,《水电项目中组织要素,知识共享与绩效关系的实证研究》，《清华大学学报》（自然科学版）第 12 期。

何修良，2014，《公共行政的生长：社会建构的公共行政理论研究》，中央民族大学出版社。

何振，2007，《政府信息资源共享的制约因素分析》，《中国科技论坛》第 12 期。

胡保玲，2009，《边界人员私人关系对渠道关系行为的影响研究》，《科技与管理》第 11 卷第 1 期。

胡佳，2009，《整体性治理：地方公共服务改革的新趋向》，《国家行政学院学报》第 3 期。

胡佳，2010，《迈向整体性治理：政府改革的整体性策略及在中国的适用性》，《南京社会科学》第 5 期。

胡建淼、高知鸣，2012，《我国政府信息共享的现状、困境和出路——以行政法学为视角》，《浙江大学学报》（人文社会科学版）第 42 卷第 2 期。

胡建奇，2011，《美国反恐跨部门协同研究》，中国人民公安大学出版社。

胡军，1999，《什么是知识》，《求是学刊》第 3 期。

胡宁生，2008，《公共部门绩效评估》，上海复旦大学出版社。

胡平波，2009，《网络组织中知识共享效率评价指标体系的建设》，《情报杂志》第 28 卷第 1 期。

胡平、甘露、罗凌霄，2009，《地方政府部门间信息共享的影响因素间关系研究》，《管理工程学报》第 23 卷第 3 期。

胡平、张鹏刚、叶军，2007，《影响地方政府部门间信息共享因素的实证研究》，《情报科学》第 25 卷第 4 期。

胡树林、蒋萍、王洋，2010，《基于知识链的政府知识管理实施途径研究》，《图书馆学研究》第 11 期。

胡象明、唐波勇，2010，《整体性治理：公共管理的新范式》，《华中师范大学学报》（人文社会科学版）第 1 期。

黄萃，2007，《政府数字信息共享的管理障碍与协调模式》，《浙江档案》第7期。

黄健荣，2011，《论现代政府合法性递减：成因、影响与对策》，《浙江大学学报》（人文社会科学版）第41卷第1期。

姜宝、刘志祥、彭辉，2017，《广东省政务信息资源安全共享管理研究》，《电子产品可靠性与环境试验》第35卷第3期。

蒋敏娟，2015，《法治视野下的政府跨部门协同机制探析》，《中国行政管理》第8期。

蒋敏娟，2016，《中国政府跨部门协同机制研究》，北京大学出版社。

[美] 杰弗里·菲佛、杰勒尔德·R. 萨兰基克，2006，《组织的外部控制对组织资源依赖的分析》，闫蕊译，东方出版社。

柯洪、吴瑞珠、杜亚灵，2013，《社会资本对公共项目管理绩效影响的实证研究——以知识共享为中介变量》，《华东经济管理》第12期。

柯平，2007，《知识管理学》，科学出版社。

赖慧婧、黄雅妮，2016，《加强涉税信息共享机制建设的思考》，《税务研究》第8期。

赖先进，2015，《论政府跨部门协同治理》，北京大学出版社。

黎民，2011，《公共管理学》（第二版），高等教育出版社。

李岱素、薛捷，2009，《组织文化、组织结构和技术支持对知识管理绩效的影响》，《图书情报工作》第8期。

李冬、王要武、宋晖等，2013，《基于协同理论的政府投资项目跟踪审计模式》，《系统工程理论与实践》第33卷第2期。

李海峰，2008，《加拿大政府跨部门协作的实践及其启示》，中国行政管理学会"建设服务型政府的理论与实践"研讨会暨中国行政管理学会2008年年会论文集，中国行政管理学会。

李辉，2012，《美国政府首席信息官制度的特色与发展动向》，《兰台世界》第8期。

李奎乐，2017，《日本政府网络安全领域跨部门情报共享机制剖析》，

《情报杂志》第 36 卷第 10 期。

李宇，2009，《电子政务信息整合与共享的制约因素及对策研究》，《中国行政管理》第 4 期。

李宇，2014，《网络时代政府信息资源共享瓶颈因素分析》，《北京行政学院学报》第 3 期。

李正志，2009，《电子政府建设中的行政问责机制探讨》，《电子政务》第 12 期。

李重照、黄璜，2019 年，《中国地方政府数据共享的影响因素研究》，《中国行政管理》第 8 期。

[美]理查德·L. 达夫特，2003，《组织理论与设计》，清华大学出版社。

刘芳、赖峨州，2018，《自贸区政府信息资源共享法律保障体系研究报告——以福建省为例》，《中共福建省委党校学报》第 4 期。

刘峰，2017，《互联网+背景下的信息公开共享研究》，《南通大学学报》（社会科学版）第 33 卷第 1 期。

刘红波、邱晓卿，2021，《政务数据共享影响因素研究述评》，《华南理工大学学报》（社会科学版）第 23 卷第 3 期。

刘新萍、王海峰、王洋洋，2010，《议事协调机构和临时机构的变迁概况及原因分析——基于 1993—2008 年间的数据》，《中国行政管理》第 9 期。

刘玉红，2009，《我国政府信息资源共享发展现状及对策》，《情报科学》第 27 卷第 2 期。

龙怡、李国秋，2018，《美国社会保障号系统的信息共享机制研究——基于政府信息生态链视角》，《情报资料工作》第 1 期。

吕先竞、郑邦坤、汤爱群，2004，《中美政府信息资源共享系统建设对比分析》，《图书情报知识》第 2 期。

罗贤春、李阳晖，2006，《我国电子政务信息资源共建共享模式》，《图书馆理论与实践》第 4 期。

罗亚非、张勇，2008，《基于知识链的高科技产业集群知识共享研究》，《科学学与科学技术管理》第 29 卷第 8 期。

马民虎、方婷、王玥，2016，《美国网络安全信息共享机制及对我国的启示》，《情报杂志》第 35 卷第 3 期。

马士岭，2005，《知识的概念分析与信念》，《山东大学学报》（哲学社会科学版）第 2 期。

马雪颖，2010，《学术网络社区的知识共享绩效评价研究》，华东师范大学。

苗东升，1990，《系统科学原理》，中国人民大学出版社。

［美］尼克拉斯·卢曼，2005，《信任》，瞿铁鹏、李强译，上海世纪出版集团。

倪星，2006，《政府合法性基础的现代转型与政绩追求》，《中山大学学报》（社会科学版）第 46 卷第 4 期。

秦红霞，2015，《企业内部知识共享研究：基于社会资本视角》，中国社会科学出版社。

［法］让·雅克·拉丰，2002，《激励理论》，中国人民大学出版社。

沈瞿和，2017，《我国政府信息共享的法律规制——兼评〈政府信息资源共享管理暂行办法〉》，《新视野》第 1 期。

沈昱池，2015，《大数据时代我国财政信息共享的思考》，《财政管理》第 11 期。

宋淇，2015，《我国政府信息资源共享法律制度研究》，重庆大学。

孙卫忠、刘丽梅、孙梅，2005，《组织学习和知识共享影响因素试析》，《科学学与科学技术管理》第 26 卷第 7 期。

孙晓雅、陈娟娟，2016，《服务型政府知识共享影响因素的理论研究——基于自我决定理论和社会资本理论》，《情报科学》第 34 卷第 6 期。

孙迎春，2011，《公共部门协作治理改革的新趋势——以美国国家海洋政策协同框架为例》，《中国行政管理》第 11 期。

孙迎春，2014，《澳大利亚整体政府信息化治理》，《中国行政管理》第9期。

孙迎春，2014，《发达国家整体政府跨部门协同机制研究》，国家行政学院出版社。

谭健，2011，《开放数据及其应用现状》，《图书与情报》第4期。

王芳、储君、张琪敏等，2017，《跨部门政府数据共享：问题、原因与对策》，《图书与情报》第5期。

王军、李梦梅、魏毓璟，2014，《欠发达地区政府信息资源共享模式研究》，《情报科学》第32卷第9期。

王军霞，2013，《中国公共领域中跨部门知识协作现状研究——基于对公共部门工作人员的小规模调查》，《北京航空航天大学学报》（社会科学版）第26卷第5期。

王军霞、徐佳舒，2014，《政府知识协作层次及机制》，《武汉科技大学学报》（社会科学版）第5期。

王礼鑫，2018，《公共政策的知识基础与决策权配置》，《中国行政管理》第4期。

王礼鑫，2020，《政策知识生产：知识属性、过程特征与主要模式》，《行政论坛》第27卷第1期。

王礼鑫、莫勇波，2017，《基于知识视角的政策制定基本问题探析》，《中国行政管理》第6期。

王立霞，2013，《政府信息资源跨部门整合与共享》，《人民论坛》第33期。

王德禄，2003，《知识管理的IT实现：朴素的知识管理》，电子工业出版社。

王佩、孙建文，2015，《英国公共部门信息质量管理策略分析与启示》，《图书与情报》第5期。

王浦劬，2006，《政治学基础》（第二版），北京大学出版社。

王文、胡平，2008，《政府部门间信息共享的利益补偿问题研究》，《情报科学》第 9 期。

［挪威］Christensen, Tom, Lagreid P., 2006, 《后新公共管理改革——作为一种新趋势的整体政府》，张丽娜、袁何俊译，《中国行政管理》第 9 期。

魏江、王艳，2004，《企业内部知识共享模式研究》，《技术经济与管理研究》第 1 期。

文鹏、廖建桥，2008，《国外知识共享动机研究述评》，《科学学与科学技术管理》第 29 卷第 11 期。

翁士洪，2010，《整体性治理模式的兴起——整体性治理在英国政府治理中的理论与实践》，《上海行政学院学报》第 2 期。

吴丙山、张卫国、罗军，2012，《实践社群中的知识管理研究》，《西南大学学报》（社会科学版）第 38 卷第 1 期。

吴迪，2012，《公务员知识共享行为的动机初探——基于社会认知理论》，《人才资源开发》第 8 期。

吴江、李志更、乔立娜，2010，《政府信息官管理体制的改革构想》，《行政管理改革》第 6 期。

徐晓日、李思聪，2015，《大数据背景下政府信息资源共享问题研究》，《长白学刊》第 6 期。

徐扬，2010，《虚拟科研组织中的知识共享管理》，《科技进步与对策》第 27 卷第 5 期。

杨洪泉，2014，《我国政府地理信息资源共享的现状研究》，《测绘科学》第 39 卷第 2 期。

杨会良、陈兰杰，2016，《基于扎根理论的跨部门政务信息共享影响因素实证研究》，《情报杂志》第 35 卷第 11 期。

杨建梁、刘越男，2018，《基于 DEMATEL 模型的我国政府信息资源跨部门共享的关键影响因素研究》，《图书情报工作》第 19 期。

姚艳虹、刘静、罗静，2008，《知识共享、组织创新与企业绩效的关系研究》，《华东经济管理》第 22 卷第 11 期。

叶浩生，2004，《文化模式及其对心理与行为的影响》，《心理科学》第27卷第5期。

叶继元、陈铭、谢欢等，2017，《数据与信息之间逻辑关系的探讨——兼及DIKW概念链模式》，《中国图书馆学报》第43卷第3期。

应力、钱省三，2001，《企业内部知识市场的知识交易方式与机制研究》，《上海理工大学学报》第23卷第2期。

尤佳、王锐、徐建平，2014，《基于扎根理论的政府部门间信息共享影响因素研究》，《情报杂志》第33卷第1期。

尤金·巴达赫，2011年，《跨部门合作——管理"巧匠"的理论与实践》，周志忍、张弦译，北京大学出版社。

于海波、方俐洛、凌文辁等，2007，《组织信任对员工态度和离职意向、组织财务绩效的影响》，《心理学报》第39卷第2期。

于宁，2008，《政府职能重塑与政府自利性的约束机制》，《中国行政管理》第1期。

于跃，2019，《智慧政府的生成与演进逻辑》，《电子政务》第7期。

曾其勇、王忠义，2011，《政府公务员隐性知识共享影响因素分析及策略研究》，《图书情报知识》第1期。

詹华，2014，《公共部门知识共享影响因素研究》，上海交通大学。

张海柱，2015，《知识治理：公共事务治理的第四种叙事》，《上海行政学院学报》第4期。

张恒山，2010，《卢梭与〈社会契约论〉》，人民出版社。

张建华，2010，《电子政务知识管理》，科学出版社。

张云昊，2011，《规则、权力与行动：韦伯经典科层制模型的三大假设及其内在张力》，《上海行政学院学报》第12卷第2期。

赵泉民，2005，《集体主义文化与中国合作制经济的困境》，《人文杂志》第4期。

赵英、姚乐野，2014，《跨部门政府信息资源整合与共享路径研究——基于知识管理视角》，《情报资料工作》第5期。

赵越，2011，《我国政府知识管理体系构建的关键影响因素研究》，《情报理论与实践》第34卷第11期。

周望，2010，《中国"小组机制"研究》，天津人民出版社。

竺乾威，2008，《从新公共管理到整体性治理》，《中国行政管理》第10期。

卓越，2011，《公共部门绩效评估》，中国人民大学出版社。

英文参考文献

Ackoff, R. L., 1989, "From data to wisdom", *Journal of Applied Systems Analysis*, No. 16.

Afsar, B., Cheema S., et al., 2018, "Do Nurses Display Innovative Work Behavior When Their Values Match with Hospitals' Values?" *European Journal of Innovation Management*, Vol. 21, No. 1.

Akbulut, A. Y., 2003, *An Investigation of the Factors That Influence Electronic Information Sharing between State and Local Agencies*, Louisiana: Louisiana State University.

Alasema, A., 2009, "An Overview of E-government Metadata Standards and Initiatives based on Dublin Core", *Electronic Journal of E-government*, Vol. 7, No. 1.

Alavi, Maryam, Dorothy E. Leidner, 2001, "Review: Knowledge Management and Knowledge Management Systems: Conceptual Foundations and Research Issues", *Mis Quarterly*, Vol. 25, No. 1.

Amayah, A, T., 2013, "Determinants of Knowledge Sharing in a Public Sector Organization", *Journal of Knowledge Management*, Vol. 17, No. 3.

Amber, Q., Mansoor A., et al., 2019, "Knowledge Sharing and Social Dilemma in Bureaucratic Organizations: Evidence from Public Sector in Pakistan", *Cogent Business & Management*, Vol. 6, No. 1.

Andrews, K., M., Delahaye B. L., 2000, "Influences on Knowledge

Processes in Organizational Learning: The Psychosocial Filter", *Journal of Management studies*, Vol. 37, No. 6

Ardichvili, A., Page V., et al., 2003, "Motivation and Barriers to Participation in Virtual Knowledge Sharing Communities of Practice", *Journal of Knowledge Management*, Vol. 7, No. 1.

Argote, L., Greve H. R., 2007, "A Behavioral Theory of the Firm—40 Years and Counting: Introduction and Impact", *Organization Science*, Vol. 18, No. 3.

Arwin, Van Buuren, Jasper Eshuis, Nanny Bressers, 2015, "The Government of Innovation in Dutch Regional Water Management: Organizing Fit between Organizational Values and Innovative Concepts", *Public Administration Review*, Vol. 17, No. 5.

Australian Government Information Management Office, 2006, *Australian Government Information Inter-Operability Framework: Sharing Information across Boundaries*.

Australian Management Advisory Committee, 2004, *Connecting Government: Whole of Government Responses to Australia's Priority Challenges*.

Bajaja, Rams, 2003, "IAIS: A Methodology to Enable Inter-agency Information Sharing in Egovernment", *Journal of Database Management*, Vol. 14, No. 4.

Bandura, A., 1986, "The Explanatory and Predictive Scope of Self-efficacy Theory", *Journal of Social and Clinical Psychology*, Vol. 4, No. 3.

Bartol, Kathryn M., Abhishek Srivastava, 2002, "Encouraging Knowledge Sharing: The Role of Organizational Reward Systems", *Journal of Leadership & Organizational Studies*, Vol. 9, No. 1.

Bath, Priory, 2005, "Towards a Common Framework-Delivering Joined-up Services Through Better Knowledge and Information Management", *KM Review*, Vol. 8, No. 4.

Bekkers, V., 2009, "Flexible Information Infrastructures in Dutch E-Government Collaboration Arrangements: Experiences and Policy Implications", *Government Information Quarterly*, Vol. 26, No. 1.

Bernardin, H. J., Beatty R. W., 1984, *Performance Appraisal: Assessing Human Behavior at Work*, Boston: Kent.

Blackman, D., Kennedy, M., Burford S., Ferguson, S., 2013, "Introduction to the Special Symposium on Knowledge Management and Public Administration: Good Bedfellows or Potential Sparring Partners", *International Journal of Public Administration*, Vol. 36, No. 3.

Blau, P. M., 1964, *Exchange and Power in Social Life*, New York: Wiley.

Bock, G. W., Zmud R. W., Kim Y. G., 2005, "Behavioral Intention Formation in Knowledge Sharing: Examining the Roles of Extrinsic Motivators, Social-Psychological Factors, and OrganizationalClimate", *Mis Quarterly*, Vol. 29, No. 1.

Borman, W. C., Molowidlo S. J., 1993, "Expanding the Criterion Domain to Include Elements of ContextualPerformance", *Personnel Selection in Organizations*, No. 14.

Borman, W. C., Molowidlo S. J., 1997, "Task Performance and Contextual Performance: The Meaning for Personnel Selection Research", *Human Performance*, Vol. 10, No. 2.

Cabrera, A., Collins W. C., et al., 2006, "Determinants of Individual Engagement in Knowledge Sharing", *International Journal of Human Resource Management*, Vol. 17, No. 2.

Chen, C. A., Hsieh C. W., 2015, "Knowledge Sharing Motivation in the Public Sector: The Role of Public Service Motivation", *International Review of Administrative Sciences*, Vol. 81, No. 4.

Chennamaneni, A., James T. C. Teng, M. K. Raja, 2012, "A Unified Model of Knowledge Sharing Behaviours: Theoretical Development and Empirical Test", *Behaviour & Information Technology*, Vol. 31, No. 11.

Chen, Z., Gangopadhyay A., Holden S. H., 2007, "Semantic Integration of Government Data for Water Quality Management", *Government Information Quarterly*, Vol. 24, No. 4.

Chiles, Todd H., John F. McMackin, 1996, "Integrating Variable Risk Preferences, Trust and Transaction Cost Economics", *Academy of Management Review*, Vol. 21, No. 1.

Chiu, Chao-Min, Hsu Meng-Hsiang, Wang Eric T. G., 2007, "Understanding Knowledge Sharing in Virtual Communities: An Integration of Social Capital and Social Cognitive Theories", *Decision Support Systems*, Vol. 42, No. 3.

Choi, Byounggu, Heeseok Lee, 2003, "An Empirical Investigation of KM Styles and Their Effect on CorporatePerformance", *Information & Management*, Vol. 40, No. 5.

Choi, Y., 2016, "The Impact of Social Capital on Employees' Knowledge-Sharing Behavior: An Empirical Analysis of U. S. Federal Agencies", *Public Performance and Management Review*, Vol. 39, No. 2.

Chow, I. H-S., 2012, "The role of Social Network and Collaborative Culture in Knowledge Sharing and Performance Relations", *Sam Advanced Management Journal*, Vol. 77, No. 2.

Christensen, P. H., 2007, "Knowledge Sharing: Moving Away from the Obsession with Best Practices", *Journal of Knowledge Management*, Vol. 11, No. 1.

Christensen, T., Legreid P., 2007, "The Whole-of-Government Approach to Public Sector Reform", *Public Administration Review*, Vol. 67, No. 6.

Constant, D., Kiesler S., et al., 1994, "What's Mine Is Ours, or Is It? A Study of Attitudes about Information Sharing", *Information Systems Research*, Vol. 5, No. 4.

Cross, R., Cummings J. N., 2004, "Tie and Network Correlates of Individual Performance in Knowledge-Intensive Work", *Academy of Management Journal*, Vol. 47, No. 6.

Damanpour, F., 1991, "Organizational Innovation: A meta-analysis of Effects of Determinants and Moderators", *Academy of Management Journal*, Vol. 34, No. 3.

Davenport, T. H., Prusak L., 1998, *Working Knowledge: How Organizations Manage What They Know*, Boston: Harvard Business School Press.

Dawes, S. S., 1996, "Interagency Information Sharing: Expected Benefits, Manageable Risks", *Journal of Policy Analysis & Management*, Vol. 15, No. 3.

Dhanabhakyam, M., Anitha V., Kavitha S., 2012, "Applying Knowledge Management in the Life Insurance Industry", *International Journals of Marketing and Technology*, Vol. 2, No. 1.

Drucker, Peter F., 1998, "The Discipline of Innovation", *Harvard Business Review*, Vol. 76, No. 6.

Du, R., Ai, S., Ren, Y., 2007, "Relationship between Knowledge Sharing and Performance: A Survey in Xi'an, China", *Expert Systems with Applications*, Vol. 32, No. 1.

Eglene, O., Dawes S. S., Schneider C. A., 2007, "Authority and Leadership Patterns in Public Sector Knowledge Networks", *The American Review of Public Administration*, Vol. 37, No. 1.

Fischer, C., Doring, M., 2022, "Thank You for Sharing! How Knowledge Sharing and Information Availability Affect Public Employees' Job Satisfaction", *International Journal of Public Sector Management*, Vol. 35, No. 1.

Gilbert, M., Cordey-Hayes M., 1996, "Understanding the Process of Knowledge Transfer to Achieve Successful Technological Innovation",

Technovation, Vol. 16, No. 6.

Gil-Garcia, J. R., Guler A., Pardo T., 2010, "Trust in Government Cross-Boundary Information Sharing Initiatives: Identifying the Determinants", *Journal of South American Earth Sciences*, No. 44.

Gilgarcia, J. R., Pardo T. A., 2005, "E-government Success Factors: Mapping Practical Tools to Theoretical Foundations", *Government Information Quarterly*, Vol. 22, No. 2.

Grandori, A. 1997, "Governance Structures, Coordination Mechanisms and Cognitive Models", *Journal of Management and Governance*, Vol. 1, No. 1.

Grant, R. M., 1996, "Toward a Knowledge-based Theory of the Firm", *Strategic Management Journal*, Vol. 17, No. S2.

Grover, V., Davenport T. H., 2001, "General Perspectives on Knowledge Management: Fostering a Research Agenda", *Journal of Management Information Systems*, Vol. 18, No. 1.

Gueutal, H. G., Surprenant, N., Bubeck, K., 1984, "Effectively Utilizing Computer Aided Design Technology: The Role of Individual Difference Variables", *Paper Presented at the Proceedings for the Fifth International Conference on Information Systems*, Tucson, Arizona.

Hall, R., H., 2002, *Organizations: Structures, Processes, and Outcomes*, Upper Saddle River, NJ: Prentice Hall.

Headayetullah, M., Pradhan G. K., 2010, "Interoperability, Trust Based Information Sharing Protocol and Security: Digital Government Key Issues", *International Journal of Computer Science and Information Technology*, Vol. 2, No. 3.

Helmstadter, E., 2003, *Economics of Knowledge Sharing: A New Institutional Approach*, Chelterham: Edward Elgar Publishing, Incorporated.

Hendrinks, P., 1999, "Why Sharing Knowledge? The Influence of ICT on

Motivation for Knowledge Sharing", *Knowledge and Process Management*, Vol. 6, No. 2.

HendryadiS. S., Budi P., 2019, "Bureaucratic Culture, Empowering Leadership, Affective Commitment, and Knowledge Sharing Behavior in Indonesian Government Public Services", *Cogent Business & Management*, Vol. 6, No. 1.

Henttonen, K, Kianto A, Ritala P., 2016, "Knowledge Sharing and Individual Work Performance: An Empirical Study of A Public Sector Organisation", *Journal of Knowledge Management*, Vol. 20, No. 4.

Holste, J. S., Dail Fields, 2010, "Trust and Tacit Knowledge Sharing and Use", *Journal of Knowledge Management*, Vol. 14, No. 1.

Hooff B. V. D., Ridder J. A. D., 2004, "Knowledge Sharing in Context: The Influence of Organizational Commitment, Communication Climate and CMC Use on Knowledge Sharing", *Journal of Knowledge Management*, Vol. 8, No. 6.

Hsu, M. H., Ju T. L., Yen C. H., 2007, "Knowledge Sharing Behavior in Virtual Communities: The Relationship Between Trust, Self-efficacy, and Outcome Expectations", *International Journal of Human-Computer Studies*, Vol. 65, No. 2.

Huang Q., Robert M. D., Jibao G., 2008, "Impact of Personal and Cultural Factors on Knowledge Sharing in China", *Asia Pacific Journal of Management*, Vol. 25, No. 3.

Islam, M. Z., Farhana T. S., et al., 2022, "An Empirical Investigation of Organisational Factors and Organisational Effectiveness: The Mediating Role of Knowledge Sharing", *International Journal of Public Administation*, No. 12.

Jarrahi, M. H., Sawer S., 2014, "Theorizing on the Take-Up of Social Technologies, Organizational Policies and Norms, and Consultants' Knowledge-SharingPractices", *Journal of Association for Information Science and Technology*, Vol. 66, No. 1.

Jarvenpaa, S. L., Staples D. S., 2000, "The Use of Collaborative Electronic Media for Information Sharing: An Exploratory Study of Determinants", *The Journal of Strategic Inforamation Systems*, Vol. 9, No. 2.

Jones, P., K. Lucas, 2000, "Integrating Transport into 'joined-up' Policy Appraisal", *Transport Policy*, No. 7.

Kam T. H. Y., Yao L. J., Chan S. H., 2007, "Knowledge Sharing in Asian Public Administration Sector: The Case of HongKong", *Journal of Enterprise Information Management*, Vol. 20, No. 1.

Kang, YeoJin, Seok Eun Kim, Gee Weon Chang, 2008, "The Impact of Knowledge Sharing on Work Performance: An Empirical Analysis of the Public Employees' Perceptions in South Korea", *International Journal of Public Administration*, Vol. 31, No. 14.

Khan, N. A., Ali N. K., 2019, "What Followers are Saying about Transformational Leaders Fostering Employee Innovation via Organisational Learning, Knowledge Sharing and Social Media Use in Public Organisations?", *Government Information Quarterly*, Vol. 36, No. 4.

Kim, G., 2002, "The Effects on KM Styles and Performance in Local Government: Research on Local Public Servants' Behavior and Consciousness", *Journal of Korean Association for Local Government Studies*, Vol. 38, No. 1.

Kim, S., 2018, "Public Service Motivation, Organizational Social Capital, and Knowledge Sharing in the Korean Public Sector", *Public Performance & Management Review*, Vol. 41, No. 1.

Kim, Soonhee, Hyangsoo Lee, 2006, "The Impact of Organizational Context and Information Technology on Employee Knowledge-Sharing Capabilities", *Public Administration Review*, Vol. 66, No. 3.

Kipkosgei, F., Seung-Wan K., et al., 2020, "A Team-level Study of the Relationship between Knowledge Sharing and Trust in Kenya: Moderating Role of Collaborative Technology", *Sustainability*, Vol. 12, No. 4.

Konnelly, C. E., Kelloway E. K., 2003, "Predictors of Employees' Perceptions of Knowledge Sharing Cultures", *Leadership and Organization Development Journal*, Vol. 24, No. 5.

Landsbergen, David, George Wolken, 2001, "Realizing the Promise: Government Information Systems and the Fourth Generation of Information Technology", *Public Administration Review*, Vol. 61, No. 2.

Lave, J., Wenger E., 1991, *Situated Learning: Legitimate Peripheral*, New York: Cambridge University Press.

Lee, J., Jin, M. H., 2022, "Understanding the Organizational Learning Culture—Innovative Behavior Relation in Local Government: The Roles of Knowledge Sharing and Job Autonomy", *Public Administration*, No. 8.

Lee, J. N., 2001, "The Impact of Knowledge Sharing, Organizational Capability and Partnership Quality on IS Outsourcing Success", *Information & Management*, Vol. 38, No. 5.

Liebowitz, Jay, Beckman T. J., 1998, *Knowledge Organizations: What Every Manager Should Know*, Baca Raton, FL: CRC Press, Inc.

Liebowitz, J., Chen Y., 2003, *Knowledge Sharing Proficiencies: The Key to Knowledge Management. Handbook on Knowledge Management 1*. Berlin / Heidelberg: Springer.

Ling, Tom, 2002, "Delivering Joined-up Government in the UK: Dimensions, Issues, and Problems", *Public Administration*, Vol. 80, No. 4.

Lin, H. F., 2007, "Effects of Extrinsic and Intrinsic Motivation on Employee Knowledge Sharing Intentions", *Journal of Information Science*, Vol. 33, No. 2.

Lin, H. F., 2007, "Knowledge Sharing and Firm Innovation Capability: an

Empirical Study", *International Journal of Manpower*, Vol. 28, No. 4.

Lin, M. J., Hung S. W., et al. 2009, "Fostering the Determinants of Knowledge Sharing in Professional Virtual Communities", *Computers in Human Behavior*, Vol. 25, No. 4.

Liu, W. C., Fang C. L., 2010, "The Effect of Different Motivation Factors on Knowledge-sharing Willingness and Behavior", *Social Behavior and Personality: an International Journal*, Vol. 38, No. 6.

López-Nicolás, C., Ángel L. Meroño-Cerdán, 2011, "Strategic Knowledge Management, Innovation and Performance", *International Journal of Information Management*, Vol. 31, No. 6.

March, J. G., Olson J. P., 1983, "Organizing Political Life: What Administrative Reorganization Tells Us About Government", *American Political Science Review*, Vol. 77, No. 2.

Mavondo, Felix T., Elaine M. Rodrigo, 2001, "The Effect of Relationship Dimensions on Interpersonal and Inter-organizational Commitment in Organizations Conducting Business between Australia and China", *Journal of Business Research*, Vol. 54, No. 1.

Ma, W. W. K., Albert Chan, 2014, "Knowledge Sharing and Social Media: Altruism, Perceived Online Attachment Motivation, and Perceived Online Relationship Commitment", *Computers in Human Behavior*, Vol. 39, No. 10.

Neely, A., 2002, *Measuring Business Performance: Theory and Practice*, London, UK: Cambridge University Press.

Neergaard, H., Ulhøi J. P., 2006, "Government Agency and Trust in the Formation and Transformation of Interorganizational Entrepreneurial Networks", *Entrepreneurship Theory and Practice*, Vol. 30, No. 4.

Nonaka, Ikujiro, Hirotaka Takeuchi, 1996, "The knowledge-creating Company: How Japanese Companies Create the Dynamics of Innovation", *Journal of International Business Studies, Vol. 27, No. 1.

Olatokun, W. , Nwafor C. I. , 2012, "The Effect of Extrinsic and Intrinsic Motivation on Knowledge Sharing Intentions of Civil Servants in Ebonyi State, Nigeria", Information Development, Vol. 28, No. 3.

Osterloh, M. , Frey B. S. , 2000, "Motivation, Knowledge Transfer, and Organizational Forms", Organization Science, Vol. 11, No. 5.

Pai, J. , 2012, "An Empirical Study of the Relationship Between Knowledge Sharing and IS/IT Strategic Planning (ISSP)", Management Decision, Vol. 44, No. 1.

Pardo T. A. , Cresswell A. M. , Thompson, et al. , 2006, "Knowledge Sharing in Cross-boundary Information System Development in the Public Sector", Information Technology and Management, Vol. 7, No. 4.

Park, M. J. , Dulambazar T. , et al. , 2015, "The Effect of Organizational Social Factors on Employee Performance and the Mediating Role of Knowledge Sharing: Focus on E-government Utilization in Mongolia", Information Development, Vol. 31, No. 1.

Pee, L. G. , Kankanhalli A. , 2016, "Interactions Among Factors Influencing Knowledge Management in Public Sector Organizations: A Resource-Based Review", Government Information Quarterly, Vol. 33, No. 1.

Perry, J. L. , Wise L. R. , 1990, "The Motivation Bases of Public Service", Public Administration Review, Vol. 50, No. 3.

Polanyi, Michael, 1966, The Tacit Dimension, London: Routledge and Kegan Paul.

Purser, Ronald E. , 1992, William A. Pasmore, Research in Organizational Change and Development , London: JAI Press Inc. .

Rainey, H. G. , 2003, Understanding and Managing Public Organizations, San Francisco: Jossey-Bass.

Ramayah, T. , Jasmine A. L. Yeap, 2013, "An Empirical Inquiry on Knowledge Sharing Among Academicians in Higher Learning Institutions", *Minerva*, Vol. 51, No. 2.

Remler, D. K., Van Ryzin G. G., 2015, *Research Methods in Practice: Strategies for Description and Causation*, Thousand Oaks, CA: Sage.

Riege, A., 2005, "Three-dozen Knowledge-Sharing Barriers Managers MustConsider", *Journal of Knowledge Management*, Vol. 9, No. 3.

Rousseau, D. M., et al., 1998, "Not so Different After all: A Cross-discipline View of Trust", *Academy of Management Review*, Vol. 23, No. 3.

Ruggles, R., 1998, "The State of the Notion: Knowledge Management in Practice", *California Management Review*, Vol. 40, No. 3.

Ruggles, Rudy, 1998, *Knowledge Management Tools*, Newton: Butterworth-Heinemann.

Rutten, W., Blaas-Franken J., Martin H., 2016, "The Impact of (Low) Trust on Knowledge Sharing", *Journal of Knowledge Management*, Vol. 20, No. 2.

Sandhu, M. S., Jain K. K., Ahmad I. B., 2011, "Knowledge Sharing among Public Sector Employees: Evidence from Malaysia", *International Journal of Public Sector Management*, Vol. 24, No. 3.

Scholl, H. J., Kubicek H., Cimander R., 2012, "Process Integration, Information Sharing, and System Interoperation in Government: A Comparative Case Analysis", *Government Information Quarterly*, Vol. 29, No. 3.

Seba, I., Rowley J., Delbridge R., 2012, "Knowledge Sharing in the Dubai Police Force", *Journal of Knowledge Management*, Vol. 16, No. 1.

Senge, P., 1997, "Sharing Knowledge: The Leaders Role Is Key to A Learning Culture", *Executive Excellence*, Vol. 14, No. 11.

Sharratt, M., Usoro, A., 2003, "Understanding Knowledge-sharing in Online Communities of Practice", *Electronic Journal on Knowledge Management*, Vol. 1, No. 2.

Silvi, R., Cuganesan S., 2006, "Investigating the Management of Knowledge for Competitive Advantage: A Strategic Cost Management Perspective", *Journal of Intellectual Capital*, Vol. 7, No. 3.

Starbuck, William H., 1992, "Learning by Knowledge-intensice Firms", *Journal of Management Studies*, Vol. 29, No. 6

Syed - Ikhsan, S. O. S., Rowland F., 2004, "Knowledge Management in a Public Organization: A Study on the Relationship Between Organizational Elements and the Performance of Knowledge Transfer", *Journal of Knowledge Management*, Vol. 8, No. 2.

Szulanski, G., 2000, "The Process of Knowledge Transfer: A Diachronic Analysis of Stickiness", *Organizational Behavior & Human Decision Processes*, Vol. 82, No. 1.

Tangaraja, G., Roziah M. R., et al., 2015, "Fostering Knowledge Sharing Behaviour among Public Sector Managers: A Proposed Model for the Malaysian Public Service", *Journal of Knowledge Management*, Vol. 19, No. 1.

Teece D. J., 1998, "Research Directions for Knowledge Management", *California Management Review*, Vol. 40, No. 3.

Thompson J. D., 1967, *Organizations in Action: Social Science Bases of Administrative Theory*, New York: Transaction Publishers.

Tsai, W., 2002, "Social Structure of 'Coopetition' Within a Multiunit Organization: Coordination, Competition, and Intraorganizational Knowledge Sharing", *Organization Science*, Vol. 13, No. 2.

Tsai W., Ghoshal S., 1998, "Social Capital and Value Creation: The Role of Intrafirm Networks", *Academy of Management Journal*, Vol. 41, No. 4.

Tuan, L. T., 2016, "Knowledge Sharing in Public Organizations: The Roles of Servant Leadership and Organizational Citizenship Behavior", *International Journal of Public Administration*, Vol. 40, No. 4.

United States General Accounting Office, 2002, *Managing for Results: Emerging Benefit from Selected Agencies' Use of Performance Agreement.*

Van Buuren, Arwin, Jasper Eshuis, 2010, *Knowledge Governance: Complementing Hierachies, Networks and Markets? In Knowledge Democracy: Consequences for Science, Politics and Media*, Heidelberg: Springer-Verlag.

Vong, S., Zo H., Ciganek A. P., 2016, "Knowledge Sharing in The Public Sector: Empirical Evidence from Cambodia", *Information Development*, Vol. 32, No. 3.

Waldo, D., 1980, *The Enterprise of Public Administration*, Novato, CA: Chandler & Sharp Publishers.

Wang, H. K., Tseng J. F., Yen Y. F., 2014, "How Do Institutional Norms and Trust Influence Knowledge Sharing? An Institutional Theory", *Innovation*, Vol. 16, No. 3.

Wang, S., Noe R. A., 2010, "Knowledge Sharing: A review and Directions for Future Research", *Human Resource Management Review*, Vol. 20, No. 2.

Wang, Zhining, Nianxin Wang, 2012, "Knowledge Sharing, Innovation and Firm Performance", *Expert Systems With Applications*, Vol. 39, No. 10.

West, G. P., 1997, "Communicated Knowledge as a Learning Foundation", *International Journal of Organizational Analysis*, Vol. 5, No. 1.

Wiig, K. M., 2002, "Knowledge Management in Public Administration", *Journal of Knowledge Management*, Vol. 6, No. 3.

Willem, A., Buelens M., 2007, "Knowledge Sharing in Public Sector Organizations: The Effect of Organizational Characteristics on Interdepartmental Knowledge Sharing", *Journal of Public Administration Research and Theory*, Vol. 17, No. 4.

Willem, A., Buelens M., 2009, "Knowledge Sharing in Inter-unit Cooperative Episodes: The Impact of Organizational Structure Dimensions", *International *Journal of Information Management*, Vol. 29, No. 2.

Willem, A., Buelens M., Scarbrough H., 2006, "The Role of Inter-unit Coordination Mechanisms in Knowledge Sharing: A Case Study of a British MNC", *Journal of Information Science*, Vol. 32, No. 6.

Wu, Li-Wei, Jwu-Rong Lin, 2013, "Knowledge Sharing and Knowledge Effectiveness: Learning Orientation and Co-production in the Contingency Model of Tacit Knowledge", *Journal of Business & Industrial Marketing*, Vol. 28, No. 8.

Yang, T. M., Maxwell T. A., 2011, "Information-sharing in Public Organizations: A Literature Review of Interpersonal, Intra-organizational and Inter-organizational Success Factors", *Government Information Quarterly*, Vol. 28, No. 2.

Yang, T. M., Wu Y. J., 2014, "Exploring the Determinants of Cross-boundary Information Sharing in the Public Sector: An E-Government Case Study in Taiwan", 2014 *Journal of Information Science*, Vol. 40, No 5.

Yao, L. J., Kam T. H. Y., et al., 2007, "Knowledge Sharing in Asian Public Administration Sector: The Case of Hong Kong", *Journal of Enterprise Information Management*, Vol. 20, No. 1.

Yan, Y. F., Tseng J. F., Wang H. K., 2014, "Exploring the Mediating Role of Trust on the Relationship Between Guanxi and Knowledge Sharing: A Social Network Perspective", *Asia Pacific Journal of Human Resources*, Vol. 52, No. 2.

Yusof, Z., Ismail M. B., Ahmad K., 2012, "Knowledge Sharing in the Public Sector in Malaysia: A Proposed Holistic Model", *Information Development*, Vol. 28, No. 1.

Zaheer, A., McEvily B., et al., 1998, "Does Trust Matter? Exploring the Effects of Interorganizational and Interpersonal Trust on Performance", *Organization Science*, Vol. 9, No. 2.

后　记

本人对知识共享议题的关注可追溯到博士求学期间，在跟随导师参与了知识测度和知识管理议题相关的研究工作后产生了较浓厚的兴趣。工作之后延续了这一兴趣，并开始思考知识共享对于公共组织改革的价值。面向现代化的转型进程中，政府治理面临复杂、多元化且增长迅速的社会需求以及由此带来的新的挑战。政府部门之间、政府与其他社会组织之间的依赖性逐渐增加，导致很多依靠单一政府部门无法解决的治理议题，需要更多来自不同部门之间的协调和合作。更多合作性公共管理要求政府寻求与之相适应的方法、技术、工具和战略，以提升其跨部门合作和整合的能力和公共治理能力。在世界范围内，随着知识日益成为政府组织重要的战略性要素，知识共享和管理也被视为形成和提升组织核心能力和公共治理能力的重要手段。政府是典型的知识密集型组织，拥有从公民到社会组织、从自然地理空间到社会治理领域的多主体多治理领域的数据、信息和知识。基于不同部门知识的差异性和互补性特征，分享、整合和利用多部门的知识能够有效扩大知识的应用价值，助力政府的科学决策和整体治理能力提升。尽管如此，政府部门跨边界的知识共享并不会主动自然地发生。与其他组织相比，政府官僚组织体系中还面临信息安全、公民隐私保护和公众参与等多元价值观的挑战，这进一步加剧了跨部门知识共享的难度。这些问题引发了我对政府跨部门知识共享较长一段时期的研究热情。

本书中的研究工作受益于教育部人文社会科学研究青年基金项目"公共组织跨单位知识共享对公共组织合作绩效的影响机理研究"（项目编号：14YJC630002）和国家自然科学基金青年基金项目"公共组织跨部门知识共享机理、绩效激励与实现机制重塑研究"（项目编号：71503193）的资助，这些资助使得本人的研究兴趣能转化为研究实践，对政府跨部门知识共享领域展开了一些探索性的研究工作，本书是对所取得的研究成果的总结和梳理。囿于本人的知识结构和能力水平，本书还存在很多不足和疏漏之处，真诚欢迎学界同仁和各位读者批评指正。

诸多老师、同学和朋友在问卷设计和实践调研中给予了许多无私支持和真诚帮助！感谢武汉大学政治与公共管理学院丁煌教授、唐皇凤教授、王少辉副教授、田蕴祥副教授、黄菁老师和黄景驰老师；感谢复旦大学朱春奎教授和华中科技大学李顺才副教授；感谢我的研究生杨晓璐、李仰涵、谢淼、李萌萌、王乐、周雪君和张恒等；感谢来自地方党政部门中诸多同学、朋友和参与访谈的武汉大学 MPA 学生。正是他们的真知灼见和鼎力协助，促成了本研究调研工作的顺利完成。

感谢家人的理解和支持。父母年岁已高，但每当我遇到困难而踟蹰不前时，父母的关爱和宽慰总能激励我不放弃，勇于迎接挑战。先生在繁重工作之外，也承担了很多教育孩子、照顾父母的烦琐家庭事务，使得我得以有更多的时间和精力投入研究工作。还有我的双胞胎女儿，她们性格活泼，乖巧可爱，在日益增加的学业压力下依然保持积极乐观的精神面貌，还经常把校园中的趣事跟我分享，这给相对枯燥的研究工作平添了很多生活乐趣。

感谢政治与公共管理学院对本书出版的资助，这份肯定和鼓励将激发我更加努力做好研究工作！感谢中国社会科学出版社郭曼曼编辑的严谨工作和辛勤付出，使得书稿能不断完善并顺利出版！

常 荔

2023 年 3 月于武汉大学